我们一起解决问题

行政文秘人员从新手到高手系列 

行政文秘工作从入门到精通

薛显东◎编著

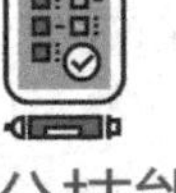

会务活动　文书拟写　档案管理　办公技能

人际沟通　参谋咨询　商务礼仪　自我管理

人民邮电出版社
北　京

图书在版编目（CIP）数据

行政文秘工作从入门到精通 / 薛显东 编著. -- 北京 : 人民邮电出版社, 2018.11
ISBN 978-7-115-49604-1

Ⅰ. ①行… Ⅱ. ①薛… Ⅲ. ①秘书学 Ⅳ. ①C931.46

中国版本图书馆CIP数据核字(2018)第229409号

内容提要

"行政文秘人员从新手到高手系列"图书是一套兼顾知识性、操作性及指导性的岗位技能培训手册。《行政文秘工作从入门到精通》一书涉及了行政文秘人员日常工作的各个方面，不仅对行政文秘人员需要面对的接待工作、会务工作、文书工作、档案工作、信息管理工作、人际沟通与协调工作、谋划工作进行了详细讲解，而且细致地介绍了行政文秘人员应该掌握的商务礼仪、时间管理方法、情绪管理知识，旨在指导行政文秘人员更加专业、高效地工作，帮助其尽早成为行政文秘工作领域的行家里手。

本书适合企事业单位行政文秘人员、办公室管理人员、咨询师、企业培训人员及高校行政文秘专业的师生阅读。

◆编　　著　薛显东
责任编辑　董晓茜
责任印制　焦志炜
◆人民邮电出版社出版发行　　北京市丰台区成寿寺路 11 号
邮编 100164　　电子邮件 315@ptpress.com.cn
网址 https://www.ptpress.com.cn
涿州市般润文化传播有限公司印刷
◆开本：787×1092 1/16
印张：14.5　　2018 年 11 月第 1 版
字数：175 千字　　2025 年 9 月河北第 32 次印刷

定　价：55.00 元

读者服务热线：（010）81055656　印装质量热线：（010）81055316
反盗版热线：（010）81055315

前　言

在社会发展节奏加快、信息传播技术和手段不断升级的时代背景下，各企事业单位对行政文秘工作规范化和精准度的要求也在不断提高。

《行政文秘工作从入门到精通》一书旨在帮助企事业单位行政文秘人员解决在工作执行中遇到的专业性和规范性问题，作者围绕行政文秘工作的各项具体事务开展论述，着重介绍了行政文秘人员应掌握的基本技能及工作方法，提供了大量实用的工作技巧、知识和可以借鉴的范例。

本书涉及了接待、会务、文书、档案、信息管理、人际沟通与协调、谋划等多个方面的工作内容，可以指导行政文秘人员更加规范、高效地工作。

在《行政文秘工作从入门到精通》一书的出版过程中，我们结合市场调研的结果及企事业单位的现实需求，对相关内容进行了反复修订，目的就是使本书更贴近读者的实际工作需求。

概括起来，本书主要具有以下三大特点。

1. 对行政文秘业务进行图解说明

本书对行政文秘工作中的接待工作、会务工作、文书工作、档案工作、信息管理工作、人际沟通与协调工作、谋划工作做了详细的图解说明，并穿插讲解了工作过程中可能会用到的各类知识、规范和表单，使读者能够一看就懂、一学就会，进而出色地完成工作。

2. 提供了各类文书写作范例

文书写作是行政文秘人员必备的工作技能之一，本书第 3 章详细介绍了行政文秘工作中常用的各类文书的结构及写作要求，并且提供了 4 大类 34 种文书的拟写范例，方便读者现查现用，帮助行政文秘人员了解各类文书的写作规范，迅速掌握文书写作要点，提升文书写作水平。

3. 详细介绍了行政文秘人员需要掌握的基础工作知识

本书详细讲解了行政文秘人员在工作过程中会用到的商务礼仪常识、时间管理工具和情绪管理的知识，这些内容将有助于行政文秘人员不断提高自身修养、提升工作水平。

在本书改版的过程中，孙立宏、孙宗坤负责资料的收集和整理，贾月负责图表的制作和编排，李艳参与编写了本书的第 1 章，张丽萍参与编写了本书的第 2 章，周辉参与编写了本书的第 3 章，程淑丽参与编写了本书的第 4 章，王楠参与编写了本书的第 5 章，关俊强参与编写了本书的第 6 章，王淑燕参与编写了本书的第 7 章，王淑敏参与编写了本书的第 8 章、第 9 章，全书由薛显东审阅定稿。

目 录

第 1 章　接待工作

1．1　接待计划

1．1．1　制订接待计划

1. 制订接待工作计划的要项

制订接待工作计划就是拟定接待方案、做好接待安排，具体工作内容如图 1-1 所示。

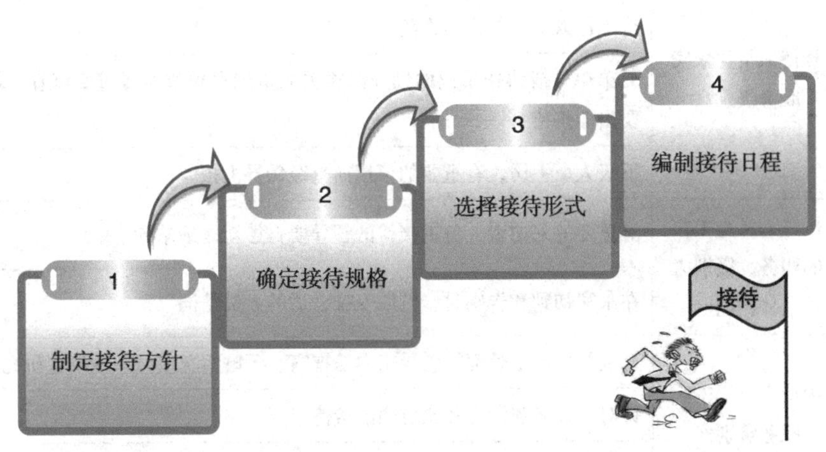

图 1-1　制订接待计划的要项

2. 接待工作计划的要项分解

（1）制定接待方针

接待方针体现了接待工作的指导思想与总体要求。行政文秘人员在接待各方来宾时，在详细了解来宾资料后，应针对来宾的不同文化及背景，在接待中有所侧重，具体如表 1-1 所示。

表 1-1　接待人员分类示例表

来宾文化及背景情况	接待应侧重的方面
重要人物	要注重安全保卫工作
少数民族人士	尊重少数民族的语言文字和风俗习惯
外宾	遵守国际礼仪规范

（2）确定接待规格

接待规格指的是接待工作的具体标准。接待规格的基本内容涉及接待规模的大小、接待人员职务级别的高低，以及接待费用支出的多少。一般可将接待分为高规格接待、对等接待和低规格接待三种形式。如表 1-2 所示。

表 1-2　接待规格参照表

规格	描述说明	适用情况
高规格接待	接待人员比来宾职务级别高	上级领导派一般工作人员向下级领导口授意见或要求，下级领导要高规格接待工作人员，并出面作陪
		兄弟单位或协作单位的领导派相关人员到本单位商量重要事宜，本单位领导要出面接待
		下级人员上访，有重要的事情向上级领导汇报
对等接待	接待人员与来宾的职务、级别大体相同	对重要的来访者，负责接待的领导要自始至终地陪同
		在来宾初到和告别时，可以安排合适的人员陪同
低规格接待	接待人员比来宾职务级别低	上级领导或主管部门领导来本地视察、了解情况或做一些调查研究
		针对外地参观学习和旅游团的接待
		上级领导路过本地顺道探望考察

（3）选择接待形式

根据接待对象、任务和要求的不同，大致可以分为下列六种接待形式，如表 1-3 所示。

表 1-3　接待形式分类示例表

接待方式	接待事项及要求
引见式	接待人员负责将来宾介绍给有关部门或有关领导
会见式	接待人员直接接待来宾，并与对方会谈有关事宜

（续表）

接待方式	接待事项及要求
座谈式	接待人员与领导一同和来宾座谈，商讨有关事项
陪同式	接待人员在来宾访问期间负责陪同参观、旅游或协办有关事项
迎接式	接待人员负责迎接来宾，事后送走宾客
协办式	整个接待工作由外事部门或其他有关部门负责，接待人员只协助办理部分事项

（4）编制接待日程

确定接待形式后，行政文秘人员必须合理安排接待日程（即接待期间各项工作和活动的时间安排），主要应包括以下四项内容。

◇接待活动的具体时间。

◇接待活动的具体内容。

◇各项接待工作的接待地点。

◇陪同人员的各项工作安排。

1．1．2　确定接待工作的重点和细节

1. 接待工作的重点

接待工作是企事业单位的一项重要工作，历来被各单位及其领导重视。商务接待往往能反映出接待方对来访者的重视程度，会直接决定商务合作的进展和成果，所以接待无小事。而具体到细节，更能体现接待方的整体素质和水平，接待工作一般应注重以下三个方面的工作内容，具体如图 1-2 所示。

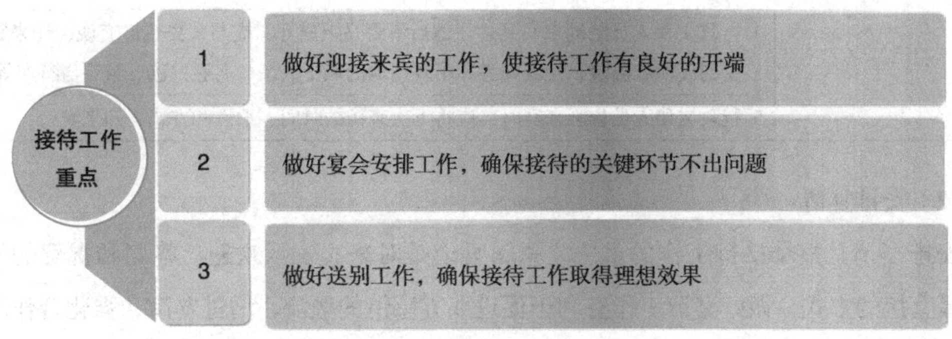

图 1-2　接待工作的重点

2. 接待工作的细节分解

确定了接待工作的重点后，就应围绕重点，落实接待工作的细节，可以从以下细节着手。

（1）迎接来宾

迎接来宾工作以接站、接机和安排主宾见面为主，具体如表 1-4 所示。

表 1-4　迎接来宾的细节和方法

迎宾细节	迎宾的具体步骤和要求
确定来宾的规格	1. 依据来宾规格确定对应的接待规格，一定要明确来宾的身份、职位级别和此次来访对本单位的重要性，外事接待更要妥善安排 2. 重要的迎接要组织欢迎队伍，切不可低规格接待 3. 少数民族礼仪接待应更显尊重
接站、接机工作	1. 了解来宾身份、到达的车次、航班，安排相应职务人员接待
	2. 预先电话询问来宾是否准时，迎接人员应提前到达车站或机场
	3. 提前为来宾安排好住宿
	4. 若双方是第一次见面，可准备醒目的接站牌，必要时写上来宾的姓名
与来宾见面	1. 问候来宾要得体、热情大方、不卑不亢
	2. 献花时要提前安排好献花仪式，花要新鲜，并能确切表达花语
	3. 初次见面可赠送见面礼，礼品应具有地域代表性或特殊意义
安排主宾见面	1. 安排单位领导与来宾初次见面时，通常要对双方进行介绍，职位要从高到低，再由主宾开始依次介绍来访人员
	2. 在欢迎仪式上，要安排主宾做简短讲话或做书面讲话
来宾的陪同工作	1. 坐车的位次为“右为上、左为下；后为上、前为下”，来宾坐在轿车的后排右位，行政文秘人员坐在副驾驶位，陪同领导坐在后排左位
	2. 行政文秘人员应当陪同来宾乘车前往欢迎仪式的现场或住处
	3. 协助来宾办理入住手续，介绍相关的服务和设施，并将活动的日程安排及有关资料送给来宾
	4. 行政文秘人员陪同来宾到达住地后不要马上离开，应与来宾热情交谈，让来宾感受到关切和温暖，让其熟悉和了解当地的风土人情、名胜古迹、景观与特产等
	5. 行政文秘人员告别来宾时，应将下次来访的时间、地点和方式告知来宾

（2）安排宴请

安排宴请是整个接待工作的重中之重，宴请是对来宾表示欢迎、答谢和祝贺的最热烈、最直接的方式，做好宴请工作有利于促进双方感情的融洽，增进友谊，强化合作的基础，具体工作内容如表 1-5 所示。

表 1-5　宴会安排参照表

宴请的要项		主要内容及要求
宴会前的准备工作	宴会的目的及邀请工作	1. 明确宴会的目的，确定以何人的名义邀请。在实际工作中，一般以单位或领导人的名义举行宴会 2. 确定邀请范围，充分考虑主宾的身份、双方关系以及惯例，减少陪同人员 3. 确定邀请形式，正式宴请要发请柬，也可电话邀请或当面邀请
	宴会的时间和地点	1. 宴会的时间 2. 宴会的地点
	布置宴会场所	1. 一般而言，气氛要庄重，但茶话会、酒会则可轻松活泼 2. 大型宴会如有讲话和致辞，应提前调试好音响设备 3. 中餐常用圆桌，主桌要重点装饰布置，西餐可用长桌、方桌或“T”字形桌，桌椅之间留出一定距离，以便敬酒 4. 就餐的座次，要依据礼宾的次序进行安排，必要时可在餐桌上放置指示牌
	菜品菜系安排	1. 按招待规格和标准，在预算范围内安排酒席规格 2. 充分考虑主宾的喜好和禁忌，如有佛教人士应备素食 3. 菜式要有地方特色，精致而不奢华 4. 行政文秘人员开列的菜单要经领导批准后再具体安排
确定宴会的类型	便宴	非正式宴会，主人和主宾坐在一起，其他人不分座次，不安排讲话，气氛融洽，适用于日常交往和工作招待
	茶会	又称茶话会，请客人品茶是一种常见的招待方式，对茶叶和茶具都有讲究，有时茶可用咖啡代替
	酒会	又称鸡尾酒会，形式活泼，以酒水为主，不设座椅，宾客可随意走动，便于宾客沟通，适用于各种开幕、开张、签售和其他庆典
	客饭	国内各机关、企事业单位普遍采用的宴请形式，以简朴为主
	自助餐	举办大型会议时可采用，以冷餐为主，宾客可随意选取食物、酒水等
	工作餐	分早餐、午餐和晚餐，有时在一些紧张的谈判活动中因时间安排不开，双方可以一同边进餐边谈工作
迎接来宾	提前做好检查工作	1. 要提前到达宴会厅，检查环境卫生状况 2. 检查空调、音响设备是否正常，餐具是否摆放整齐
	等候来宾	1. 应至少提前十分钟在宴会厅门口或休息室迎接来宾 2. 可引导主宾到宴会厅或到休息室小坐，期间介绍接待方领导与主宾相互认识
	引领入席	引领来宾按指示牌或依先宾后主的次序入座

（3）送别工作

“出迎三步，身送七步”是迎送宾客的最基本的礼仪，做好送别工作，接待工作才算圆满结束。具体工作内容如表 1-6 所示。

表 1-6　送别工作程序表

送别程序	注意事项或要求
了解宾客离开的准确时间	1. 在了解宾客离开的准确时间后，行政文秘人员应陪同客人前往机场、车站或码头，也可直接就地送别 2. 行政文秘人员要安排送行人员按一定顺序与来宾一一握手送别
组织专门人员列队欢送	对重要来访或友好访问，要组织仪仗队或专门人员到大门口欢送，参与人员姿态要端庄、态度要和蔼，给宾客留下友好印象
组织车队送行	对于重要人物，要将其送到下一目的地接站点
注意事项	
1. 来宾要告辞时，行政文秘人员要放下手中的工作起身送别，主动为来宾取来衣帽，与来宾握手告别，同时要组织好送别语言，如“希望下次再来” 2. 来宾携带较多或较重物品时，行政文秘人员要主动帮宾客分担，在门口、车站、机场等告别后，要以真诚的态度送客，直到目送宾客远离 3. 对远道而来的来宾，行政文秘人员要为其预订好返程票，并安排好出行车辆陪同其前往机场、车站或码头	

1.1.3　制定招待费用预算

1. 招待费用预算

招待费用必须进行预算，要控制招待规格，避免不必要的浪费，同时为下次招待提供依据，进一步提高招待水平。

招待经费的列支项目主要有以下类型，具体如图 1-3 所示。

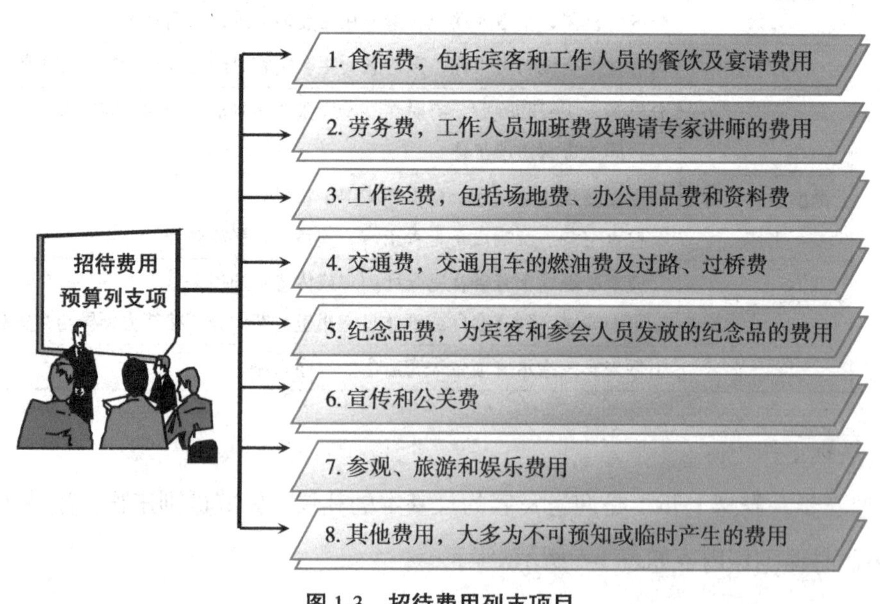

图 1-3　招待费用列支项目

2. 招待费用预算表

提前做好预算，有利于控制费用、开源节流，具体如表 1-7 所示。

表 1-7 接待费用预算表

填表人： 填表日期：____年____月____日

接待人员的基本情况						
申请人		申请部门		申请日期		
接待事由						
客户单位						
客户姓名			职务			
来访人数	共　人，其中男　人，女　人					
来访目的	□参观　□考察　□签合同　□合作　□顺访　□游玩　□其他					
来访时间	年　月　日至　年　月　日，共　天					
接待规格	☆☆☆☆☆					
接待费用预算						
住宿费用	宾馆住宿	宾馆名称		地址		
		房间使用	单间　间；标间　间；共　间			
		花销费用	元			
		是否有发票	□有□无	后附发票或收据金额　元		
	是否超标	□是□否	预算金额		实报金额	
用餐费用	酒店用餐	酒店名称				
		用餐次数		人均消费		
		用餐人数		花销费用	元	
		是否有发票	□有□无	后附发票或收据金额　元		
	是否超标	□是□否	预算金额		实报金额	
旅游、参观娱乐费用	消费项目	名称				
		参加人数		总计消费额		
		是否有发票	□有□无	后附发票或收据金额　元		
	是否超标	□是□否	预算金额		实报金额	
工作经费	具体项目		预算金额		实报金额	
交通费	□燃油 □过路		预算金额		实报金额	
纪念品费	数量		预算金额		实报金额	
宣传公关费	具体项目		预算金额		实报金额	
其他费用	费用名称		预算金额		实报金额	

（续表）

<table>
<tr><td colspan="4">接待费用预算</td></tr>
<tr><td rowspan="2">合计</td><td>总申请</td><td colspan="2"></td></tr>
<tr><td>总报销</td><td colspan="2"></td></tr>
<tr><td colspan="4">申请人解释说明</td></tr>
<tr><td colspan="4">签字：
日期：</td></tr>
<tr><td colspan="4">直接领导意见</td></tr>
<tr><td colspan="4">签字：
日期：</td></tr>
<tr><td colspan="4">总经理意见</td></tr>
<tr><td colspan="4">签字：
日期：</td></tr>
<tr><td colspan="4">财务审核</td></tr>
<tr><td>会计审核</td><td></td><td>审核日期</td><td></td></tr>
<tr><td>主管签字</td><td></td><td>签字日期</td><td></td></tr>
<tr><td>领取人签字</td><td></td><td>签字日期</td><td></td></tr>
<tr><td colspan="4">备注：</td></tr>
</table>

1.2 接待咨询

1.2.1 了解来访者需求

了解来访者需求，明确来访者的目的和意图是行政文秘人员做好接待工作的前提。根据已有资料和信息进一步确定来访者的需求，如果有特殊要求，行政文秘人员须上报领导。

了解来访者需求的途径如图 1-4 所示。

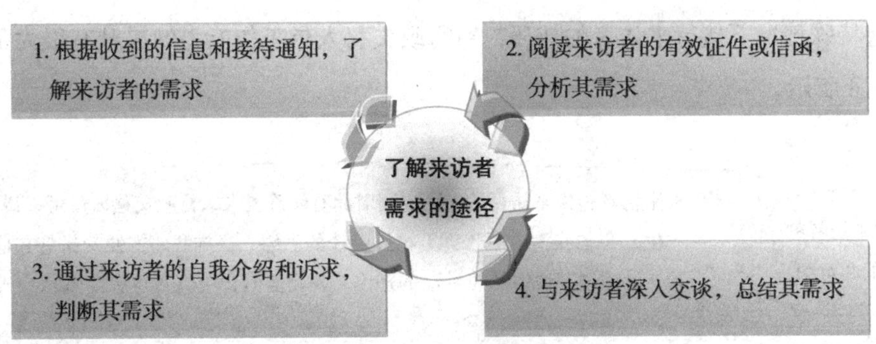

图 1-4　了解来访者需求的四个途径

1.2.2　处理来访者意见

正确归纳总结并及时处理来访者意见是行政文秘人员的一项日常工作，来访者意见处理工作可以按以下流程操作，具体如图 1-5 所示。

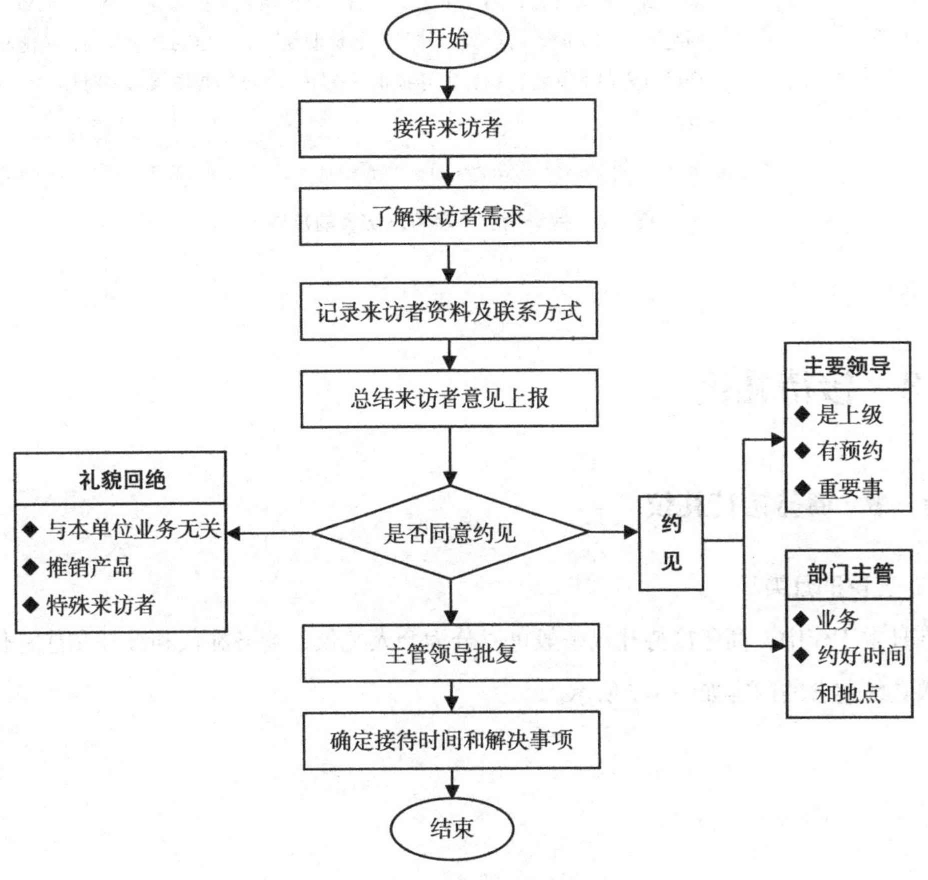

图 1-5　处理来访者意见流程图

掌握特殊情况下接待来访者的技巧，对行政文秘人员工作能力的提升有很大帮助，具体如图 1-6 所示。

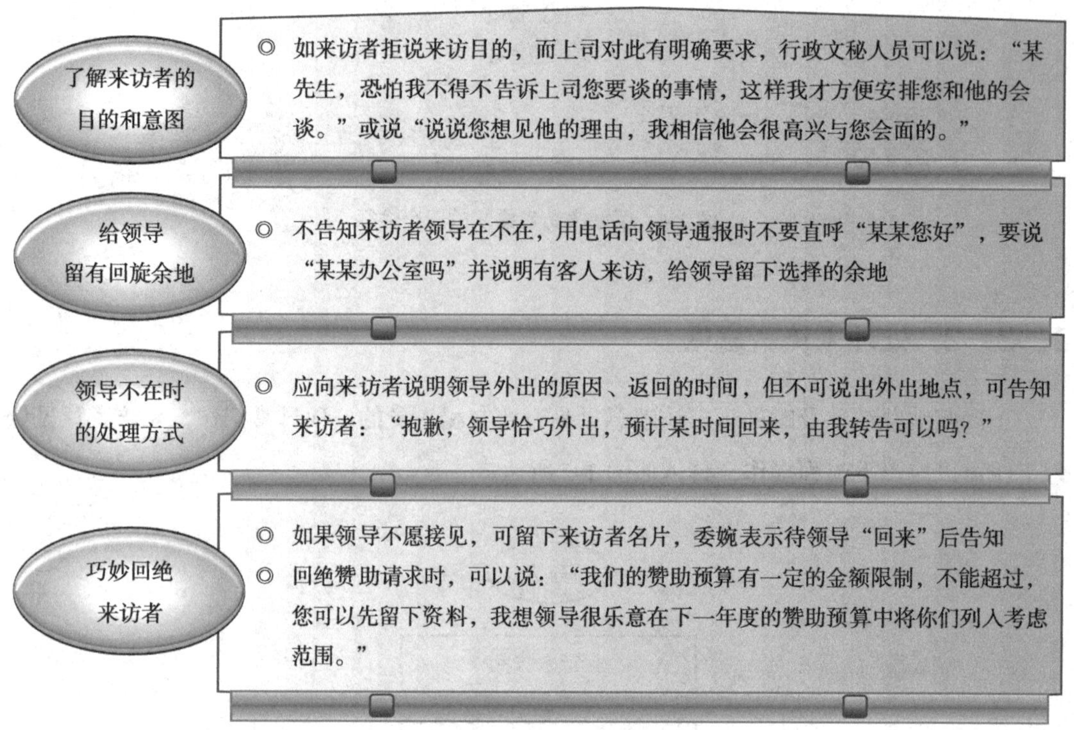

图 1-6 特殊情况下接待来访者的技巧

1.3 接待礼仪

1.3.1 商务接待礼仪

1. 礼仪的分类

在日常工作中，商务接待礼仪一般可以分为个人礼仪、商务礼仪和涉外交往礼仪，各类礼仪具体包含的内容如图 1-7 所示。

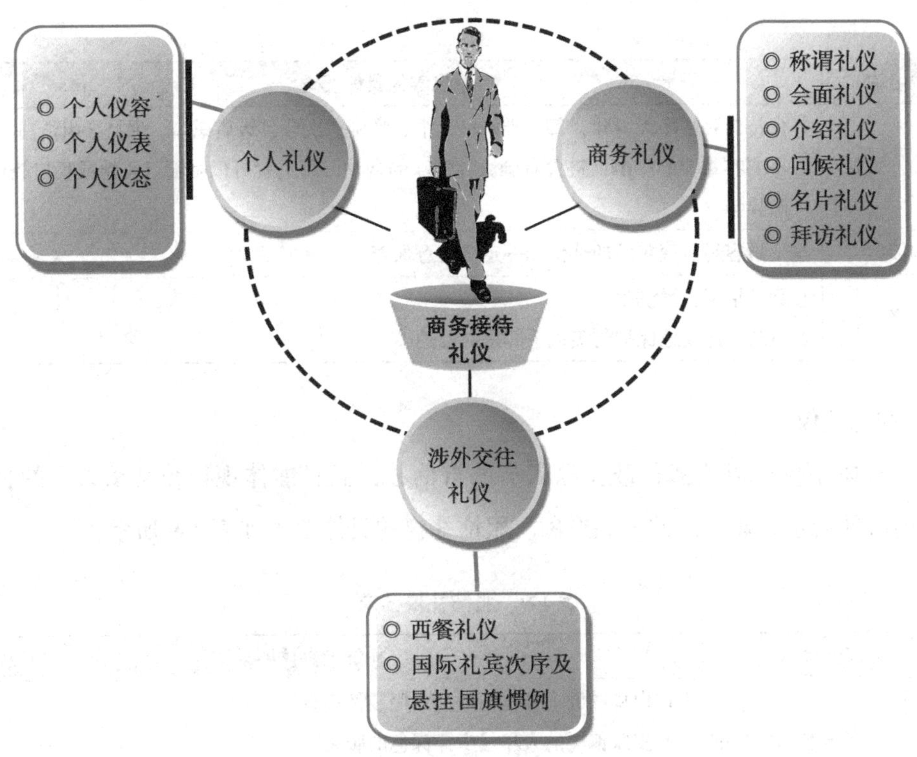

图 1-7　日常交往礼仪分类示意图

2. 仪容仪貌礼仪

仪容是个人仪表中的重要组成部分，是指头、脸等直接裸露在外的身体表面，仪容往往能体现个人的素质和修养，具体的仪容要求如表 1-8 所示。

表 1-8　仪容要求说明表

部位名称		仪容的具体要求
发式	女士	1. 女士最好剪短发，发梢不宜超过肩部 2. 如果是长发，可将头发挽起，不可梳披肩发
	男士	1. 男士前部的头发不要遮住眉毛 2. 侧发不要盖住耳朵，不能留过长或过厚的鬓角 3. 脑后的头发不要长过西装衬衣领子的上部
面容	面部	1. 保持面部干净清爽，无油污 2. 女士可以化淡妆
	鼻毛	保持鼻腔干净，经常修剪鼻毛
	胡须	1. 男士应每天刮净胡须 2. 女士如有因内分泌等原因造成的类似胡须的汗毛也应及时清除 3. 因特殊的职业需要、宗教信仰或民族习惯留胡须的男士除外

（续表）

部位名称		仪容的具体要求
面容	口腔	1. 保持口腔洁净无异味，每天最好早、中、晚刷三次牙，饭后漱口，保持牙齿洁白 2. 不要在重要的应酬前进食有刺激性气味的食物，若进食可以咀嚼口香糖或喷口腔清洁剂除异味
颈部		这是最容易显现年龄的部位，一定要注意保养
手部		1. 勤剪指甲，勤洗手 2. 适时、适度地保护与美化手部是必要的

3. 服饰礼仪

穿着得体不仅可以增强行政文秘人员的自信心，而且能体现行政文秘人员的良好修养，还能对外展示企业良好的公关形象。服饰礼仪的具体要求如表 1-9 所示。

表 1-9　服饰礼仪要求

礼仪分项			礼仪的具体要求
着装	肤色与色彩的搭配		1. 白皮肤的人穿任何颜色的服装都适宜 2. 皮肤偏黑的人尽量少穿深色的服装 3. 不能穿颜色太鲜艳的服装，不要出现红色配绿色等犯忌讳的色彩搭配
	搭配方法	统一法	选择同一色系，根据其明暗、深浅的不同来搭配，如天蓝色衬衣配深蓝色或藏青色裤子
		调和法	1. 用相近的颜色搭配，如红与橙、绿与蓝 2. 在搭配上，色彩的明亮度、纯度要有所区别，可以让某一种颜色深一些，也可以让某一种颜色浅一些
		对比法	1. 用对比色来搭配 2. 如黄与蓝、黑与白
质料的选择	质料与款式		1. 质料的选择要与服装的穿着用途相适应，与服装的格调品位相适应 2. 正装宜选择高档的天然纤维面料 3. 日常的服装宜选择中低档纯棉面料或易洗易干的化学纤维面料
	面料的组配		1. 主要考虑面料的厚薄、质地和加工精度 2. 冬季要厚重些、春秋应中厚 3. 应依据厚重与厚重、粗糙与粗糙、光滑与光滑的原则搭配 4. 要注意装束的配件，如帽子、围巾、手套、鞋袜质料的整体组配
着装礼仪	个性化展示		1. 不要与同伴穿一模一样的衣服，以免引起别人的比较（谁好谁差） 2. 不要穿与同伴反差太大的衣服 3. 与到场的领导和来宾相协调，不可太突出，以免喧宾夺主 4. 穿与自己体形相协调的衣服

（续表）

<table>
<tr><th colspan="2">礼仪分项</th><th>礼仪的具体要求</th></tr>
<tr><td rowspan="2">着装
礼仪</td><td>简洁大方</td><td>简洁的服饰给人明快干练的感觉，有利于人际沟通，不穿设计过于烦琐的服装，以免被人误认为是“花瓶”</td></tr>
<tr><td>整体和谐</td><td>1. 穿着要合体，不可过紧、过肥、过大、过小，女士应避免穿过高的高跟鞋
2. 穿着要入时，冬天的衣服应当厚实保暖，春秋的衣服要薄一些
3. 穿着要随俗，要体现新时代、新风貌，要体现本民族的习俗和特色，与出入场合的气氛和特点相符</td></tr>
</table>

4. 交谈礼仪

行政文秘人员必须强化语言方面的修养，掌握并运用好交谈礼仪，具体的交谈礼仪如表 1-10 所示。

表 1-10　交谈礼仪分解表

<table>
<tr><th colspan="2">礼仪分项</th><th>礼仪的具体要求</th></tr>
<tr><td rowspan="3">交谈的态度</td><td>表情要自然</td><td>1. 目光要专注，与对方平视，不可漫不经心地乱瞟或斜视对方
2. 运用表情上的变化给对方以明确的态度，对对方所言表示赞同、理解或惊讶，从而表明自己的专注程度
3. 表情要和交谈的内容相配合</td></tr>
<tr><td>举止要得体</td><td>适度的动作是必要的，但要避免多余的动作</td></tr>
<tr><td>遵守惯例</td><td>1. 注意倾听对方的陈述
2. 谨慎地插话、发表自己的看法
3. 礼貌进退
4. 掌握交流的尺度，促进互动式交流</td></tr>
<tr><td rowspan="2">交谈的语言</td><td>文明礼貌</td><td>1. 把握交谈的气氛
2. 切忌意气用事、对他人冷嘲热讽
3. 尽量避免使用不文雅的语句和措辞
4. 使用约定俗成的礼貌用语</td></tr>
<tr><td>简洁明确</td><td>1. 简洁明快，言简意赅地表达自己的观点和看法
2. 发音标准，吐字清晰，讲普通话
3. 说话含义明确，不产生歧义，不引起不必要的误会</td></tr>
<tr><td colspan="2">交谈的内容</td><td>1. 结合谈话者的身份，选择适合谈话的时间、地点、场合
2. 选择高雅的谈话内容，营造轻松活跃的现场气氛
3. 选择自己擅长的内容，回避交谈者忌讳的内容</td></tr>
</table>

5. 举止礼仪

举止礼仪分为坐姿、站姿和走姿，举止礼仪的具体要求如表 1-11 所示。

表 1-11　举止礼仪分解表

礼仪分项		礼仪的具体要求
坐姿	常用的坐姿	1. 标准式 2. 侧点式 3. 屈直式 4. 重叠式 5. 交叉式
	正确的坐姿	1. 无论哪种坐姿，都不能弯腰驼背 2. 女士坐时不可叉开双腿，起立时可将一只脚向后收半步而后站起
	避免的坐姿	1. 双手置于膝上或椅腿上 2. 把脚藏在座椅下，勾住椅腿或双腿分开伸得很远 3. 跷二郎腿，并用双手扣腿，晃脚尖 4. 猛起猛坐，桌椅有响动或上身不直，左右晃动
站姿	头正	两眼平视前方，嘴微闭，收颔梗颈，精神饱满，面带笑容
	肩平	两肩平正，微微放松，稍向后下沉
	臂垂	1. 两肩自然下垂，手指自然弯曲，肘部略向外张 2. 男士可以将单手或双手背于身后 3. 两肩平整，两臂自然下垂，中指对准裤缝
	躯挺	胸部挺起，腹部微收，腰部正直，臀部向内向上收紧
	腿并	1. 两腿要站直，膝盖放松，大腿稍收紧上提，身体重心落于前脚掌，脚尖分开使两脚夹角呈 60 度 2. 男士站立时，双脚可微微张开，但不过肩 3. 女士站立时，脚呈“V”字形，身体重心尽量提高
走姿	目光、表情	两眼平视、挺胸收腹、表情平和、精神饱满、面带微笑
	双肩、双臂、双手	1. 双肩摆正，防止上下或前后摇摆；双臂前后自然摆动，摆幅在 30~40 度，两手自然弯曲，在摆动中离开双腿不超过一拳的距离 2. 两臂自然下垂，前后自然协调摆动，前摆稍向内折，手臂与身体的夹角一般在 10~15 度
	步伐、步幅、步速	1. 步伐稳健，步履自然，要有节奏感 2. 步幅适当，两脚之间相距约一只脚或一只半脚的距离 3. 步速平稳 4. 迈步时避免“内八字”或“外八字”
	其他	1. 上下楼梯时脚步要轻 2. 遇到尊者，主动避让，将扶手让给尊者 3. 遇到领导、贵宾、女士时，主动礼让，站立一旁，以手示意，请其先行

1．3．2　涉外接待礼仪

1．西餐的进餐礼仪

普通的西餐上菜顺序依次是面包、汤、各类菜肴、甜点、水果、咖啡或红茶。西餐的进餐礼仪具体如表 1-12 所示。

表 1-12　西餐的进餐礼仪分解表

进餐项目	具体礼仪和要求
面包	1. 面包要撕成小块吃，吃一块撕一块，碎屑用碟子盛接，不可遗撒于餐桌上
	2. 如涂黄油、果酱，不要先涂满整块面包再撕下来吃，应当先撕下小块再涂
	3. 如果饼干和面包是烤热的，可以整片先涂牛油，再撕成小片吃，切忌用刀子切割面包
	4. 用叉子叉着面包吃或把面包浸在汤中捞出来再吃，都是不合适的
	5. 吐司多用于早餐，在宴席中不可强要
喝汤	1. 喝汤要用汤匙
	2. 喝汤时汤匙由身体一侧向前向上舀出，第一次舀汤宜少，先测试温度，浅尝。汤舀起来不能一次分几口喝，不要任意搅拌热汤或用嘴吹凉
	3. 若汤用两侧有耳的汤碗盛放，可用双手持碗耳端起来喝。喝完汤，汤匙放在汤盘上，将汤匙把指向自己
蔬菜和沙拉	1. 配制在主菜里的蔬菜都可以吃
	2. 一般的蔬菜和沙拉可用叉子吃。如果菜叶太大，则先用刀子在盘中切割，然后再用叉子将菜品送入口中
	3. 青豆等可先用叉子压扁，用小匙舀起来吃，不能一颗颗地叉着吃。小粒番茄、芹菜条等可用手取食，也可用叉子取食
	4. 玉米段插上牙签或木棒后，可以拿起来吃
吃海鲜	1. 吃鱼时应将头尾切除，去鱼鳍，将切下的头尾鳍堆在盘子一旁，用刀轻轻地切割鱼身的一边，然后用叉子叉起鱼块吃
	2. 吃鱼时切忌翻身。应用刀叉把鱼的主刺从一侧挑起放到盘子的边缘，然后再吃另一半
	3. 柠檬片用刀叉挤汁，将汁液滴在海鲜食品上可去除腥味
	4. 吃龙虾时，应左手持叉将虾尾肉叉起，右手持刀压住虾壳，将虾肉拉出再切食
	5. 食用贝类海鲜时应以左手持叉，刺其肉，挑出来吃
吃肉类	1. 牛排的熟度通常分为带血、半生、七分熟和熟透四种

（续表）

进餐项目	具体礼仪和要求
吃肉类	2. 牛排要吃一块切一块，切忌先切成碎块。切牛排应由外侧向内侧切。一次未切下再切一次，不要拉扯
	3. 切肉要大小适度，不要将大块肉直接塞进嘴里
	4. 猪排、羊肉都要确保熟透，吃法与吃牛排相同；烤鸡或炸鸡在正式场合用刀叉吃；雏鸡、乳鸽等先用叉压住，再用刀割下腿肉和胸肉，不要将其翻身
吃甜点	1. 吃点心时必须用点心匙和中号叉子，或用刀铲起来吃，千万不能用手为他人取点心，需要为他人取点心时可用刀叉托住送过去
	2. 蛋糕及馅饼，用叉分割成可入口的小块，较硬的用刀切割成块后用叉取食
	3. 吃甜点应文雅，奶油或蛋糕屑不可沾在嘴巴上
	4. 吃面条可使汤匙辅助叉，也可用叉子卷起面条食用，但不能用刀把面条切断再吃
喝酒	1. 对酒不了解的人最好请调酒师挑选酒类
	2. 红酒配红肉，白酒配白肉
	3. 用三根手指轻握杯脚
	4. 喝酒时不能吸着喝，而是倾斜酒杯喝
	5. 轻摇酒杯，让酒与空气充分接触可以增加酒味的醇香，但不要过猛地摇晃杯子
用手取食	1. 生菜叶中包有食物时应当避免其中的调味料以及蘸酱等滴落在桌子上
	2. 整根玉米或三明治可以用手拿着吃
	3. 樱桃、草莓等带叶柄水果，要用手指轻轻捏住叶柄，一口一颗，吃得优雅自然
喝咖啡	1. 用拇指和食指捏住杯把将杯子端起饮用
	2. 加糖时，可用咖啡匙舀取砂糖直接放入杯内，放方糖时先用糖夹子把方糖夹放在咖啡碟的近身一侧，再用咖啡匙把方糖放入杯内
	3. 咖啡匙是用来搅拌咖啡的，饮用时应将其取出
	4. 使用杯碟时，应当放在自己的正前方或右侧，杯耳指向右方
	5. 喝咖啡时应用右手拿咖啡杯耳，左手轻轻托着咖啡碟，慢慢移到嘴边轻啜

2. 国际礼宾与悬挂国旗惯例

（1）国际礼宾次序是指外事交往中对出席活动的国家、团体、各国人士的位次按某种规则和国际惯例排列，同时要考虑对方的声望、资历和年龄，接待时应安排与外宾身份、职务对等者出面，具体的排序如图 1-8 所示。

按身份职务高低

◎ 这是礼宾排列次序的主要依据，常见于一般的官方活动中

按字母序列排序

◎ 多边活动中按参加国的英文字母序列排序，少数也按其他语种的字母顺序排列

按代表团组成日期

◎ 若各国代表团的身份、规格大体相同，按组成日期排列；有时也按代表团到达的时间先后排列或按派遣国应邀答复的时间先后排列

图 1-8　礼宾排序表

（2）悬挂国旗

在外事活动中，行政文秘人员应注意悬挂国旗的惯例，具体的要求和做法如表 1-13 所示。

表 1-13　悬挂国旗的惯例

分项	具体礼仪及要求
悬挂国旗的场合	1. 按国际关系准则，接待来访的外国元首和政府首脑时，在隆重的场合应在贵宾下榻的宾馆、乘坐的汽车上悬挂对方或双方的国旗
	2. 在国际会议上，除会场悬挂与会国国旗外，各国政府代表团团长也可以按会议组织者制定的有关规定在一些场所或车辆上悬挂本国国旗
	3. 展览会、体育比赛等国际活动，也要悬挂相关国家国旗
悬挂国旗的礼仪	1. 按国际惯例，以右为上、左为下
	2. 两国国旗并挂，以旗本身面向为准，右挂客方国旗，左挂主方国旗
	3. 汽车上挂国旗，以汽车行进方向为准，驾驶员左手一侧为主方，右手一侧为客方
	4. 切忌不可倒挂国旗，有些国家的国旗由于文字和图案的原因，不可竖挂或反挂
	5. 不同国家的国旗比例不同，同尺寸制作时，两面旗放在一起，将其中一面略放大或缩小，使两面国旗看起来大小一致

第2章　会议组织工作

2.1　会议计划

2.1.1　制订会议计划

制订会议计划是做好会务工作的前提，大型会议的计划一般包括会议的名称、内容、指导思想、任务要求、地点、出席人员、日程安排、出席领导、注意事项等。

会议计划对会务工作具有指导作用，所以制订完善的会议计划有助于确保每个满足会议需要的事项都被落实，并促使会议实现预期目标。制订会议计划的具体步骤如图 2-1 所示。

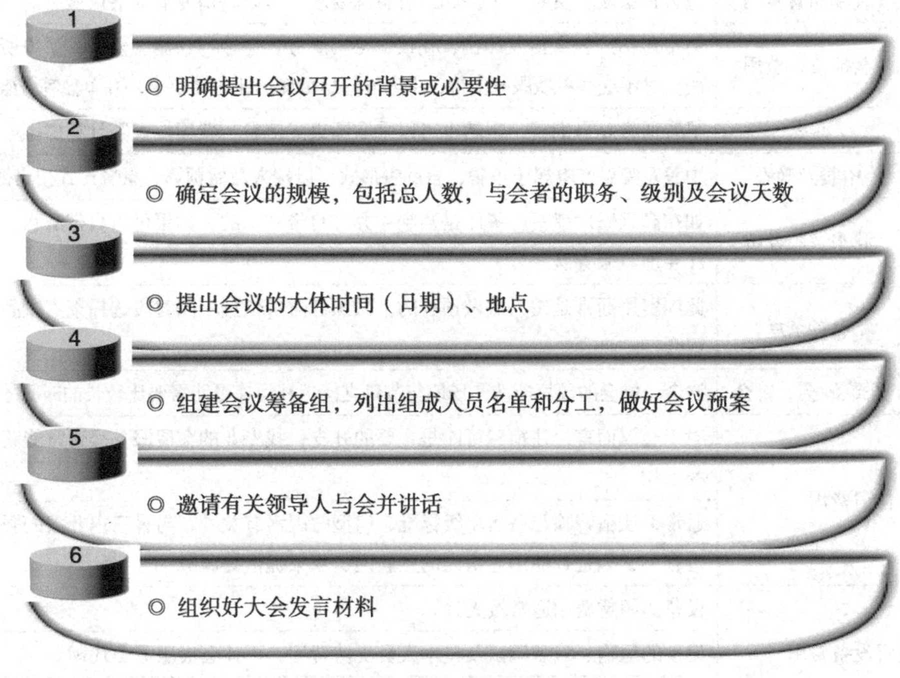

图 2-1　制订会议计划的步骤

2.1.2 编制会议预算

行政文秘人员应当在会议召开之前编制好会议预算。做好会议预算有利于按照预算规则安排相关工作，确保各项工作在不超出预算的情况下顺利进行，编制会议预算的要项如表 2-1 所示。

表 2-1 编制会议预算的要项

<table>
<tr><th colspan="2">预算要项</th><th>具体说明及要求</th></tr>
<tr><td rowspan="3">交通费用</td><td>出发地至会务地的交通费用</td><td>包括航空、铁路、公路、客轮，以及目的地车站、机场、码头至住宿地的交通费用</td></tr>
<tr><td>会议期间交通费用</td><td>包括住宿地至会所、会所到用餐地点、会所到商务交际场地、商务考察以及其他与会人员可能涉及的搭乘交通工具的费用</td></tr>
<tr><td>欢送及返程交通费用</td><td>包括航空、铁路、公路、客轮及住宿地至机场、车站、港口的交通费用</td></tr>
<tr><td rowspan="4">会议室 / 厅费用</td><td>会议场地租金</td><td>包含某些常用设施，如激光指示笔、音响设备、桌椅、主席台、白板或黑板、笔等，但一些非常规设施并不涵盖在内，如投影设备、临时性装饰物、展架等</td></tr>
<tr><td>会议设施租赁费用</td><td>主要是租赁一些特殊设备，如投影仪、笔记本电脑、移动式同声翻译器、会场展示设备、多媒体设备、摄录设备等，租赁时通常需要支付一定的使用保证金，租赁费用中包括设备的技术支持与维护费用</td></tr>
<tr><td>会场布置费用</td><td>包含在会场租赁费用中，如果有特殊要求，可以聘请专业的会议服务商</td></tr>
<tr><td>其他支持费用</td><td>通常包括广告宣传及印刷、礼仪、秘书服务、运输与仓储、公共关系等所需的费用，对于这些单项服务支持，主办方应尽可能细化各项要求，并单独签署服务协议</td></tr>
<tr><td rowspan="5">餐饮费用</td><td>早餐</td><td>早餐通常是自助餐，当然也可以采取围桌式就餐，费用按人数计算即可</td></tr>
<tr><td>中餐及晚餐</td><td>中餐及晚餐基本属于正餐，自助餐形式可以按人数做预算，桌餐形式按桌做预算</td></tr>
<tr><td>酒水及服务费</td><td>如在高级餐厅就餐，餐厅是谢绝主办方自带酒水的，如果可以自带酒水，通常餐厅要加收服务费</td></tr>
<tr><td>会场茶点</td><td>此项费用通常是按人数做预算的，做预算时可依据不同时段选择茶点饮品的不同组合</td></tr>
<tr><td>联谊酒会、舞会</td><td>酒会、舞会的预算应涉及场地与节目支持，其预算可能需要比较长的时间才能确认</td></tr>
<tr><td colspan="2" rowspan="2">住宿费用</td><td>对于会议而言，住宿费可能是主要的开支；找专业的会展服务商通常能获得较大的折扣</td></tr>
<tr><td>通常，住宿费除与酒店星级标准、房型等因素有关外，与客房内开放的服务项目也有关，如是否使用客房内的互联网、水果提供等服务</td></tr>
<tr><td colspan="2" rowspan="3">视听设备费用</td><td>设备的租赁费用通常按天计算</td></tr>
<tr><td>设备的运输、安装调试及技术人员支持费用，可让会展服务商代理</td></tr>
<tr><td>背景音乐及娱乐音乐选择，主办者可自带，也可委托代理</td></tr>
</table>

（续表）

预算要项	具体说明及要求
演员及节目费用	可以选定节目后按场次计算，一般与节目表演的难度和人数正相关，专场或包场除外
其他费用	一些临时性安排产生的费用，包括打印、临时运输及装卸、纪念品、模特与礼仪服务、临时道具、传真及其他通信、快递服务、临时医疗、翻译与向导、临时商务用车、汇兑等；杂费要机动处理

2．1．3 编制会议议程

1. 会议议程的内容

会议议程是指对会议的过程做出具体安排的文件，会议议程的重点包括议事程序及会议的各项议题。

一般情况下，会议议程的具体内容应包括如下四大项，具体如图 2-2 所示。

1 会议主席开场白

◎ 与会领导和与会人员介绍
◎ 会议所要达到的目标
◎ 会议所要解决的问题及其背景
◎ 会议主席或召集者的态度等相关内容

2 基本情况介绍

◎ 就会议主席所提出的问题找几位与会人员讨论，形成基本的概念和印象，以此为出发点进行思考，进而引发下一步的讨论

3 讨论发言得出结论

◎ 约定发言人的顺序和发言时间，展开积极深入的讨论，求同存异，归纳主要的意见形成结论
◎ 将结论以一定的形式表述出来，形成决议，提交上级或传达下级

4 会议结束

◎ 会议达成决议后，会议主席或召集者需要对会后的工作做简单的安排，或给与会人员布置明确的任务

图 2-2 会议议程主要内容说明图

2. 会议议程表

编制会议议程表有利于会议各个事项的落实，具体如表 2-2 所示。

表 2-2　会议议程表

<table>
<tr><td>会议主题</td><td></td><td colspan="2">会议类型</td><td></td><td colspan="2">会议主办部门</td><td></td></tr>
<tr><td>会议负责人</td><td></td><td colspan="2">会议主持人</td><td></td><td colspan="2">记录人</td><td></td></tr>
<tr><td>会议摘要</td><td colspan="7"></td></tr>
<tr><td colspan="8">会议议题内容</td></tr>
<tr><td>议题 1</td><td colspan="7">议题名称：</td></tr>
<tr><td>序号</td><td colspan="2">时间</td><td colspan="3">内容</td><td colspan="2">发言人</td></tr>
<tr><td></td><td colspan="2"></td><td colspan="3"></td><td colspan="2"></td></tr>
<tr><td></td><td colspan="2"></td><td colspan="3"></td><td colspan="2"></td></tr>
<tr><td>议题 2</td><td colspan="7">议题名称：</td></tr>
<tr><td>序号</td><td colspan="2">时间</td><td colspan="3">内容</td><td colspan="2">发言人</td></tr>
<tr><td></td><td colspan="2"></td><td colspan="3"></td><td colspan="2"></td></tr>
<tr><td></td><td colspan="2"></td><td colspan="3"></td><td colspan="2"></td></tr>
<tr><td>出席人员</td><td colspan="2"></td><td colspan="3">会议记录员</td><td colspan="2"></td></tr>
<tr><td>会议备注</td><td colspan="7"></td></tr>
</table>

2.1.4　确定会议日程

1. 拟定会议日程

行政文秘人员在会议之前应当做好会议的具体安排，并妥善拟定会议日程。行政文秘人员必须在会前将日程发给与会人员，会议日程可采用文字形式也可用表格形式，表格形式的会议日程可以参照表 2-3 制作。

表 2-3　会议日程表

<table>
<tr><th colspan="2">日期及时间</th><th>会议内容</th><th>地点</th><th>主持人</th><th>出席人</th><th>活动方式</th></tr>
<tr><td rowspan="2">日期</td><td>上午</td><td></td><td></td><td></td><td></td><td></td></tr>
<tr><td>下午</td><td></td><td></td><td></td><td></td><td></td></tr>
<tr><td rowspan="2">日期</td><td>上午</td><td></td><td></td><td></td><td></td><td></td></tr>
<tr><td>下午</td><td></td><td></td><td></td><td></td><td></td></tr>
</table>

（续表）

日期及时间		会议内容	地点	主持人	出席人	活动方式
日期	上午					
	下午					
备注		活动方式是全体会议或是自由讨论等				

2. 拟定会议日程的注意事项

会议日程的拟定，有三点需要注意的事项，具体如图 2-3 所示。

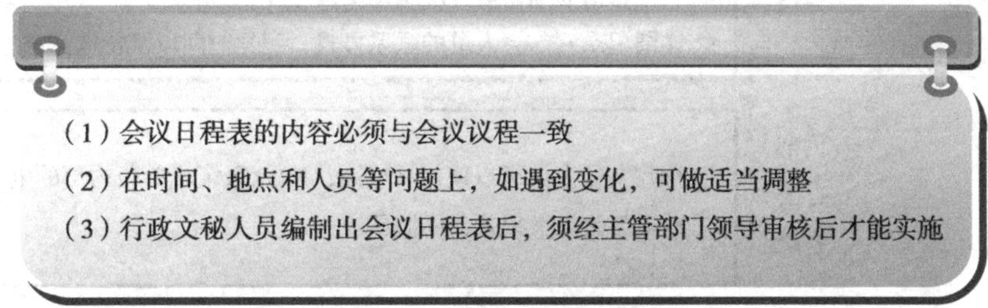

图 2-3　会议日程的注意事项

2.1.5　发布会议通知

1. 确定与会人员

行政文秘人员在掌握了会议的基本情况以后，应当及时发布会议通知。在发布会议通知之前，必须确定好与会人员名单。

（1）行政文秘人员可以参照表 2-4 所示的方法拟定与会人员名单，并及时通知与会人员。

表 2-4　确定与会人员的方法

内容	方法及注意事项
了解会议性质	如是日常工作会议，要请与会议议题密切相关的部门领导出席
	征求意见的会议，应请与意见内容相关的各方面的领导和代表参加
	专业性质的会议，应请相关的主管领导、专家和有工作经验的工作人员参加
	纪念、庆祝性的会议，可邀请有名望、有社会影响力的各界人士参加
准确拟定与会人员名单	从有利于会议工作的角度出发，要在不漏提和不错提的基础上，宽严适度
	从保密的角度出发，要做到提名合情合理、无冗余、不漏提、不错提
提请领导审核	经领导审核后的名单为与会人员的最终名单

（2）在与会人员的名单确定后，行政文秘人员应及时通知与会人员，以便其做好参加会议的准备。通知与会人员的方法，具体如图 2-4 所示。

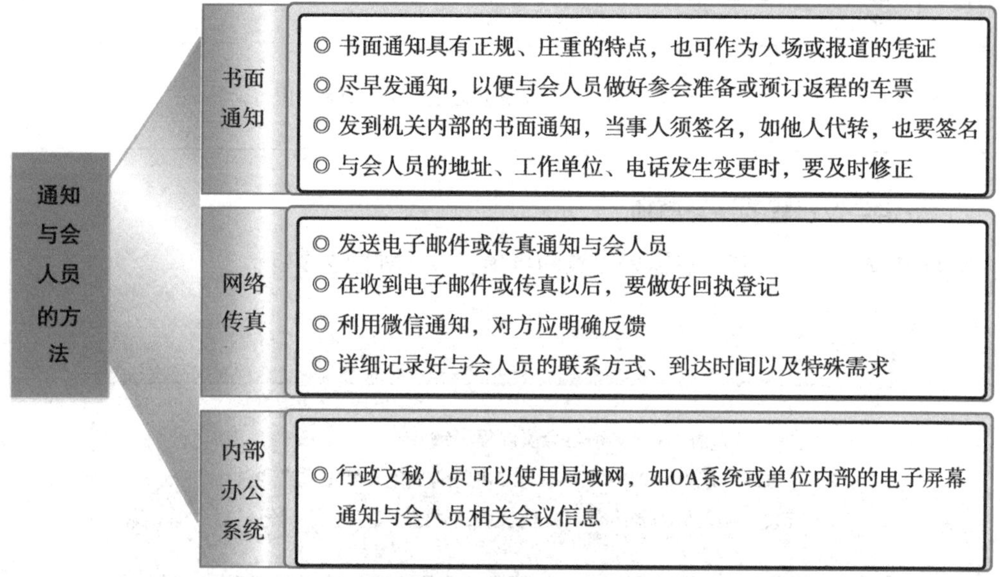

图 2-4　通知与会人员的方法

2. 会议通知单

在确定与会人员和通知方式之后，行政文秘人员应及时发送会议通知单。会议通知单必须将会议信息传达得明白、准确、一目了然，有利于与参会人员知晓并反馈信息，会议通知单可以参照表 2-5 的示例设计。

表 2-5　会议通知单示例

会议名称		会议类别	
会议主办部门		会议召开负责人	
会议时间		会议地点	
会议议题			
与会人员名单			
自行准备资料			
备注			

2．2　会议策划

2．2．1　制定会议方案

在召开会议前，行政文秘人员必须妥善制定会议方案，会议方案内容应包括六点：会议目的、会议时间和地点、与会人员、具体的会议议题及议程、会议费用预算、与会议相关的其他要求。

会议方案可以参照下面的范例编制。

<table>
<tr><td rowspan="2">文书名称</td><td rowspan="2">× × 会议方案</td><td>执行部门</td><td></td></tr>
<tr><td>监督部门</td><td></td></tr>
<tr><td colspan="4">× × 公司关于召开职工教育工作会议的方案
为了贯彻落实上级文件要求，加强职工教育工作，我公司定于 × × 年 × 月 × 日至 × 日，在公司会议大厅召开职工教育工作会议，特制定如下会议方案。
一、会议目的
认真学习上级文件要求，传达市职工教育工作会议精神，结合公司实际情况，制定公司职工教育工作规划。
二、会议规模
与会者包括主管教育工作的公司党委副书记；公司有关科室负责人、工作人员；各部门主管教育工作的负责人；各车间主管教育工作的主任；工会主管教育工作的负责人，共 × × 人。
三、会议日程
× × 年 × 月 × 日，传达市教育工作会议精神，学习加强职工教育工作的相关文件。大会传达后，分组讨论。
× 月 × 日至 × 日，结合我公司实际情况制定加强职工教育的工作规划，研究落实“双补”教育任务，解决“双补”教育中的各种实际问题。
四、会议形式
采取大小会相结合的方式进行。× 日上午举行开幕式，传达上级会议文件及精神，由党委书记 × × 做动员报告。× 日下午举行闭幕式，宣读我公司加强职工教育规划，部署开展“双补”教育任务和措施。其余时间主要是小组活动。
五、会议准备工作
公司准备抽调 15 名熟悉教育工作的同志用半个月的时间进行调查研究，拟定加强我公司职工教育工作，特别是“双补”教育工作的实施方案，拟定加强职工教育工作的五年规划（草案），两份文件均将在会议上进行讨论修改。
六、会议经费
为了让大家集中精力开好会，所有参加会议的人员一律在招待所食宿，其各项开支见附表。</td></tr>
</table>

2.2.2 会场布置方案

1. 会场布置方案

会场布置方案分为企业内部会议、商务会议和大型会议，行政文秘人员应当根据会议的性质和规模做好会场布置。

（1）企业内部会议：一般在企业内部召开，会议室属于经常性使用场所，所以行政文秘人员可以根据企业领导的要求和企业文化的特点做出相应的布置，具体如图 2-5 所示。

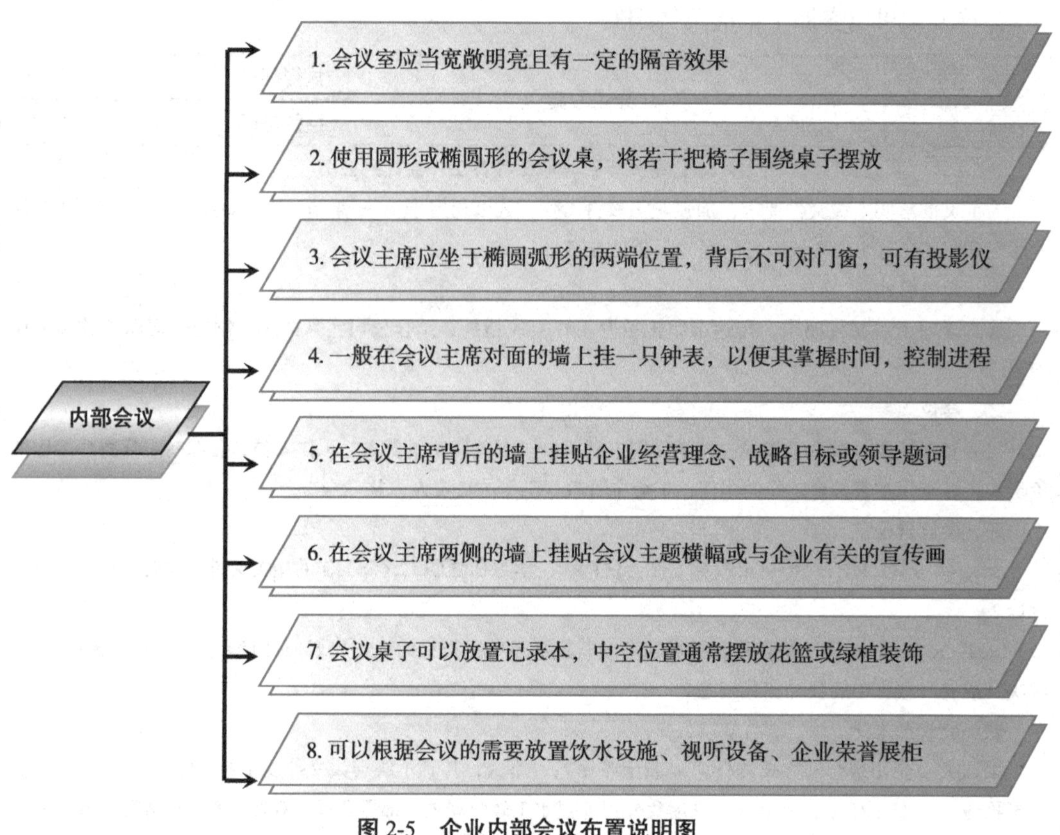

图 2-5 企业内部会议布置说明图

（2）商务会议会场布置：根据商务礼仪的要求，商务会议的会场布置也应细致考究，具体的布置要求如图 2-6 所示。

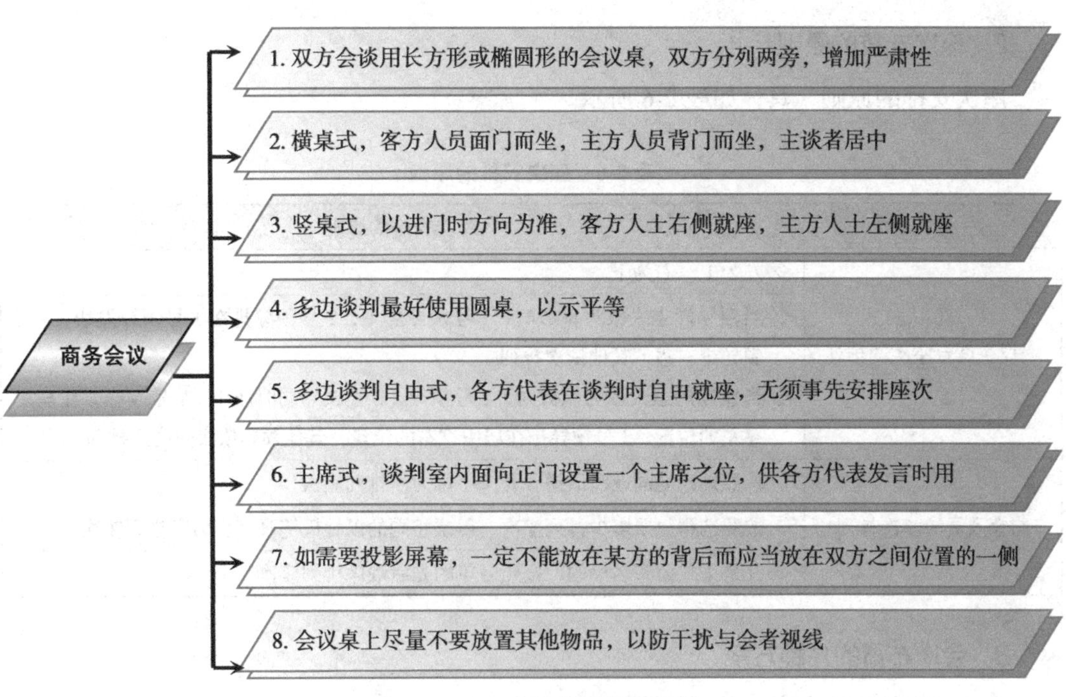

图 2-6　企业商务会议布置方案

（3）大型会议：需要营造出庄严肃穆的气氛，所以应当更加注重规格和细节，具体如图 2-7 所示。

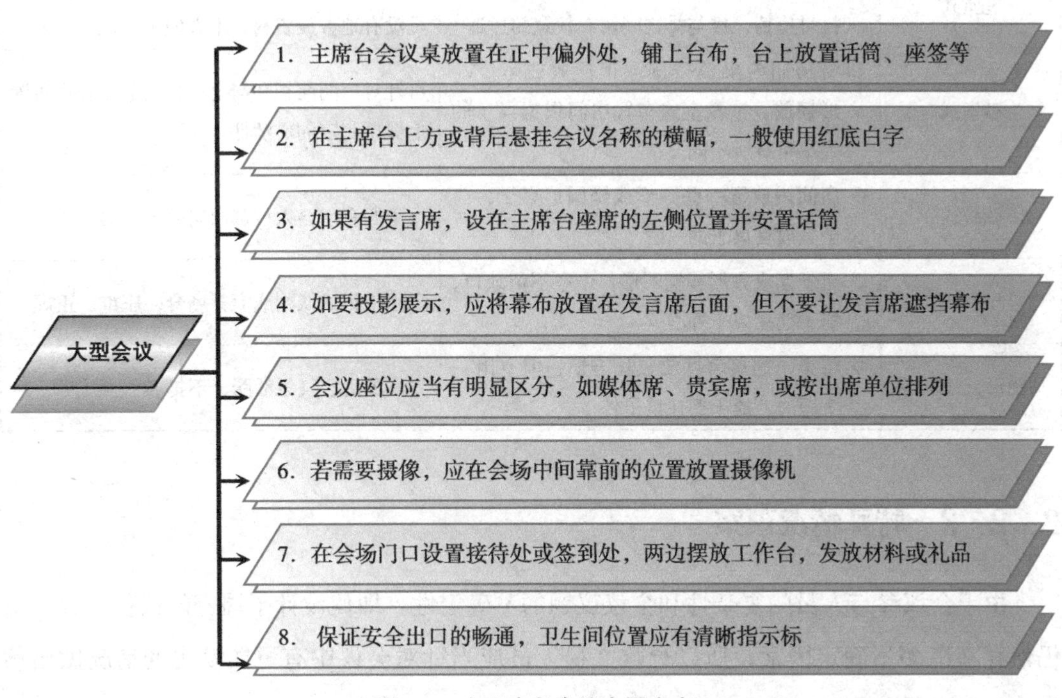

图 2-7　企业商务会议布置方案

2. 座次安排的原则

座次安排的原则，具体如表 2-6 所示。

表 2-6　座次安排的原则

分类	座次安排的原则
会议主席台座次的排列	◇ 左为上，右为下
	◇ 当领导同志人数为单数时，1 号领导居中，2 号领导排在 1 号领导左边，3 号领导排右边，其他依次排列 ◇ 当领导同志人数为双数时，1 号领导、2 号领导同时居中，1 号领导排在居中靠左的位置，2 号领导排在居中靠右的位置，其他领导依次向两边排列
与会人员的座次排列	◇ 按照姓氏笔画或汉语拼音开头字母为序排列座次
	◇ 按照选举得票多少排列座次，得票相同的以姓氏笔画多少为序排列座次
	◇ 凡是正式公布名单的，按照名单的先后顺序排列座次

3. 会场布置的几种方案

会场布置的几种方案，具体如表 2-7 所示。

表 2-7　安排座次的方案

选择的形式	布置的要求	呈现的特点
礼堂式	◇ 主席台与观众席面对，在观众席摆放一排排座椅，排与排之间留有较宽的过道	座椅摆放要最大限度地利用空间，但与会人员没有地方放资料，不方便记笔记
教室式	◇ 将房间内桌椅按排端正摆放或呈“V”形摆放，按教室式布置房间根据桌子的大小可有所不同	可针对房间面积和与会人员人数在安排布置上保持一定的灵活性
弦月式	◇ 房间内放置一些圆形或椭圆形桌子，椅子只放在桌子的一侧	便于所有与会人员都面向前方，集中注意力
中空式	◇ 桌子摆成方形或椭圆形，中空不留缺口，椅子摆在桌子外围	常用于正式谈判或商务场合，庄重、正规
马蹄形、“U”形	◇ 将桌子连接着摆放成长方形，但空出一个短边，椅子摆在桌子外	方式灵活、气氛活跃、不拘谨

2.2.3　特殊情况预案

由于会议参与人员的复杂性和会议议题的不确定性，即使设计了周密的议程，会议中仍然存在诸多不确定因素，所以行政文秘人员应当针对会议中有可能发生的情况做出预案，并在议程中有所记录，具体如图 2-8 所示。

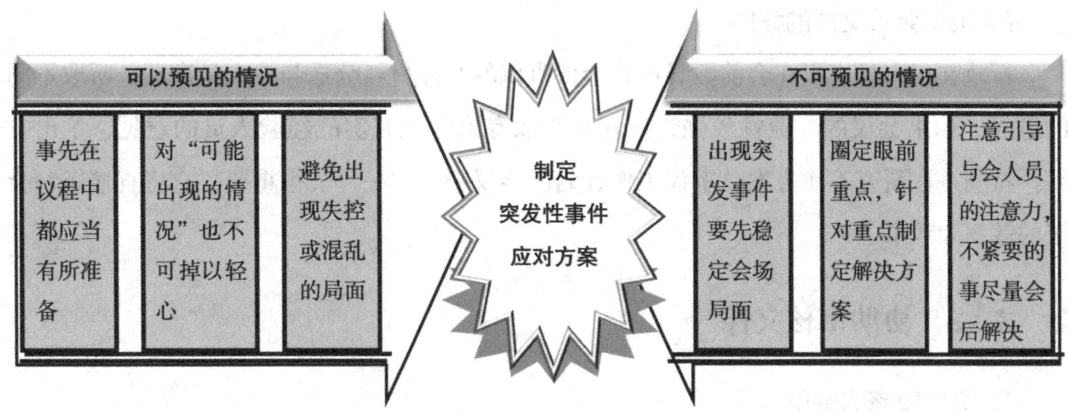

图 2-8　制定突发性事件应对方案的方法

2．3　会议准备

2．3．1　起草会议文件

1. 会议文件的种类

会议文件要体现会议的性质、议题，保证会议基本目标的实现，所以行政文秘人员要对会议文件精心组织、安排。会议文件通常可分为六种，具体如图 2-9 所示。

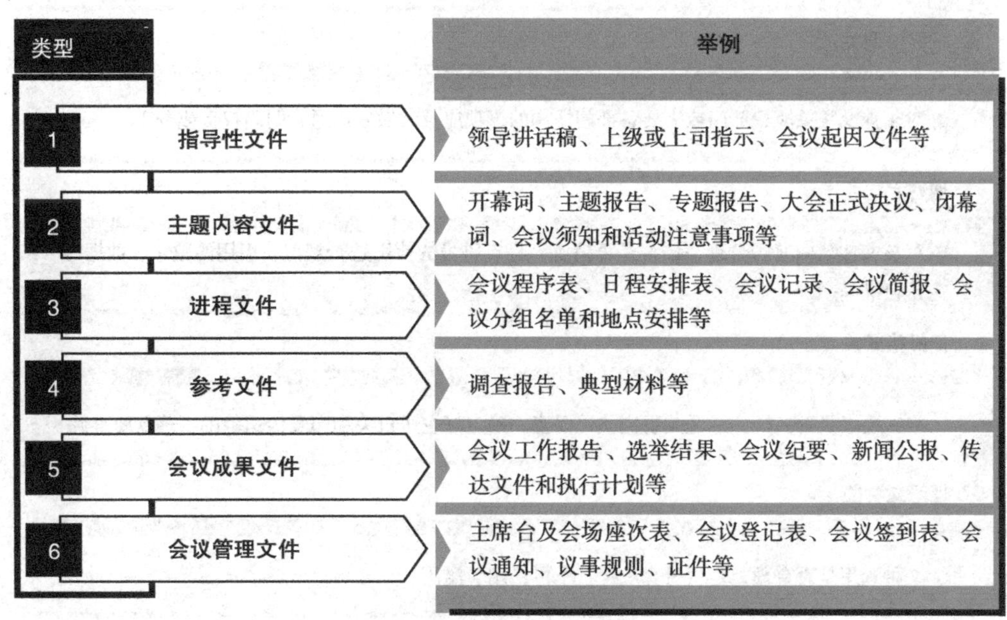

图 2-9　会议文件的种类及内容

2. 准备会议文件的程序

行政文秘人员应当在会前数日内将会议审议的文件材料分送与会人员审阅，听取不同的意见，如果会议的专业性较强，应仔细听取专家组或有实战经验人员的意见，拿出方案。特别是在研究工作方案、审议工作计划的会议中，这一环节很重要，它将直接影响会议的效率和效果。

2.3.2 协助审核文件

1. 文件审核的要项

协助审核文件是行政文秘人员在文件签发之前所进行的校正、修改、加工和核对工作，做好文件的审核工作，有利于准确传达文件精神。行政文秘人员应依照图 2-10 的要求协助审核文件。

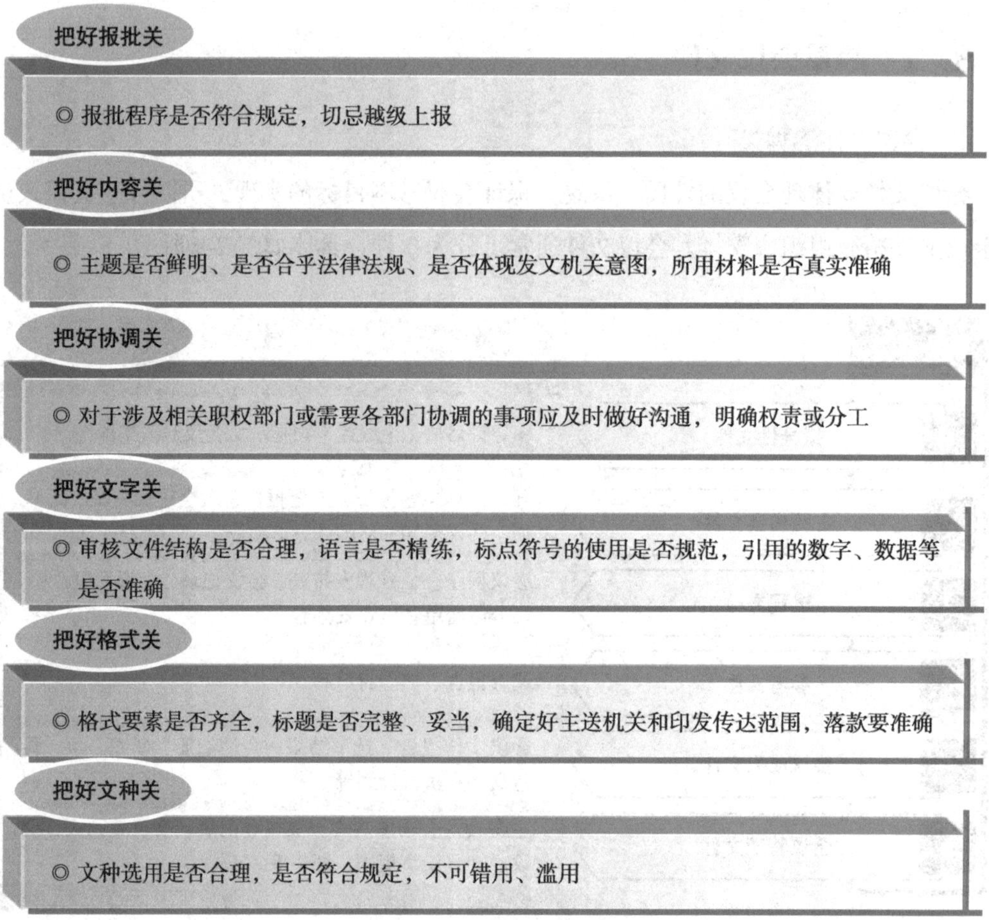

图 2-10 文件审核的要项

2. 审核文件流程

行政文秘人员对会务工作要本着“任务要明确，组织要严密，服务要周到”的精神，协助审核文件。审核的具体流程如图 2-11 所示。

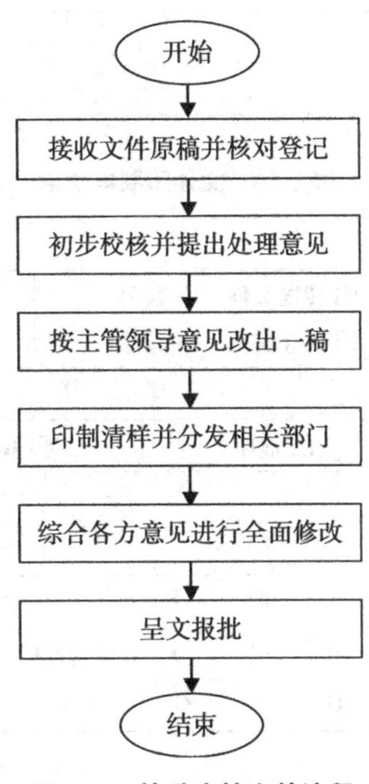

图 2-11　协助审核文件流程

2．3．3　分发会议文件

会议文件政策性强、机密程度高，在文件签发后要做好会议文件分发工作，行政文秘人员要根据会议要求，核查装订好的文件份数，依据文件分发流程表，分别装入信封，写好收文单位，并按需要加盖密级、急件、挂号等印章，发出文件之前要做好相关记录，具体如表 2-8 ~ 表 2-10 所示。

表 2-8　文件目录一览表

项目 / 编号	文件号	文件名称	版本	页数	日期	文件标题、类别			备注
						规范类	规格类	标准类	

表 2-9　会议文件发放记录表

发文		收文单位	联系人	公文类型	主题	有无附件	密级	速级	签收	备注
日期	文号									

表 2-10　文件印制申请单

<table>
<tr><td rowspan="3">文件</td><td>名称</td><td colspan="8"></td></tr>
<tr><td>类别</td><td colspan="3">□ 公文　□ 转发文件　□ 表单
□ 信件　□ 领导讲话　□ 其他</td><td colspan="2">文件
张数</td><td colspan="3">张
（份）</td></tr>
<tr><td>密级</td><td colspan="2"></td><td colspan="6"></td></tr>
<tr><td colspan="2" rowspan="3">印制种类</td><td>□ 打印</td><td>□ 油印</td><td colspan="3">□ 胶印</td><td colspan="3">□ 复印</td></tr>
<tr><td rowspan="2">张
（份）</td><td rowspan="2">张
（份）</td><td rowspan="2">高级纸</td><td>大</td><td></td><td rowspan="2">普通纸</td><td>大</td><td></td></tr>
<tr><td>小</td><td></td><td>小</td><td></td></tr>
<tr><td rowspan="3">时间</td><td>交件</td><td colspan="2">年　月　日　时　分</td><td colspan="2" rowspan="3">申请部门</td><td>主管</td><td colspan="3"></td></tr>
<tr><td>校对</td><td colspan="2">年　月　日　时　分</td><td>经办</td><td colspan="3"></td></tr>
<tr><td>取件</td><td colspan="2">年　月　日　时　分</td><td>签收</td><td colspan="3"></td></tr>
</table>

承印部门主管：　　　　　　　　　　　　　　　　　　　　　　经办：

2.3.4　准备会议设备

会议设备种类多样，近年来，随着科学技术的发展和互联网的普及，企业使用网络视频会议设备已经成了一种趋势。

网络视频会议设备通常由视频会议终端、多点控制单元 MCU、网络管理软件、传输网络以及相关附件五大部分组成，具体如表 2-11 所示。

表 2-11　网络视频会议设备说明表

视频会议设备组成及分类		用途及说明
视频会议终端的类型	桌面型	1. 桌面型或者膝上型电脑与高质量的摄像机（内置或外置），ISDN 卡或网卡和视频会议软件的精巧组合 2. 主要应用：桌面型视频会议终端通常配给办公室里有特殊需要的人员或者在外出差工作的人员 3. 无论是在办公桌旁还是正在旅行的人员，都能方便地加入会议，与他人进行“面对面”的交流

（续表）

<table>
<tr><th colspan="2">视频会议设备组成及分类</th><th>用途及说明</th></tr>
<tr><td rowspan="2">视频会议终端的类型</td><td>机顶盒型</td><td>1. 以简洁著称，所有的硬件和软件均可放置于电视机上
2. 开通视频会议只需要一台普通的电视机和一条 ISDN BRI 线或连接局域网
3. 主要应用于各部门之间的资源共享，适用于各种规模的企业</td></tr>
<tr><td>会议室型</td><td>1. 将视频会议所需的解决方案集成在一个会议室
2. 主要应用于大、中型企业
3. 会议室型终端通常组合大量的附件，例如音频系统、附加摄像机、文档投影仪</td></tr>
<tr><td colspan="2">多点控制单元 MCU</td><td>1. MCU 是关键设备，其作用相当于一个交换机
2. 它将来自各会议场点的信息流进行同步分离后，抽取出音频、视频、数据等信息和信令，送入同一种处理模块，完成相应的音频混合或切换、视频混合或切换、数据广播和路由选择、定时和会议控制等过程，最后将各会议场点所需的各种信息重新组合起来，传输至各相应的终端系统设备</td></tr>
<tr><td colspan="2">传输网络</td><td>传输网络即宽带连接方式，通常有 LAN 接入、ADSL 接入、cable modem 接入和无线接入四种方式</td></tr>
<tr><td colspan="2">附属设备</td><td>包括投影仪、监视器/电视机、大型扩音器、麦克风、大型摄像机、DVD 播放机、录像机、外部遥控器、写字板、中央控制、记忆卡、放映机、等离子屏、计算机监视器等</td></tr>
</table>

行政文秘人员必须做好以上各类设备的登记、管理工作，确保在会议过程中能够正确、顺畅地使用各类设备。

2.4　会议简报

2.4.1　编写会议简报

1. 会议简报简介

会议简报以书面形式呈现会议的有关情况，内容包括与会人员在讨论中提出的意见、建议，以及会议决定的事项。通过会议简报，便于领导了解情况，推动会议决议的落实，沟通情况，交流经验，也便于存查归档。

2. 会议简报的写作要求

在写作会议简报的过程中，必须注意其内容结构及撰写要求，具体如表 2-12 所示。

表 2-12　会议简报的结构及撰写要求

会议简报的结构	组成及格式	写法及说明
报头	◇ 专门设计的固定版式 ◇ 正中用醒目大字标明简报名称 ◇ 报名下面标明编印机关、印发日期、编号	◇ 简报名称可由会议全称和文种组成 ◇ 也可只标“会议简报”字样
报身	◇ 即正文，会议简报的主体	◇ 综述法：采集各方面的言论、意见加以概括而成，综合报道，反映会议的进程、出席情况、会议的发言和议程 ◇ 重点报道法：重点反映会议的某个重要报告的内容 ◇ 摘要法：摘录代表发言的概要
报尾	◇ 在最后一页的下方	◇ 注明主送单位或个人姓名、抄送单位、增发单位和印发份数

2．4．2　编发会议信息

行政文秘人员在编发会议信息的过程中，要注意做到一快、二简、三精、四准，具体要求如图 2-12 所示。

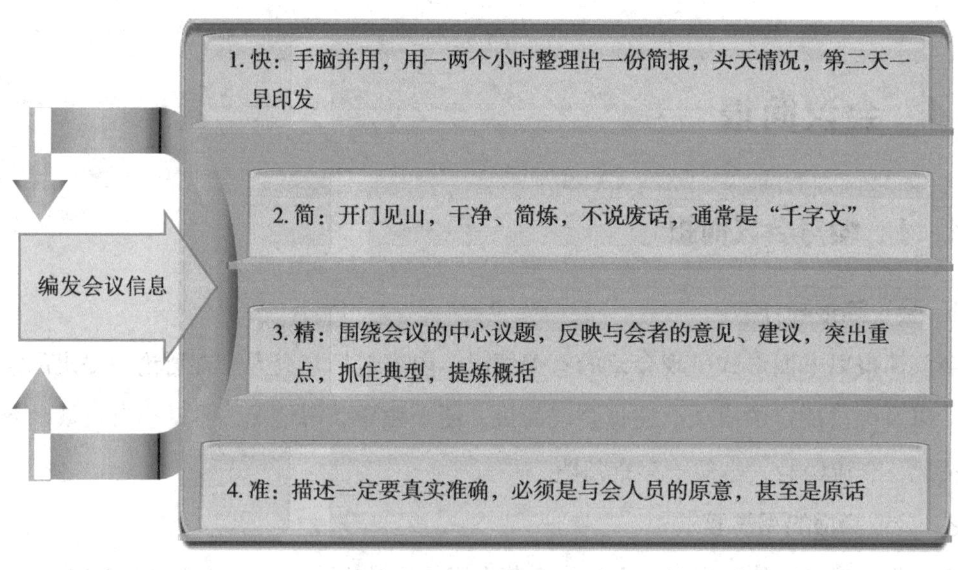

图 2-12　编发会议信息要点

2.5　会议纪要

2.5.1　拟写会议纪要

1. 会议纪要的含义及作用

会议纪要是用于记载、传达会议情况和议定事项的公文。会议纪要适用于各企事业单位、机关团体等。

2. 会议纪要的结构及撰写要求

会议纪要不同于会议记录，其具体内容结构及撰写要求如表 2-13 所示。

表 2-13　会议纪要的结构及撰写要求

<table>
<tr><th colspan="2">会议纪要结构</th><th>组成及格式</th><th>写法及说明</th></tr>
<tr><td colspan="2">首部</td><td>◇ 主要项目是标题
◇ 有的还有成文时间等项目内容</td><td>◇ 通常由会议名称和文种构成
◇ 成文时间即会议通过的时间或领导人签发的时间
◇ 一般在标题下居中位置用括号注明年、月、日
◇有时把成文时间写在尾部的署名下方</td></tr>
<tr><td rowspan="3">正文</td><td>前言</td><td>◇ 概括交代会议的名称、时间、地点、主持人、主要议程、参加人员、会议形式以及会议的主要成果</td><td>◇ 主要用以简述会议基本情况，所以要求文字简练</td></tr>
<tr><td>主体</td><td>◇ 即核心内容，主要记载会议情况和会议结果</td><td>◇ 围绕中心议题，准确表达会议的基本精神，特别是会议形成的决定、决议
◇ 对会议上有争议的问题和意见，必须如实反映
◇ 决议型纪要：要明确中心议题，着重记述会议形成的决定、决议的具体内容
◇ 综合性纪要：主体内容侧重于会议的指导思想和会议的基本情况</td></tr>
<tr><td>结尾</td><td>◇ 属于选择性项目</td><td>◇ 一般是向受文单位提出希望和要求
◇ 有的无结尾，主体内容写完，全文即告结束</td></tr>
<tr><td colspan="2">落款</td><td>◇ 署名和成文时间</td><td>◇ 署名用于办公会议纪要，写明召开会议的机关单位名称
◇ 一般会议纪要则不需要署名，不盖公章</td></tr>
</table>

3. 会议纪要记录表单

会议纪要制作之前，必须用相应的记录表单记录会议内容，具体如表 2-14 所示。

表 2-14　会议记录表单

<table>
<tr><td>会议名称</td><td colspan="2"></td><td>会议主办部门</td><td colspan="2"></td></tr>
<tr><td>会议主题</td><td colspan="5"></td></tr>
<tr><td>会议负责人</td><td colspan="2"></td><td>会议主持人</td><td colspan="2"></td></tr>
<tr><td>列席人员名单</td><td colspan="5"></td></tr>
<tr><td>出席人员名单</td><td colspan="5"></td></tr>
<tr><td rowspan="4">会议决议内容</td><td>序号</td><td>决议事项</td><td>决议提出人</td><td>执行负责人</td><td>完成时间</td></tr>
<tr><td></td><td></td><td></td><td></td><td></td></tr>
<tr><td></td><td></td><td></td><td></td><td></td></tr>
<tr><td></td><td></td><td></td><td></td><td></td></tr>
<tr><td>会议记录人</td><td></td><td>核准</td><td></td><td>页数</td><td></td></tr>
</table>

2.5.2　会议纪要范例

以下为 ×× 企业客户座谈会会议纪要，供读者参考。

<table>
<tr><td rowspan="2">文书名称</td><td rowspan="2">×× 企业客户座谈会会议纪要</td><td>执行部门</td><td></td></tr>
<tr><td>监督部门</td><td></td></tr>
<tr><td colspan="4">×× 企业客户座谈会会议纪要
（　　年　　月　　日）
20____年____月____日，企业客户服务部经理召开客户座谈会，参加会议的有 ×× 等 28 位企业忠实客户，以及企业总经理 ×× 同志和企业内部的软件开发部、市场开发部、生产部、品质管理部、销售部、总经理办公室负责人。
客户服务部经理 ×× 同志在会议上做了题为《创新思路，开拓新市场》的工作报告，介绍了客户服务工作的近况和近期的工作成果，并邀请与会的 28 名客户参观了企业新建立的客户服务系统，同客户一起对系统的开发、使用等内容进行了热烈的讨论和会议发言。
在会议过程中，客户发言踊跃，提出了大量改进建议和意见，对进一步提高客户服务系统的质量起到了重要作用。经过近两个小时的讨论后，企业总经理 ×× 同志为座谈会做了总结发言。
本次座谈会的目的是为了了解客户的真实需求，提高客户服务系统质量，交流经验，分析并制定改善措施，利用客户资源达到提高客户服务水平的目标。
与会人员一致认为，客户服务系统的建立对企业的客户服务水平发展起到了关键的推动作用，但目前的客户服务系统较为初级，应深入挖掘其内在价值，以实现系统的完善和稳定。
本次座谈会上，企业总经理明确要求落实以下措施。
（具体措施略）
会议要求各部门通力合作，共同提高客户服务质量。具体任务按部门划分如下。
一、客户服务部（略）
二、软件开发部（略）
三、市场开发部（略）</td></tr>
</table>

（续）

四、生产部（略） 五、品质管理部（略） 六、销售部（略）

2.6　会议总结

2.6.1　做好会议总结

1. 会议总结的要求

在会议结束，并收集整理好会议的内容资料后，行政文秘人员需要认真仔细地做好会议总结，会议总结能把会议的内容、决定及时、准确地保留下来，会议总结的具体要求如图 2-13 所示。

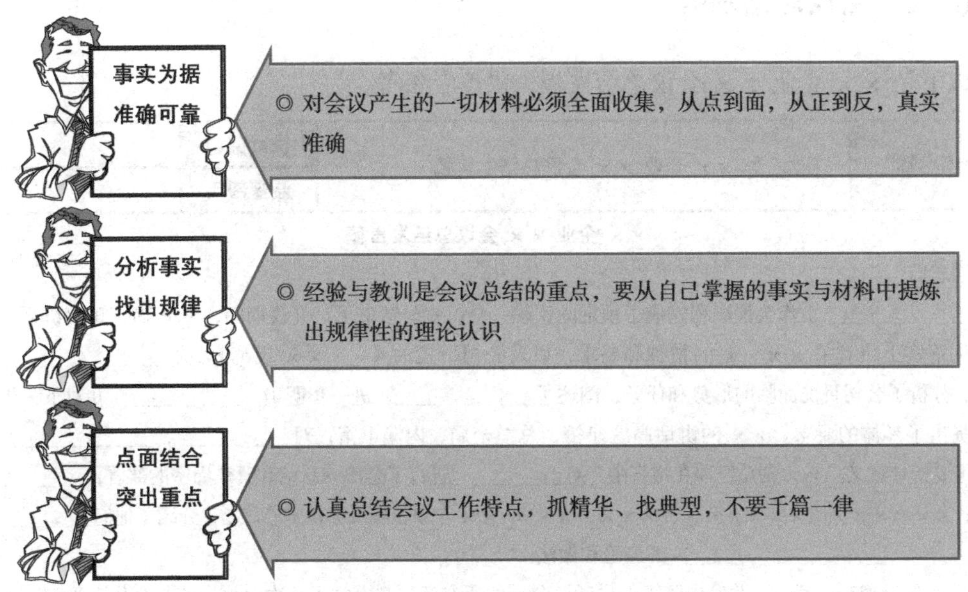

图 2-13　会议总结的要求

2. 会议总结的格式

会议总结应包含会议简介、会议工作要点等内容，具体内容结构及撰写要求如表 2-15 所示。

表 2-15　会议总结的结构及撰写要求

会议总结的结构	具体内容及撰写要求
会议简介	会议名称、召开地点、主办单位、参加人员、会议议题、日程安排、召开的背景和会议预期效果
会议工作要点	1. 会务组成员名单 2. 会议工作安排 3. 会议主抓的几项工作 4. 会议的关键要素 5. 本次会议与其他会议的不同之处 6. 本部门 / 人负责部分总结
会议满意度调查	包括会务组织满意度调查反馈情况、各要素得分统计、评价最好和最差的方面
问题分析	1. 参考会议满意度调查，归纳本次会议存在的问题、会务组的不足之处 2. 得到的经验和教训
经验总结	1. 成功之处 2. 可以推广或可供他人借鉴的地方

2.6.2　会议总结示范

以下是 ×× 企业 ×× 会议总结模板，供读者参考。

文书名称	×× 企业 ×× 会议总结发言稿	执行部门	
		监督部门	

×× 企业 ×× 会议总结发言稿

同志们：

__________工作会议顺利完成了预定的议程，会议就要结束了！会议期间，×× 做了重要讲话。讲话贯彻落实上级有关 ×××× 的精神和要求，以及公司下发的《×××× 规范》，从__________的高度，分析了公司目前面临的形势和任务，阐述了__________，进一步明确__________，并对下一步的工作提出了具体的要求。×× 的讲话高屋建瓴、总揽全局、内涵丰富，对__________，__________，具有重要指导意义。×× 副总经理在报告中，对__________进行了全面的总结和具体周密的部署，__________。会上，××××××、××××××、×××××× 等 ×× 个单位围绕会议中心议题，介绍了他们__________、__________、__________、__________的经验和做法。

×× 总经理亲自到会，并发表了重要讲话，公司的所有领导都参加了这次会议，使与会代表受到巨大鼓舞。这次会议主题鲜明、求真务实，必将对公司今后的发展产生重大的积极影响。

会议期间，代表们围绕 ×× 的讲话进行了认真讨论，对__________提出了宝贵的意见。与会代表一致认为，在当前__________的形势下，专门召开会议研究和部署__________，的确十分必要、十分及时。这次会议开得紧张而富有成效，达到了预期目的，取得了圆满成功。东道主组织严密、服务周到，投入 ×× 万元，充分展示了 ×× 人热情好客、豪爽大方的美德，与会代表普遍反映会议吃得好、住得好、谈得好，

（续）

<table><tr><td>总而言之开得好。为此，我代表与会全体代表向 ×××××、××××× 表示衷心的感谢！
这次会议是_________的重要会议，是实现__________。×× 总经理的讲话十分重要，是_________，各单位必须认真贯彻执行。
各单位代表回去之后，要向单位党组（党委）汇报会议情况，传达会议精神，组织学习 ×× 总经理的重要讲话，统一思想，理清思路，明确方向，制定措施，全面、认真、扎扎实实地贯彻会议提出的______。
同志们，这次会议__________关系到改革、发展、稳定的大局，我们一定要____________________，为_________努力奋斗！</td></tr></table>

第3章　文书拟写与处理

3.1　文书写作基础

文书一词有两层含义，一层是指各类行政机关及企事业单位中从事文件收发、运转、催办、拟办、印制、立卷、归档的工作人员；另一层则是指各类公文、书信、契约等文件的统称，我们介绍的就是第二类文书。

3.1.1　文书的作用

文书的主要作用是传达企业各类事实及政策、指示，做好沟通工作，具体如图3-1所示。

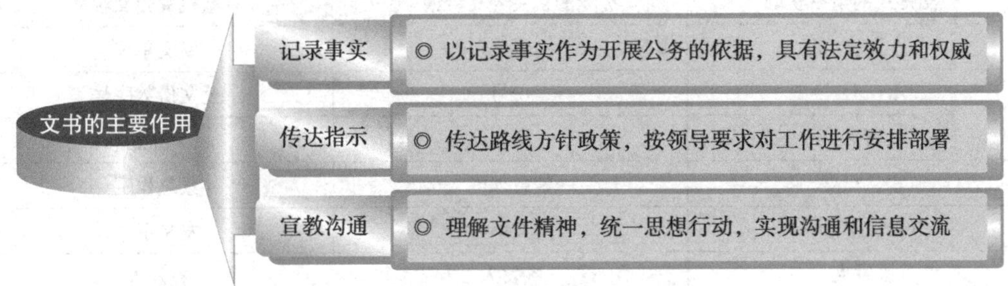

图3-1　文书的主要作用

3.1.2　文书写作的要求

1. 规范行文格式，逻辑严谨

（1）文书写作必须严格按照国务院的《国家行政机关公文处理办法》和中共中央办公厅《中国共产党机关公文处理条例》，以及国家质量技术监督局的《党政机关公文格式》进行。

（2）根据发文的内容、性质和发文机关的权限确定发文文种，严格区分上行文、下行文、平行文和不相隶属机关之间的行文。

（3）明确领导意图，布局行文层次，做到逻辑严谨、层次分明、重点突出，达到领导要求。

2. 选材精练，表达清晰准确

（1）对典型材料要准确使用、高度提炼、升华意义，确保其具有普遍性和说服力。

（2）对理论材料要精确使用，起到提纲挈领的作用，更加具有权威性和可靠性。

（3）选材一定要适当，切合主题，保证材料来源的真实性，不可臆造或不经调研考查，避免造成误导或决策失误。

（4）行文语言要简洁、规范、庄重、生动，有些文书还需要情文并茂，使用多种修辞。

3．1．3 文书的格式

1. 文书格式的组成

文书格式专指法定的文种外形结构的组织和安排，是区别一般文章的重要标志。公文主要有两种类型，一种是党的机关公文，另一种是行政机关公文。企业一般参照行政机关公文行文，公文的格式具体如表 3-1 所示。

表 3-1 公文格式的组成要素

公文格式的组成要素	党的机关公文称谓	行政机关公文称谓
版头	版头	发文单位
份号	份号	公文份数序号
密级	密级	密级
紧急程度	紧急程度	紧急程度
发文字号	发文字号	发文字号
签发人	签发人	签发人
标题	标题	标题
主送机关	主送机关	主送机关
正文	正文	正文
附件	附件	附件
发文机关署名	发文机关署名	落款（即公文生效标识）
成文日期	成文日期	成文日期
印章	印章	印章
印发范围	印发传达范围	附注
主题词	主题词	主题词
抄送单位	抄送单位	抄送单位
印刷版记	印刷版记	印发机关和印发时间

2. 公文格式的技术、印刷、用纸要求

公文格式对技术、印刷、用纸有统一的要求，行政文秘人员在制作公文时要严格遵守要求，组成项目要齐全清楚、排列科学、眉清目秀、符合标准，具体如表 3-2 所示。

表 3-2 公文格式的技术、印刷、用纸要求

公文格式的各项要素		具体要求规范
汉字排列		公文的汉字从左到右横排，少数民族文字按其书写习惯排印
公文用纸		1. 党的机关公文用纸可采用 16 开纸型（长 260mm、宽 184mm），也可采用国际标准 A4 纸型（长 297mm、宽 210mm） 2. 行政机关公文，按照《国家行政公文格式》的要求，也要采用国际标准 A4 规格的纸型
版面划分		划分为眉首、主体和版记三部分
公文用纸	天头（上白边）	37 ± 1mm
	订口（左白边）	28 ± 1mm
	版心	长 225mm；宽 156mm（不含页码）
	正文	用三号仿宋体字，一般每页 22 行，每行 28 个字

3．1．4 文书的表达

1. 文书表达的含义

文书的表达即文书的表达方式，与我们在写作中常用的表达方式一样，文书的表达方式可分为叙述、夹叙夹议、议论说明、描写、抒情。通常，请示、报告、通报、简报侧重于叙述；调查报告、会议纪要用夹叙夹议；通告和公告及法规性文件（规定、办法、制度等）主要用说明；常用描写和抒情方式的有简报和通报、讲话稿等文书。

2. 文书表达的方式

文书的表达虽有固定的模式，但文无定法，行政文秘人员在写作中若能根据文种正确地选择好表达方式，并熟练运用写作技巧，对各类文书的写作自然都能驾轻就熟，具体如表 3-3 所示。

表 3-3 文书的表达方式

文书的表达方式		具体说明及撰写要求
叙述	讲究顺序	◇ 叙述是最基本的也是最主要的表达方式，要做到平实庄重 ◇ 按事件发生、发展的顺序来进行叙述，要做到一目了然，明白晓畅
	讲究实际	◇ 要实事求是，避免虚妄 ◇ 如实陈述问题，如实讲明情况，既表成绩又讲问题，不能失实，也不能走样

（续表）

文书的表达方式		具体说明及撰写要求
叙述	讲究尺度	◇ 依据事实对事物做出准确分析和判断，采取措施要有针对性，不能言过其实
议论		◇ 一般不做多方面、多角度的完整性论证，往往一针见血、一语道破、画龙点睛，只有一两句结语
说明	说明性质和特点	◇ 把某一事物区别于其他事物的特点简明扼要地概括出来，给人明确的认识
	说明事物的范围	◇ 表达事物的外延时，常用说明的方式
	说明事物的类别	◇ 对说明的对象按一定标准划分，一类一类地说明，做到层次分明
	说明公务完成方法	◇ 阐述解决问题的方法和手段，常用说明的方式
	说明制文机关主张	◇ 说明公文的主旨，所要表达观点、意见和要求
	说明事物的优劣	◇ 引用数字进行比较说明，直观又有说服力
抒情	讲话稿	◇ 多用在结尾处，简短地抒发情感，鼓舞人心
	调查报告	◇ 多在摆事实讲道理时抒发情感
	简报、通报	◇ 在结尾处引用经典的语句和诗词等
夹叙夹议		◇ 做到边讲事实，边讲道理 ◇ 遵循辩证唯物主义的科学方法，注意事实和道理的一致性

3. 文书表达的问题

对于刚刚从事行政文秘工作的人来说，在文书写作中切不可夜郎自大，也不能如盲人摸象一般无所适从。把握文书的写作规律，掌握行文的技巧相当重要。文书写作应避免的易犯错误如图 3-2 所示。

逻辑性差，层次不清

◎ 重要的事件、事项没放在前面表述

◎ 对同一事项的表述出现在不同层次里，没有区分包含与被包含关系

文种使用错误

◎ “申请”是一种人们臆想出来的文种，但相当多的企事业单位都在错用

◎ “请示”和“报告”分不清，“请示”需要上级领导批复，“报告”则不用

追求华丽辞藻

◎ 初写文书常犯的错误，就是以为好的公文是用华丽的辞藻堆砌出来的，忽视了公文的本质要求

图 3-2　文书写作中易犯的错误

3．2　公务类文书拟写

3．2．1　决定拟写示范

1. 决定的含义

决定是党政机关用来对重要事项或者重大行动做出安排，奖惩有关单位及人员，变更或者撤销下级机关不适当的决定事项的公文文种。决定主要由标题、题注、正文、发文机关、发文日期组成，具体撰写要求如表 3-4 所示。

表 3-4　决定的内容与撰写要求

<table>
<tr><th colspan="2">组成</th><th>撰写要求</th></tr>
<tr><td colspan="2">标题</td><td>◇ 由发文机关 + 事由 + 文种构成
◇ 由事由 + 文种构成</td></tr>
<tr><td colspan="2">题注</td><td>◇ 标明做出决定的会议名称和日期</td></tr>
<tr><td rowspan="4">正文</td><td>内容</td><td>◇ 内容包括决定的根据、原因、目的及意义</td></tr>
<tr><td>事由及依据</td><td>◇ 为将决定落实到位，使受文对象深刻理解决定内容，认识到价值
◇ 依据部分用笔要多，一般以“特做如下决定”等形式引领下文</td></tr>
<tr><td>决定事项</td><td>◇ 主体部分要撰写清楚，有具体的要求、措施、安排和部署等，可采用分条列项式
◇ 要准确掌握政策，对具体问题进行透彻分析，抓住本质和核心，做出切实可行的判断和决策</td></tr>
<tr><td>结语</td><td>◇ 写明决定的具体措施和要求，也可以与决定事项相结合</td></tr>
<tr><td colspan="2">发文机关</td><td>◇ 写清发文机关全称，如标题中有发文机关，则落款处不必再写</td></tr>
<tr><td colspan="2">发文日期</td><td>◇ 会议通过的决定，日期写在标题下，称为题注
◇ 非会议通过的决定，日期通常写在发文机关下</td></tr>
<tr><th colspan="3">写决定的注意事项</th></tr>
<tr><td colspan="2">决定不同于决议</td><td>◇ 二者皆为对重要事项做出决策而形成的文件，都具有较强的制约性，但决议需要通过表决的方式确定决策的内容
◇ 决定既可以采用表决的方式，也可以由个人或单位直接确定其内容，做出决定</td></tr>
<tr><td colspan="2">决定与通知、指示的区别</td><td>◇ 当重大事项发生时，适宜使用“决定”来突出其重要性，而通知则无法凸显重要性
◇ 指示也具有指导性，但它更偏重于对原则、方法和步骤的指导</td></tr>
<tr><td colspan="2">决定的分类</td><td>◇ 依据内容不同可分为知照性决定和指挥性决定两类</td></tr>
</table>

2. 决定的范例

以下是 ×× 公司关于表彰优秀个人的决定，供读者参考。

<table>
<tr><td rowspan="2">文书名称</td><td rowspan="2">×× 公司关于表彰优秀个人的决定</td><td>执行部门</td><td></td></tr>
<tr><td>监督部门</td><td></td></tr>
<tr><td colspan="4">

×× 公司关于表彰优秀个人的决定

全体员工：

近日，集团总经理 ×× 一行莅临我公司视察指导工作。这是对我公司过往工作的肯定，也是对我公司的极大鼓舞与支持。我公司此次迎接活动井然有序，获得了领导们的高度评价，同时，充分展现了我公司的良好形象，提升了我公司在集团内部的影响力。

此次迎接准备工作恰逢国庆及中秋双节长假，面对任务重、时间紧、压力大的接待工作，公司所有参与人员都放弃了长假休息时间，甚至带病工作，不分昼夜，任劳任怨，表现出色，涌现出了一大批优秀员工。

为总结经验、表彰先进、树立榜样、进一步增强我公司的凝聚力及战斗力、激发广大员工的工作热情，经公司领导层研究决定，对参与本次接待筹备工作的部分员工进行通报表扬，并对表现特别突出的客户服务部的 ×× 同志予以表彰及奖励。

当前，我公司正处在快速发展的新阶段，公司领导希望受到表彰的优秀个人把荣誉作为新起点，发扬成绩，再接再厉，为实现公司的宏伟目标做出更大的贡献。

附件：《×× 公司优秀个人名单》

×× 公司综合办公室
年　月　日

</td></tr>
</table>

3．2．2　指示拟写示范

1. 指示的含义

指示是上级机关对下级机关布置工作，阐明工作指导原则时使用的文种。指示由标题和正文两部分组成，具体撰写要求如表 3-5 所示。

表 3-5　指示撰写要求

组成	撰写要求
标题	多用全称，即由发文机关、事由和文种三个要素组成，如要指示发文的紧迫性，可在标题文种前加“紧急”字样
正文	指示的内容简单明确，正文可一段到底；涉及内容多、篇幅长的可自行安排，一般可分为指示的依据、指示的事项和执行要求三部分

2. 指示的范例

<table>
<tr><td rowspan="2">文书名称</td><td rowspan="2">××关于防御特大洪水的指示</td><td>执行部门</td><td></td></tr>
<tr><td>监督部门</td><td></td></tr>
<tr><td colspan="4">××关于防御特大洪水的指示
（××年×月×日）
今年自进入7月以来，各地接连发生特大洪水灾害，给人民的生产和生活造成了极大的危害。在各级党委、政府的领导下，广大人民群众都积极投入到抗洪抢险救灾工作中，日夜奋战，已经取得了阶段性的胜利。对此××向××表示亲切的慰问，希望××坚定信心，继续发扬艰苦奋斗的精神，夺取全面胜利。
1. 当前险情未过，××要求做好防御特大洪水的充分准备，认真落实各项措施，做到有备无患。
2. 为了保障人民群众的生命及财产安全，各部门要以大局为重，听从指挥。各有关单位要及时做好组织群众安全转移的工作。
3. 在防洪斗争中，要加强社会治安工作。对蓄意破坏防洪抢险设施，妨碍防洪救灾工作，散布谣言的犯罪分子，严惩不贷，以确保防洪防汛工作顺利进行。</td></tr>
</table>

3.2.3　批复拟写示范

1. 批复的含义

批复是上级机关答复下级机关请示事项的文书。批复具有对下级进行答复的被动性、对某项具体事项答复的针对性、上级对下级请示进行答复的指导性和权威性，与请示相对应的一文一批的集中性和明确性等特点。

批复的针对性和指令性较强，由首部、正文、结尾组成，具体撰写要求如表3-6所示。

表3-6　批复的内容与撰写要求

<table>
<tr><th colspan="2">组成</th><th>撰写要求</th></tr>
<tr><td rowspan="2">首部</td><td>标题</td><td>◇ 由发文机关＋事由＋文种构成
◇ 批复标题的三要素要齐全，发文机关必须用全称或法定规范的简称
◇ 标题的事由常用“关于……问题的批复”或“同意……的批复”</td></tr>
<tr><td>主送机关</td><td>◇ 即请示的下级机关</td></tr>
<tr><td rowspan="3">正文</td><td>引语</td><td>◇ 第一段第一句话是批复的根据，通常将下级机关的请示事项说清后，用“经研究，同意……”等引至主体</td></tr>
<tr><td>主体</td><td>◇ 即批复和指示意见
◇ 依据方针政策、法律法规或实际情况做出明确答复，提出确保批复事项能够完成的意见或相关措施等</td></tr>
<tr><td>结尾</td><td>◇ 主体下另起一行，写上“此复”或“特此批复”等</td></tr>
<tr><td>尾部</td><td colspan="2">◇ 在正文右下方盖上发文机关公章，并署上成文的日期</td></tr>
</table>

2. 批复的类型

批复通常可分为以下类型。

（1）按照请示的类别分类，可分为指示型批复和审批型批复。

（2）按照批复态度分类，可分为肯定批复、否定批复和肯定否定并存批复。

（3）按照批复内容分类，可分为表态批复和指导批复。

在使用批复的过程中，批复文书的撰写时间应在收到请示后及时开始，同时，应在对事项进行详细了解的基础上进行严谨的研究，从而使批复的撰写有理有据、切实可行。

3. 批复的范例

以下是对关于召开 ×× 集团第十六届职工代表大会第一次会议的批复，供读者参考。

文书名称	关于同意召开 ×× 集团第十六届职工代表大会第一次会议的批复	执行部门	
		监督部门	

××集团工会：

你部《关于召开 ×× 集团第十六届职工代表大会第一次会议的请示》已悉，经集团党委研究，批复如下。

一、大会指导思想

以十九大精神为指引，进一步强化职工的民主参与、民主决策和民主监督意识，充分调动广大员工的积极性和创造性，加快集团内部建设，不断增强集团实力，发扬职工主人翁精神，群策群力，为实现新一轮的宏伟目标而努力奋斗。

二、大会的主要议程

（1）×× 集团董事长做重要讲话。

（2）×× 集团职工代表讲话。

（3）审议 ×× 集团总经理的集团工作报告。

三、大会召开的时间及地点

本次大会拟定于____年____月____日在集团礼堂召开。

专此批复。

××集团党委

____年____月____日

3.2.4 通报拟写示范

1. 通报的说明

通报是党政机关和社会团体、企业事单位用于表彰先进、批评错误、传达重要精神或情况的晓谕性公文。《国家行政机关公文处理办法》规定，通报“适用于表彰先进、批评错误、传达重要精神或情况”。通报的具体内容结构和撰写要求如表 3-7 所示。

表 3-7 通报的结构与撰写要求

组成		撰写要求
总提		也叫导语，简明阐述发文的原因后直接导入正文
正文	表彰性通报	要将事例的来龙去脉阐述清晰，对典型事例进行总结升华，形成经验或树立典范，成为推广、宣传的模式或学习的榜样
	批评性通报	写出错误行为或错误倾向发生的原因、过程，以及造成的危害或影响
	事项性通报	只对事项进行传达和阐述，一般不做评论，对工作进行指导或起参考作用
决定		此为核心内容。表彰性通报一定要说清给予表彰对象什么奖励；批评性通报一定要写清给予批评对象什么处分，其承担什么责任，要准确无误地表述出来
结尾		结尾是通报的落脚点，一要提出希望和号召；二要提出警告，引起人们的高度重视，让人防微杜渐，警钟长鸣

2. 通报的范例

文书名称	×× 市政府表彰 ×× 年度政务信息工作先进单位和先进个人的通报	执行部门	
		监督部门	

×× 市政府表彰 ×× 年度政务信息工作

先进单位和先进个人的通报

各企事业单位：

×× 年，各企事业单位紧紧围绕市政府中心工作，充分发挥服务大局的作用，拓宽信息渠道，提高信息质量，使信息服务的功能和作用不断增强，信息服务的内容和方式不断创新，信息服务的针对性和有效性不断提高，为促进全市改革开放和经济社会发展提供了大量有重要参考价值的信息。为鼓励先进，推动全市政务信息工作再上新台阶，市政府决定对 ×× 等 26 家单位、×× 等 26 名个人予以通报表彰（名单附后）。

希望受表彰的单位和个人戒骄戒躁，再接再厉，开拓进取，争取在新的一年里取得更好的成绩。同时号召各地区、各单位向先进单位和先进个人学习，认真做好政务信息报送工作，努力为全市经济社会又好又快发展做出更大的贡献。

×× 市人民政府

×× 年 × 月 × 日

3.2.5 决议拟写示范

1. 决议的含义

决议是经过会议讨论通过的重大决策事项。决议是会议的产物，所以要体现会议的精神和结论性的意见，明确表明与会者否定或肯定的态度。决议的具体内容结构及撰写要求如表 3-8 所示。

表 3-8　决议的内容与撰写要求

组成		撰写要求
首部	标题	◇ 标题的拟定有两种形式，一种由发文机关、事由和文种构成；另一种由事由和文种构成
	成文时间	◇ 即决议正式通过的日期
正文	决议根据	◇ 写法有两种形式：一种适用于内容单一的决议，把议定的事项直接叙写出来；另一种适用于内容比较复杂的决议，将决议事项分条列项表述出来
	决议事项	

2. 决议的范例

以下是 ×× 公司职工代表大会决议，供读者参考。

<table>
<tr><td rowspan="2">文书名称</td><td rowspan="2">×× 公司职工代表大会决议</td><td>执行部门</td><td></td></tr>
<tr><td>监督部门</td><td></td></tr>
</table>

×× 公司职工代表大会决议

×× 公司职工代表大会于 ×× 年 × 月 × 日在公司举行。本次会议应到 ___ 人，实到 ___ 人，参加会议人数符合有关规定。

本次会议听取了 ×× 就公司在企业改制过程中所做的关于转变经营战略、调整结构等方面的工作报告，会议对公司改制问题进行了认真讨论，会议审议并通过了《×× 公司企业技改方案》《×× 公司上市方案》《×× 公司经营方案》等。

会议通过的决议如下：

1. 组建新一届董事会，选举 ×× 为公司董事长；
2. 坚定不移地执行《×× 公司企业技改方案》等。

×× 公司

×× 年 × 月 × 日

3．2．6　意见拟写示范

1. 意见的含义

意见是对重要问题提出见解和处理办法的文种。主要用于推动、指导有关工作，具体内容结构及撰写要求如表 3-9 所示。

表 3-9　意见的结构及撰写要求

组成	撰写要求
标题	◇ 一般由发文机关、事由和文种三要素组成； ◇ 也可由事由和文种组成

（续表）

组成	撰写要求
正文	◇ 开头简要介绍行文的目的、背景和缘由
	◇ 主体部分应明确、详尽地写出意见的具体内容，包括见解、原则性要求、措施及注意事项
结尾	◇ 一般用一个段落进一步强调工作或提出要求

2. 意见的范例

<table>
<tr><td rowspan="2">文书名称</td><td rowspan="2">×× 人民政府
关于加快文化产业发展的若干政策意见</td><td>执行部门</td><td></td></tr>
<tr><td>监督部门</td><td></td></tr>
<tr><td colspan="4">×× 人民政府关于加快文化产业发展的若干政策意见
各县区人民政府，各市直机关委办局、各企事业单位：
我市历史文化悠久，文化资源丰厚，文化产业发展潜力和空间巨大。为推进我市文化产业发展，建设文化强市，在认真贯彻执行国家关于发展文化产业优惠政策的基础上，特制定关于我市加快文化产业发展的优惠政策，请认真贯彻执行。
一、放宽文化企业注册资本条件。自然人或法人投资设立文化企业，允许其注册资本在三年内分期注入，首期不低于所需注册资本的 20%。在我市登记注册的文化企业，不受注册资金限制，企业名称均可冠以“× 峰”字样；凡是从事对外文化交流的文化企业，可以在企业名称中使用“国际”字样。文化事业单位转企改制后，其原单位名称可作为字号保留。
二、单一发展文化产业，或以文化产业为主营业务且其主营业务收入占总收入 60% 以上的，一律视为文化企业。对于文化企业的设立，各有关部门在政策许可范围内要简化审批手续。办理工商登记注册时，实行专项服务，不得收取政策规定之外的任何附加费用。对提交文件齐备、符合法定形式的，应当场做出准予登记的决定；需核实材料的，各级工商行政管理机关须在 10 个工作日内做出是否准予登记的决定。
三、加大对文化产业的投入力度。自 2010 年起，市本级每年安排 500 万元文化产业发展专项资金列入财政预算，用于支持文化产业发展，以后随财政收入增长逐年增加。
四、鼓励金融机构加大对文化企业的信贷支持力度。商业银行对符合信贷条件的文化企业，可在国家允许的贷款利率浮动范围内给予一定的利率优惠。引导和鼓励金融机构拓展适合文化产业发展的贷款融资方式和相关的保险服务。鼓励有实力的企业、团体、个人依法发起组建各类文化投资平台。研究制定著作权、文化品牌等无形资产的评估和质押办法，鼓励担保和再担保机构开发文化产业贷款担保业务。
五、自 ×× 年 × 月 × 日起五年内，各类文化企业上缴的营业税地方留成部分和房产税、城镇土地使用税，由地方财政返还 50%。
六、自 ×× 年 × 月 × 日起五年内，各类文化企业上缴的增值税、企业所得税市和旗县区留成部分，由地方财政予以全额返还。
七、在本市投资兴办文化产业重点项目。在依法履行土地出让程序并按规定缴纳土地出让金后，可由项目所在地政府采取“一事一议”的办法予以补偿，补偿标准由项目所在地政府确定。
八、建立完善的表彰奖励政策。原创的影视、演艺、动漫、图书、文学、书画篆刻、雕艺等作品，在国家级和省级评比竞赛中获得重要奖项并产生重大社会效益和经济效益的，对其作者、拍摄制作单位、创作演出单位给予奖励；影视、动漫作品在省级以上电视台播出的，对拍摄制作单位予以适当奖励。每两年组织一</td></tr>
</table>

（续）

次评比活动，经市政府批准后予以奖励。 对成绩突出的文化企业每年表彰一次，授予“发展文化产业先进单位”称号，并予以奖励。 九、建设高起点、高标准的市级文化产业园区，鼓励有条件的县区建设文化产业园区，鼓励创建国家级、省级文化产业示范园区和示范基地，对各级园区内文化企业实行更加优惠的产业政策。 十、实施文化产业重大项目带动战略，对国家、我省和我市鼓励发展的重大文化产业项目，采取“一事一议”的办法给予更加优惠的政策。 ××市人民政府 ××年×月×日

3.2.7 通知拟写示范

1. 通知的含义

通知是向收文单位或个人告知或传达有关事项或文件，使收文单位具体了解或执行的文书。通知的适用范围较广、使用限制较小，有特定和明确的行文对象，既可以用于具有约束力和指导性的下行文，也可以用于向同级单位行文以知会相关事项，从而起到沟通的作用。

2. 通知的类型

通知依据具体内容可分为以下六种类型。

（1）发布性通知，用于发文单位发布相关规章制度等重要文件。

（2）批转性通知，一般用于上级单位批转下级单位的公文，从而让收文单位或人员能够了解并执行。

（3）转发性通知，一般用于转发上级单位和无隶属关系单位的公文给收文单位或人员，使其了解事项或执行。

（4）指示性通知，用于上级单位对下级单位进行指示，使下级单位更好地开展工作。

（5）任免性通知，用于人员任免和聘用。

（6）事务性通知，用于处理日常的事务性工作，单位常把有关信息或要求用通知的形式传达给有关机构或群众。

通知的内容多为重要事项或重要活动，一般较为严肃，且其效用一般限制在收文单位内部。通知的格式和内容没有太多的约束，发布者只需要把通知的内容表达清楚即可。通知的内容结构及撰写要求如表3-10所示。

表 3-10 通知的内容与撰写要求

组成	内容及撰写要求
标题	一般为“通知”二字或加入相关事项内容等
称呼	收文单位或个人的名称
正文	包括发出通知的原因、背景介绍和通知的具体内容
结尾	对通知内容的下一步安排或对具体执行方式的指导
落款	发文单位的名称和发文时间

3. 通知的范例

<table>
<tr><td rowspan="2">文书名称</td><td rowspan="2">关于切实做好 ×× 企业防汛安全工作的紧急通知</td><td>执行部门</td><td></td></tr>
<tr><td>监督部门</td><td></td></tr>
<tr><td colspan="4">
关于切实做好 ×× 企业防汛安全工作的紧急通知
×× 企业各部门：
目前我市正处于暴雨洪水的高发期，防汛形势十分严峻。自进入汛期以来，已接连发生多场长时间、高强度、大范围的降雨，主要江河水位普遍上涨，土壤含水量趋于饱和，遇暴雨时易发生滑坡和泥石流灾害。
根据气象部门预测，6 月中下旬我市还会有强降雨过程，同时今年台风对我市的影响也将重于去年，为切实做好本企业防汛安全工作，特紧急通知如下。
一、组织防汛检查
各部门应立即组织防汛检查工作，及时发现、反映和排除洪水隐患。一定要把职工生命安全放在首位，汲取以往教训，切实把防汛安全责任落实到人。部门经理应检查职工宿舍，了解相关信息并及时反映和跟踪落实处置情况。
二、落实防汛值班
各部门应落实防汛值班工作，做好防灾准备。应及时了解气象信息，密切关注天气变化，在降雨集中和台风袭击等易发灾害期间，务必安排领导带班，专人值班巡查，要根据天气情况及时做好防灾工作部署，做到早准备、早预防，严防暴雨台风给职工造成人身伤害。
三、加强自我安全保护教育
各部门应加强职工的自我安全保护教育，提高防范意识。要有重点地做好职工的安全教育工作，提高安全意识，特别是增强职工应对突发自然灾害的能力，各部门可自行安排培训工作。同时各部门应要求职工尽量乘坐企业班车上下班，对于途经的存在安全风险的路段要做到心中有数。各部门自即日起至 10 月 1 日不应组织各类娱乐活动和集体外出，以保证各部门人员能够安全度过汛期。
希望各部门能够提高防汛意识、加强对员工的教育管理，确保企业及员工安全度过汛期。
特此通知
×× 公司总经理办公室
年　月　日
</td></tr>
</table>

3.2.8 通告拟写示范

1. 通告的含义

通告是党和国家在一定范围内公布的关于接收对象应遵守或周知的相关事项的知照性公文。通告的发布者通常是国家机关的职能部门，也可是基层单位和社会团体。通告的内容结构及撰写要求如表 3-11 所示。

表 3-11　通告的结构与撰写要求

组成		内容及撰写要求
标题		1. 由发文机关、事由和文种三要素组成 2. 由事由和文种构成 3. 直接标出文种
正文	通告缘由	阐明发布通告的目的、意义
	通告事项	是正文的主体，写明在一定范围内应当遵守或周知的事项，可分项写
	通告要求	带有强调性，提出号召和希望
落款		通告的发文机关和发文时间一般标于正文后右下方；如果标题中已包含发文机关，则落款处只写签署日期

2. 通告的范例

文书名称	××关于《企业所得税征收管理办法》的通告	执行部门	
		监督部门	

××关于《企业所得税征收管理办法》的通告

为切实加强企业所得税征收管理工作，特通告如下。

1. 事业单位、社会团体、民办非企业单位以实行独立经济核算的单位（组织）为企业所得税纳税义务人。

2. 事业单位、社会团体、民办非企业单位的收入，除国务院或财政部、国家税务总局规定免征企业所得税的项目外，均应计入应纳税收入总额，依法计征企业所得税。

3. 事业单位、社会团体、民办非企业单位的下列收入免征企业所得税（略）。

4. 事业单位、社会团体、民办非企业单位对于与取得应税收入有关的支出项目和与免税收入有关的支出项目应分别核算。

5. 从事生产、经营和非专门从事生产、经营而有应税收入的事业单位、社会团体、民办非企业单位，应于本通告发布之日起 15 日内向主管税务机关办理税务登记，凡逾期不办理税务登记的，依法处以 3000 元以下的罚款；情节严重的，依法处以 3000 元以上 1 万元以下的罚款。

6. 凡未在规定期限内办理纳税申报的，由主管税务机关责令限期改正，并依法处以 2000 元以下的罚款；逾期不改正的，依法处以 2000 元以上 1 万元以下的罚款。

特此通告

××年×月×日

3.2.9 公告拟写示范

1. 公告的含义

公告是国家高级权力机关、行政机关向国内外宣布重要事项或法定事项，各机关部门、人民团体、企事业单位向有关方面或人民群众宣布重要事项的知照性公文。公告适用于向国内外宣布重要事项或者法定事项。公告的内容结构及撰写要求如表 3-12 所示。

表 3-12　公告的结构及撰写要求

组成	撰写要求
标题	1. 由发文机关、事由和文种三要素组成 2. 可省略事由，只写发文机关和文种 3. 只标出文种《公告》
文号	一般不编发文序号，连续性公告可编发文序号
正文	由缘由和事项组成
结尾	用“特此公告”或“现予公告”等加句号结束
发布时间	可写在标题下，重要的公告除署明时间外还要加上地点

2. 公告的范例

文书名称	××董事会决议公告	执行部门	
		监督部门	

××公司董事会决议公告

第××届董事会于××年×月×日召开临时会议，本次会议以表决通过的方式进行，实际参与表决董事 9 名，会议的召集程序及表决方式符合相关法规及《公司章程》规定。

参与表决董事审议并通过了如下议案：

1. 公司出资××万元收购××有限公司 47% 股权的议案。

表决结果：9 票同意，0 票反对，0 票弃权。

2. 授权总经理××先生签署与本次收购相关的法律文件的议案。

表决结果：9 票同意，0 票反对，0 票弃权。

特此公告。

××公司董事会

××年×月×日

3.2.10 公函拟写示范

1. 公函的含义

函是用于不相隶属单位之间商谈工作、询问和答复问题，或向有关主管部门请求批准的公文。函具有一定的灵活性，一般常用商洽函、询问函、告知函、请求批准函和答复函等，函的内容结构及撰写要求如表 3-13 所示。

表 3-13　函的结构及撰写要求

组成	撰写要求
标题	一般由发文机关、事由和文种三要素组成，函可单独编号
主送机关	接受函的机关
正文	来函：主动向有关机关提出商洽、询问等事项，开头说原因，中间写内容，结尾提希望，如“请函复为盼”
	复函：开头先引来函，中间对来函的事项做出明确答复，结尾常用“特此函复”
落款	写上发函机关名称、盖上公章
成文时间	用汉字及阿拉伯数字注明年、月、日

2. 公函的范例

文书名称	关于出席 ×× 研讨会的邀请函	执行部门	
		监督部门	

关于出席 ×× 研讨会的邀请函

×× 先生：

最近，我单位关于 ×× 课题研究的项目已经获得了国家发改委批准。经商议，定于十月中旬在 ×× 市召开该项目课题论证会。现将有关事项函告如下：

一、需要准备的材料

（略）

二、报到的时间

（略）

三、乘车路线

（略）

四、联系人及电话

（略）

特邀请您届时出席。

×× 研发中心

×× 年 × 月 × 日

3.2.11　请示拟写示范

1. 请示的结构

请示是指下级请求上级对某项工作、问题做出指示，对某项政策或职权界限予以明确，

或对某事予以审核批准时使用的一种请求性公文，是行政应用文写作中的一种常见文体。

请示的正文部分，其内容结构如表 3-14 所示。

表 3-14　请示的正文部分撰写说明

组成	撰写说明
开头	主要交代请示的缘由
主体	主要说明请求事项。它是向上级机关提出的具体请求，也是陈述缘由的目的所在
结语	应另起段，习惯用语一般有“妥否，请批复”等形式

2. 请示的撰写条件

请示文书的撰写，应遵循如图 3-3 所示的四个条件。

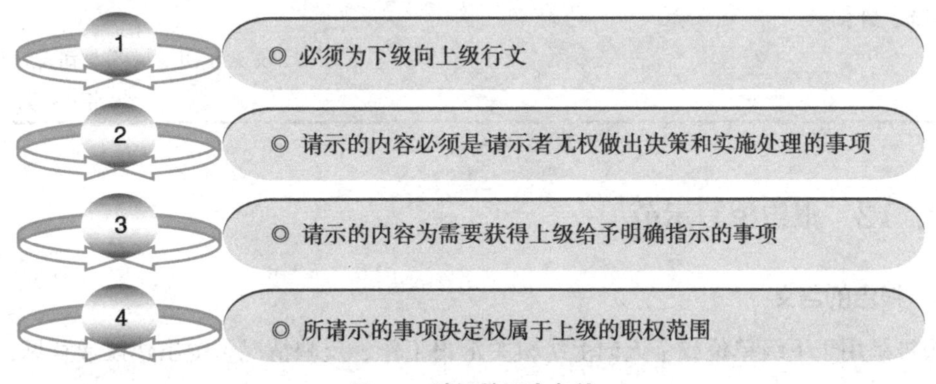

图 3-3　请示的四个条件

3. 请示的类型

请示可分为解决某一问题和请求批准某一事项两类。撰写请示的注意事项如图 3-4 所示。

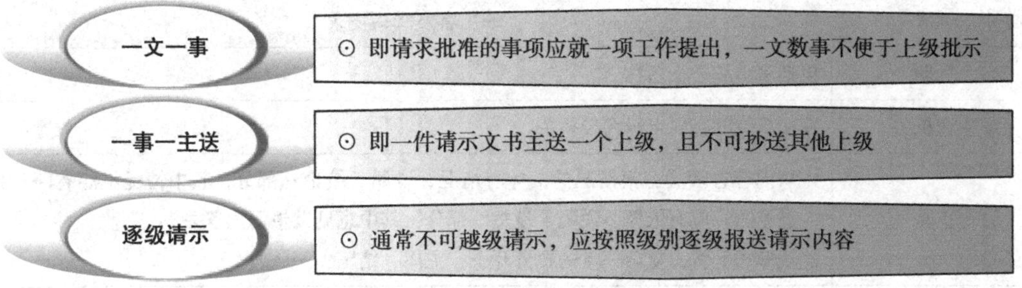

图 3-4　撰写请示的注意事项

4. 请示的范例

文书名称	关于修订绩效考核制度中的两个具体问题的请示	执行部门	
		监督部门	

关于修订绩效考核制度中的两个具体问题的请示

总公司人力资源部：

根据总公司人力资源部下发的《关于集团开展绩效考核制度修订工作的通知》的要求，我分公司目前已启动了绩效考核制度的修订工作，现就晋升工资标准和奖金发放标准请示如下。

一、年度晋升工资

若分公司年度总利润达到或超过总公司指标，则实行年度工资晋升，具体实施标准为，在册职工每人晋升一级，年度先进工作者再晋升一级。如分公司年利润未达到总公司要求则不实行。

二、年度奖金

若分公司年度总利润达到或超过总公司指标，则一次性发放年度奖金，具体实施将依据贡献大小由分公司领导制定发放标准，最高奖金发放不超过5000元/人。如分公司年利润未达到总公司要求则不发放。

妥否，请示。

××集团××分公司人力资源部

年　月　日

3.2.12 报告拟写示范

1. 报告的含义

报告是用于下级单位或个人向上级机关汇报工作、反映情况、提出建议或意见，答复上级机关询问的文种。

报告可分为工作报告、情况报告、检查报告等，应用范围广泛，报告的具体结构及撰写要求如图3-15所示。

表3-15　报告的结构与撰写要求

组成	内容及撰写要求
标题	包括事由和公文名称
主送机关	发文单位的直属上级领导机关
正文	1. 从内容方面看，报情况的，应有情况、说明、结论三部分，其中情况不能省略；报意见的，应有依据、说明、设想三部分，其中意见设想不能省去 2. 从形式上看，复杂一点的要分开头、主体、结尾
结尾	可展望、预测，亦可省略，但结语不能省

2. 报告的范例

<table>
<tr><td rowspan="2">文书名称</td><td rowspan="2">× × 公司行政部 × × 年度工作报告</td><td>执行部门</td><td></td></tr>
<tr><td>监督部门</td><td></td></tr>
<tr><td colspan="4">× × 公司行政部 × × 年度工作报告
各位领导、同志们：
按照会议要求，下面我就分管工作 × × 年进展情况及 × × 年工作打算向在座的各位领导及全体同仁做简要汇报，汇报如下。
一、推行人才强企业战略，努力做好人力资源工作
（一）完成情况（略）
（二）存在问题（略）
（三）下一步打算（略）
二、行政办公工作
（一）完成情况（略）
（二）存在问题（略）
（三）下一步打算
一是要健全组织机构。要重点抓好办公室骨干力量的培养与储备工作，尽快健全组织机构、稳定办公人员队伍，恢复总裁办的服务职能。二是要抓好信息化建设。按照我们企业的长远规划，企业上市后，必然会引进 ERP 综合办公系统，借此来完善和改进我们管理工作中的各个环节。但结合现状，无论是从管理模式的确定还是企业自动化发展的基础来看，我们直接上 ERP，条件还不成熟，应首先选出与我们当前基础较为接近，又便于同 ERP 和各类高端办公系统衔接的中间环节，比如 OA 办公系统，这既能发挥承前启后作用，又能很好地保证当前工作的良好运行，我们正在积极论证，以便尽快实现企业的集成化办公。三是要加强档案管理。针对我们集团公司发展时期较长、规模较大、材料较多，给档案管理人员查寻工作带来诸多不便的实际，今年我们将进行软件管理，采取查阅、保存、管理等各个环节均由计算机进行检索与抽调的措施，减少繁杂的工作程序和笨拙的人工查找，规范管理流程，提高管理效率。
本部门员工需积极调整工作思路，及时转变工作作风，努力开创工作新局面。
× × 集团公司行政部
年　月　日</td></tr>
</table>

3．3　事务类文书拟写

3．3．1　计划拟写示范

1．计划的含义

计划就是对即将开展的工作的设想和安排，如提出任务、指标、要求的完成时间和实施方法等。计划既是明确工作目标、开展工作的有效指导，同时又是考核工作进度和质量的依据之一，因此一份计划应内容完整、用语准确。计划的内容结构及撰写要求如表 3-16 所示。

表 3-16　通知的内容与撰写要求

组成		内容及撰写要求
标题	单位名称	计划的单位名称应采用正式、规范的称呼
	计划时限	时限要具体写明，以便于对过程和实施进行控制
	计划内容	在计划标题部分应标明本计划所针对的问题
	计划名称	提炼计划主要内容，准确精练地为计划命名
正文	计划内容	通过分析、阐述现状，表明计划制订的根据
	计划目标、任务和要求	内容应具体明确，并落实责任
	方法、步骤和措施	提出计划实施的指导性意见和方向

2. 计划的范例

文书名称	×× 酒店客房部 ×× 年工作计划	执行部门	
		监督部门	

×× 酒店客房部 ×× 年工作计划

一、呈送文

公司总经理：

为配合公司全面推行目标管理，提高公司服务水平，客户部依照公司____年度的整体发展规划，以部门本年工作情况为基础，特制订本部门____年度工作计划。

现呈报公司总经理批阅，请予以审定。

客房部

____年____月____日

二、具体工作计划

（一）建立并完善客房部规章制度

鉴于客房部现行规章制度与日常经营活动中的实际情况不相适应，出现了诸如多套岗位职责用于同一岗位、无统一的规范服务等问题，部门计划将于____年建立一套完整的管理制度，具体如下：

1.《客房部组织结构及岗位编制图》；

2.《客房部职务说明书》；

3.《客房部工作内容》；

（续）

4.《客房部岗位考核办法及奖惩条例》。

通过制定、实施以上制度，进一步明确部门人员岗位职责和操作规范，有效提高管理效率和服务质量。

（该项工作完成时间：____年____月____日前）

（二）有效控制部门成本费用

××年客房部总成本费用计划控制在 249.3 万元以内。为此客房部将制定通过“节能降耗方案及实施办法”，以降低营业成本。

（该项工作执行时间：____年____月____日至____日完成准备实施阶段的相关工作，____年____月____日起开始实施，并在具体实施过程中不断改进完善）

（三）大力开展部门培训工作

客房部要在____年紧抓部门培训工作，具体安排如下。

1. 前期根据所制定的规章制度对所有员工进行礼仪礼貌、服务意识、工作内容、工作标准、操作技能、设备设施保养等方面的标准化培训，使各岗位员工明确各自的岗位职责、工作内容、标准及规范。

2. 中、后期根据客房部实际运行中出现的问题，开展节能降耗、客房服务英语学习、提升服务质量等方面的专题性培训，将客房部各项服务工作引向更高水平；通过逐步建立健全完整的客房岗位培训体系，不断提高客房服务人员的综合服务素质，借以提升客房部整体服务水平及工作效率。

（该项工作执行时间：____年____月____日前视部门规章制度制定情况同步实施，并定于____年____月____日前完成第一次部门培训工作）

（四）重视工资、月奖及考核评定工作

长期以来客房部各项工作因缺乏考核评定机制，在员工中间未形成良好的竞争氛围，不利于客房部工作的高效开展和服务水平的提升，为达到“奖勤罚懒，表彰先进”的目的，____年客房部将有针对性地根据以下标准开展管理考核工作。

1. 工资

按照酒店____年薪资定级标准，客房部工资标准分为三个等级。依据每月综合考评情况，对服务员工资进行定级，并报酒店行管部审核，审核通过后于每月 7 号前后，由财务部发放定级工资。

2. 部门月奖

根据部门岗位编制及实际工作运转中的人数差，从工资总额中计提资金作为部门月奖发放，用于激励综合表现良好的员工。

3. 工作评定及考核

为每位部门员工建立考核记录本，依照部门相关制度规定，对员工的劳动纪律、服务质量、工作完成情况等进行考核打分，每月通过计分评定等级，同时与当月工资、部门月奖挂钩，形成连动机制；同时每月的考核等级也将作为部门员工个人岗位调整、晋升、年终评优的重要依据。

（该项工作执行时间：____年____月____日起开始实施）

（五）打造“绿色客房”，推出客房新产品

1. 在完成客房部各项服务管理工作规范化、标准化、程序化的改造后，进一步加大对部门员工的培训力度和输出服务的整改力度，使客房部每位员工具备良好的礼仪风貌、丰富的知识、娴熟的技能，能最大限度地满足客户的需求，达到“优质服务”的相关要求。

2. 响应国家“低碳”要求，结合酒店自身及客房部实际特点，计划通过将以下方式付诸实施，辅助公司建立起真正意义上的“绿色酒店”。

（续）

（1）开辟一个楼层作为“绿色楼层”，该楼层所有房间均为无烟客房，房间内不配备烟灰缸及火柴。

（2）设立告示牌，告知客人房间内备有牙刷、梳子、小香皂、洗沐用品、拖鞋等易耗品和毛巾、枕套、床单、浴巾等客用棉织品，均可按顾客意愿进行更换。

（3）取消玻璃杯塑料杯套，取消拖鞋的塑料封套，采用再生纸作日用卫生品的包装纸，用可反复使用的棉布袋代替一次性塑料洗衣袋。

（该项工作执行时间：____年____月____日至____日完成准备实施阶段的相关工作，____年____月____日起开始实施，并将在具体实施过程中不断改进完善）

三、结语

____年即将到来，客房部一定会以更加饱满的工作热情、严谨求实的工作态度、高效优质的服务理念，与酒店其他部门一起笑迎四方宾客，为____年经营目标的实现不懈努力！

3.3.2 简报拟写示范

1. 简报的含义

简报是传递某方面信息的简短的内部小报，是具有汇报性、交流性和指导性的简短、灵活、快捷的调查报告、会议报告、工作报告、消息报道等。简报的内容结构及撰写要求如表3-17所示。

表3-17 简报的结构与撰写要求

组成		内容及撰写要求
报头	名称	为了醒目起见，字号宜大，尽可能用套红印刷
	期号	一般按年度依次排列期号，有的还可以标出累计的总期号
	编印单位	应标明编印单位的全称
	印发日期	以领导签发日期为准，应标明具体的年、月、日
报核	标题	标题直接揭示主题，简短醒目
	导语	用简明的一句话或一段话概括全文的主旨
	主体	用典型的、有说服力的材料，把导语内容具体化
	结果	结尾指明事情发展趋势，或者提出希望及今后打算
	背景	交代事件发生的背景
报尾		在简报最后一页下部，用一横线与报核隔开，横线下左侧写明发送范围，在平行的右侧写明印刷份数

2. 简报的范例

文书名称	×× 运输集团____年春运简报	执行部门	
		监督部门	

×× 运输集团____年春运简报

____年第 9 期

（总第二十六期）

【春运专辑】

A 市交通局 ×× 局长一行

莅临 ×× 运输集团城乡客运站检查春运工作

____月____日上午，A 市交通局 ×× 局长及 A 市道管处 ×× 处长、×× 副处长等一行莅临 ×× 城乡客运站检查指导春运工作。

×× 局长一行在集团董事长 ×× 的陪同下，检查了城乡客运站售票大厅、旅客候车室、车辆日趟检及调度报班电脑系统、发车场地等，了解了客运站客流情况及各项春运的工作落实情况。×× 长运公司及城乡客运站领导向局长一行详细汇报了车站春运的各项工作。随后，×× 局长一行来到车站安检室，重点检查车辆日趟检情况，并向安检员了解了车辆报班、安检、填单等安检程序，当了解到客运站春运期间安检全面启动电脑化作业时，他关切地询问安检员电脑操作有什么难度，安检员向领导现场演示了安检的操作程序，得到市局领导的肯定。在安检室，×× 局长查看了车辆日趟检记录单，叮嘱安检员要认真做好车辆的安全检查，坚决执行“三不进站和五不出站”规定，特别要做好恶劣天气下的发车前车辆安全检查和谨慎驾驶，确保旅客走得及时、安全。（城乡客运站春运办）

公交车进站始发　旅客便捷称赞好

——×× 城乡客运站内设立 14 路公交首末站

×× 城乡客运站自搬迁新址以来，在政府相关部门关心和社会各界的大力支持下，客运站服务配套设施日趋完善。

____月____日，第一条公交班线 14 路公交首末站点开始在 ×× 城乡客运站场内正式设立。每日 14 路公交首班车 6：00 始发，末班 21：30 始发，途经 ××、××××、×× 大学、××××、×××× 等 26 个站点，终点站为洪山西客站。公交车辆进站既解决了公交企业停车场不足的问题，又为市内旅客乘车、转乘提供了方便，实现了客运车辆与公交车辆的有效衔接，广大旅客无不齐声叫好，称赞 ×× 运输集团、A 市公交集团为市民办了一件好事、实事。

为更好地服务广大旅客，城乡客运站将持续与公交行业沟通，部分新增或途经城乡站公交班线仍在洽谈之中。（城乡客运站春运办）

×× 西园客运站严密监控 旅客财产受保障

×× 西园客运站主要承担着 ××、×× 和 ×× 方向的旅客运输任务。旅客从各地来到 A 市，人地生疏。春运期间，每个旅客都带着大包、小包，稍不留神就会提错包或漏拿包，小偷亦趁机假扮旅客混迹其中伺机拎包。

为有效保护旅客财产安全，我站春运领导小组高度重视，组织车站安保部门召开专题会议，并详细制定了防控方案。根据方案，车站安保部在班车密集进站、旅客下车取行李时，加派人手加强现场监控力度，一方面对出站旅客进行引导，另一方面不断提醒旅客注意随身携带行李物品，对于可疑人员立即予以劝离出站。同时加强对行包房的管理，对于车辆取送货均给予合理安排，以避免进站口及下客区堵塞。通过车站的有效防范，最大限度地保障了旅客财产安全。

（续）

从春运开始至____月____日止，车站工作人员在下客区共拾到旅客遗失的电脑等贵重行李物品 5 件，其中 4 件已归还旅客，另有一件因暂时联系不到失主而尚未归还。（×× 西园客运站 春运办） **×× 长运公司所属客运站头十天春运数据** 据统计：截至____月____日的春运头 10 天，×× 长运公司所属两个客运站（×× 西园客运站、×× 城乡客运站）和两个配客站（A 市 ×× 公路配客站、×× 城乡配客站）总发班次 9 382 班，共运送旅客 78 454 人（其中：加班 678 班，运送旅客 12 874 人），周转量 1 336.4 万人 / 公里。与去年春运同期对比，发班增长 5.6%、而运量、周转量分别下降 30.2% 和 27.47%。（×× 长运公司　春运办） **【企业信息】** **A 市 ×× 公司 ×× 汽车站** **一期工程封顶大吉** ____年____月____日上午 9 时 30 分，A 市 ×× 交通发展有限公司 ×× 汽车站一期工程建筑框架封顶正式完工。施工现场鞭炮齐鸣，公司总经理 ××、副总经理 ××、×× 和全体员工以及施工方 ×× 经理、所在地村领导等出席了现场封顶仪式。 A 市 ×× 交通发展有限公司是____年____月由省汽车运输总公司、×× 运输集团等合资成立的综合性交通运输企业，经营范围涉及班车客运、旅游客运、出租汽车客运、客运站及普通货运等。×× 客运站的建成，对 ×× 交通发展有限公司进一步拓展 ×× 地区的客运市场具有十分重要的意义。目前，该客运站二期工程基础施工亦已完成，整体工程计划在____年____月____日全部竣工。（集团总裁办）
印发范围：×× 运输集团内部　　　　　　印数：70 份

3.3.3 建议书拟写示范

1. 建议书的含义

建议书是指个人、单位或集体向有关单位或上级机关和领导，就某项工作提出建议时使用的一种常用书信。有的建议书也称“意见书”。建议书的内容结构及撰写要求如表 3-18 所示。

表 3-18　建议书的结构与撰写要求

组成		内容及撰写要求
标题		一般在第一行写上“建议书”字样，或是“关于 ×× 的建议书”
称呼		称呼要求注明受文单位的名称或个人的姓名
正文	建议原因	先阐明提出建议的原因、理由以及自己的目的
	具体建议	一般建议内容要分条列出，力求做到清晰醒目
	表明心情	表明希望自己的建议被采纳的想法，同时也应谨慎虚心
结语		一般是表示敬意或祝愿的话语
落款		落款为提建议的单位或个人的署名，并署上成文日期

2. 建议书的范例

文书名称	销售部经理关于公司管理的建议书	执行部门	
		监督部门	

销售部经理关于公司管理的建议书

尊敬的总经理：

您好！

对于近期您提到的公司人员稳定性不强、管理紊乱、业务发展缓慢的问题，总结这两年来在公司的一些观察与体验，我想在此向您提几点建议，也许有我个人对一些问题的偏激看法，也许对一些问题可能没有看到本质，也许有些建议可能是错误的观点，仅供您参考，如果我所提的建议能被您采纳并能略见成效，定为其深感欣慰。

一、公司人才环境培育方面的建议

其实我在某些时候与您在这方面有过沟通，公司的工资标准并不比其他公司低，可为什么公司人才的流动性相对来讲还是比较大呢？其实对人才而言，到了一定的年头以后，他们的工作就不仅仅是为满足生存所需了，特别是一些中高层管理人员，其渴望被满足的是一种对尊重的需要，一种享受公平的需要，一种体现自我价值的需要，比如说在公平待遇方面，公司在这方面的欠缺还是比较明显的。

二、公司团队文化建设方面的建议

在公司期间，据我个人所知，公司从来就没有正式组织过一次真正的集体活动，没有开展过一次正式的企业培训，没有重视过公司文化的培养。为此我建议公司加强对员工的思想教育，培养员工对企业的忠诚度，在适当的时候多组织员工开展一些集体活动，激发员工的集体荣誉感。

三、公司内部执行力建设方面的建议

其实执行力的建设是一个系统的工程，而且是个自上而下的工程，试想一下，如果一个方案或者一个制度制定出来后，连公司的所有高层（当然也包括您）都去执行、都按制度办事，下面的员工还敢不去执行吗？制度、规章面前人人平等，并且要制定相应的奖罚措施。管理这个东西，我个人认为就是“萝卜”加“大棒”的结合，应该采用合理的奖惩措施加速公司内部执行力的构建。

四、产品销售渠道建设方面的建议

未来的市场竞争是渠道的竞争，谁掌控了终端话语权谁就掌控了市场，随着超级市场和新型百货业态的迅速兴起，企业和供应商之间的博弈越来越多。我个人认为未来五年床品的竞争就是渠道的竞争、就是专营店的竞争！为此我建议公司在现有商场支撑的基础上大力拓展代理加盟渠道。

五、品牌推广、运作等方面的建议

产品可能被对手抄袭、人才可能被挖掘、盈利模式可能被模仿，唯独品牌是不能被复制的。

广州是我们公司赖以生存和发展的生命根据地，我们凭借着先发优势，夺取了渠道网点（包括专卖店）建设的先机，可以说是先入为主了。然而，如果我们不进行维护和创新的话，这种优势会随着时间的推移和竞争对手的进步发生改变。为此，我建议尽快加强对广州区域市场的品牌推广力度，包括必要的广告投入、专卖店网点的扩张进度，将公司在广州的市场占有率进一步提升。

以上几点为我个人的浅肤之见，仅供您参考！

此致，

敬礼！

销售部经理：××

年　　月　　日

3.3.4 申请书拟写示范

<table>
<tr><td rowspan="2">文书名称</td><td rowspan="2">××员工转正申请书</td><td>执行部门</td><td></td></tr>
<tr><td>监督部门</td><td></td></tr>
<tr><td colspan="4">××员工转正申请书
尊敬的公司领导：
我到本公司三个月的试用期已满，根据公司的规章制度，现申请转为公司正式员工。
作为一名应届毕业生，我没有任何工作经验，但在公司工作期间，我学到了很多知识和技能，让我很快完成了从学生到职员的转变。更重要的是，我感受到了公司融洽和谐的工作氛围、积极向上的企业文化。
在实习期间，我先后在公司的多个部门学习工作了一段时间。这些部门的业务和我所学的专业知识也存在一定差别；但是在领导和同事的耐心指导下，我在较短的时间内掌握了相关的业务技能，熟悉了公司业务的整个操作流程。
在实习期间，我严格要求自己，认真完成领导布置的每一项任务，有不懂的问题虚心向同事学习请教，不断充实和提高自己，希望能尽早成为行家里手，为公司贡献更多的力量。经过三个月的实践，我现在已经能够独立处理公司的账务，从整体上把握公司的财务运作流程了。当然还有很多不足，如处理问题的能力有待提高，团队协作能力需要进一步增强。在此，我要特别感谢领导和同事对我实习工作的指导和帮助。
这是我的第一份工作，我怀着一颗感恩的心，深深地为公司日新月异的发展感到骄傲和自豪，我会用谦虚的态度和饱满的热情做好我的本职工作，由此，也更加迫切地希望自己能成为公司的一名正式员工，从而为公司发展贡献力量，实现自己的人生价值，与公司共同成长。在此我提出转正申请，恳请领导给我机会，让我人生的理想在公司生根发芽，与公司一同成长，共创美好未来！
申请人：××
××年×月×日</td></tr>
</table>

3.3.5 总结拟写示范

1. 总结的含义

总结是对过去某一时期或某项工作整体情况（包括成绩、经验和问题）的回顾、评价和思考。进行总结有助于积累经验、防止重复性错误发生、激励团队成员，有时候总结还可作为实践成果的证明。

2. 总结的分类及写作格式

按不同的分类标准，可将总结分为多种不同的类型，如下所示。

（1）按范围分，有班组总结、单位总结、行业总结、地区总结等。

（2）按性质分，有工作总结、教学总结、学习总结、项目总结等。

（3）按时间分，有月度总结、季度总结、半年总结、年度总结等。

（4）按内容分，有全面总结、专题总结等。

区分以上总结的种类，将便于相关工作人员在写作过程中明确重心、把握界限、为内容构思提供方便。现以常用的工作总结为例，说明总结的内容结构及撰写要求，具体如图 3-19 所示。

表 3-19 总结的结构与撰写要求

组成		内容及撰写要求
标题		总结的标题一般由总结单位名称、总结时间、总结内容或种类四部分组成
前言		即写在正文前的概述语言，目的在于让读者对总结的全貌有一个整体了解
正文	经验和成绩	即表述成绩、做法之后分析成功的原因，并结合主客观条件总结经验
	存在的问题	坚持一分为二的两点论，既看到成绩又看到问题，分清主流和枝节
	主要的教训	写教训时应态度诚恳、用语恰当、实事求是，坦诚面对过失，勇于承担责任
结尾		一般表明今后努力的方向或是今后的打算，该部分内容应精练、简洁
落款		包括署名和日期，如已把单位名称写在标题下方，则落款只写日期即可

3. 总结的范例

文书名称	财务部 2011 年工作总结	执行部门	
		监督部门	

财务部 2011 年在紧紧围绕集团公司发展方向，为全公司提供服务的同时，认真组织会计核算，规范各项财务基础工作。坚持站在财务管理和战略管理的高度，以成本为中心、资金为纽带，不断提高财务部工作质量，现对财务部本年度工作情况进行总结。

一、严格遵守财务管理制度和税收法规，认真履行职责，组织会计核算

财务部的主要职责是做好财务核算，进行会计监督。财务部全体人员一直严格遵守国家财务会计制度、税收法规、集团总公司的财务制度及其他财经法律法规，认真履行财务部各项工作职责。

1. 费用收取、各项原始收支的出纳。
2. 各项基础数据的统计、录入和统计报表的编制。
3. 原始凭证审核、会计记账凭证的录入和财务会计报表的编制。
4. 各项税费的计提、纳税申报、上缴。
5. 资金计划的安排、各项资金的统一调拨、支付等。

对于以上各项工作，每位财务人员都勤勤恳恳、任劳任怨、努力做好，并认真执行企业会计制度，保证了会计信息收集、处理和传递的及时性、准确性。

二、以实施 ERP 软件为契机，规范各项基础财务工作

在用两个月的时间完成了 ERP 项目的筹建和准备工作后，财务部按新企业会计制度的要求，结合集团公司实际情况着手进行了 ERP 项目销售管理、采购管理、合同管理、库存管理各模块的初始化工作。对供应商、客户、存货、部门等的设置均遵循了实际的业务流程，并针对平时统计和销售时发现的问题和不足进

（续）

行了改进和完善。例如，设置存货调价单，使油品的销售价格按照既定的流程规范制定；设置普通采购订单和特殊采购订单，规范普通采购业务和特殊采购业务的操作流程；在配合资产部对所有实物资产进行全面清点的基础上，将各项实物资产分为九大类，并在此基础上完成了 ERP 系统库存管理模块的初始化工作。在 8 月初正式运行 ERP 系统，并于 10 月初结束了原多种类统计软件同时运行的局面。目前我们已将财务会计模块纳入到 ERP 系统中并且运行良好。

三、构建财务成本核算体系，严格控制成本费用

根据集团年初下达的企业经济责任指标，财务部对相关经济责任指标进行了分解，制定了成本核算方案，合理确认各项收入额，统一了成本和费用支出的核算标准，进行了各科室成本核算工作，对科室进行了绩效考核。

在财务执行过程中，严格控制费用。财务部每月度汇总收入、成本与费用的执行情况，每月中旬到各责任单位分析经营情况和指标的完成情况，协助各责任单位负责人加强经营管理，提高经济效益。

四、加强财务管理制度建设，提高财务信息质量

财务部根据公司原制定的《财务收支管理细则》的实际执行情况，为进一步规范本集团的财务工作、提高会计信息的质量，财务部构建了比较全面的财务管理制度体系，包括财务部组织机构和岗位职责、财务核算制度、内部控制制度、ERP 管理制度、预算管理制度。通过对财务人员的职责分工，对各公司的会计核算和会计报表从报送时间及时性、数据准确性、报表格式规范化、完整性等方面做了比较系统的规定，从而逐步提高了会计信息的质量，为领导决策和管理者进行财务分析提供了可靠、有用的信息。

平时财务部通过开展定期或不定期的交流会，解决前期工作中出现的问题，布置后期的主要工作，逐步规范各项财务行为，使财务工作的各个环节按一定的财务规则、程序有效地运行和控制。

五、组织财务人员培训，提高团队凝聚力

财务部组织了两批财务人员培训与经验交流会，对整个财务系统做了工作总结和预期的工作计划展望，财务人员分组讨论，及时解决了实际工作中存在的问题。

邀请审计部和财务人员做了深入的交流，增强了整个财务链条各部门工作的协调性，强化了各岗位会计人员的责任感，促进了各岗位的交流、合作与团结。

六、提出了全面预算管理方案，建立集团公司全面预算管理模式

根据本年经营目标和各项成本核算指标的实现情况，财务部提出了全面预算管理的方案，全面预算管理按照企业制定的经营目标、发展目标，层层分解到企业各个经济责任单位，以一系列预算、控制、协调、考核为内容建立起一整套科学完整的指标管理控制系统。

2011 年，为实现集团公司的全面预算管理和总体发展目标，财务部的工作任重而道远。为此，需要继续做好以下几个方面的工作。

1. 做好第一季度和上半年度的所得税汇算清缴工作，降低各项税务风险。

2. 根据全面预算管理制度和预算管理指标跟踪预算费用的执行情况，对超预算的事项进行初步审核，按月准确及时地提供预算执行情况的汇总分析，为实现本集团和各单位的预算指标提出可行性措施或建议。

财务部

年　　月　　日

3．4 规章制度类文书拟写

3．4．1 制度拟写示范

1. 制度的含义

制度是国家机关、企事业单位和社会团体在一定范围内针对某项工作制定的行动准则，其对适用范围内的相关人员具有普遍约束力，要求共同遵守。制度的政策性和约束力很强，应用广泛，具体内容结构及撰写要求如表 3-20 所示。

表 3-20 制度的结构与撰写要求

组成		内容及撰写要求
标题		1. 制发单位 + 事由 + 文种 2. 事由 + 文种
正文	序言	交代指导思想和依据，以及目的、要求、适用范围等
	主体	包括具体的工作程序和对有关人员的行为要求，此为制度的实质内容，要分条款写
	结尾	说明执行要求及生效日期
落款		制发单位的名称和制发的日期

2. 制度的范例

以下是 ×× 公司的供应商选择管理制度，供读者参考。

文书名称	×× 公司供应商选择制度	文件编号	
		编制部门	

第 1 章 总则

第 1 条 目的

为了达到以下目的，公司特制定本制度。

1. 为规范本公司供应商选择管理工作，确保通过评估筛选寻找到最佳的供应商。
2. 保证供应商提供的物资满足本公司的要求。
3. 稳定和提高本公司产品的质量，降低公司的采购成本。

第 2 条 适用范围

本制度适用于有意向本公司提供产品与服务的所有供应商。

第 3 条 职责分工

1. 采购经理负责监督供应商的检查和选择工作，并对选择确认的合格供应商进行审核。
2. 供应商主管负责供应商资料收集、评审和确认等执行工作。
3. 技术部、生产部、质量管理部等相关部门负责检验供应商提供的样品，对供应商进行现场评审。
4. 公司总经理负责对相关部门选择的供应商进行审批。

第 4 条 供应商选择原则

采购部在进行供应商选择作业管理时应遵循以下四项原则。

（续）

1. 目标定位原则。采购部应根据公司目标确定采购物资的预算、品质和数量，并据此选择供应商。

2. 优势互补原则。应选择在某领域或某方面具有公司所不具备的优势的供应商，实现优势互补。

3. 择优选择原则。在相同的报价与交货条件下，应选择品牌形象好，具备为知名公司提供产品和服务经验的供应商。

4. 共同发展原则。应选择可全力配合公司发展的供应商作为合作伙伴，形成稳固互利的合作关系。

第 5 条　供应商选择注意事项

公司在选择供应商时，应遵循以下四项原则。

1. 选择那些公司形象良好，并具有一定实力的供应商。

2. 应避免过于依赖同一家供应商，避免供应商左右价格。

3. 应避免随意性较强、缺乏科学性的选定方式。

4. 应建立全面、具体和客观的供应商综合指标评价体系。

第 2 章　供应商信息收集与调查

第 6 条　供应商信息收集的内容

供应商主管应根据采购物资的需要，收集目标供应商的有关信息。供应商信息的收集应包括以下内容。

1. 本公司上一年度和今年度至今向该供应商采购的物资总量。

2. 供应商的基本情况，包括其发展战略、全国销售代理的拓展情况。

3. 供应商的年度销售额及本公司的采购量占其总销售额的比例。

4. 供应商在本地域的发展预测。

5. 供应商的信用状况、理赔及涉讼记录。

6. 供应商的价格敏感程度，以及供货的及时性和准确性。

7. 供应商的客户服务与客户评审政策。

8. 供应商产品质量体系和生产、组织、管理体系。

9. 其他可收集的数据。

第 7 条　供应商信息收集的渠道

可以通过各种公开信息和公开渠道得到供应商信息，收集供应商信息的常用渠道有以下十种。

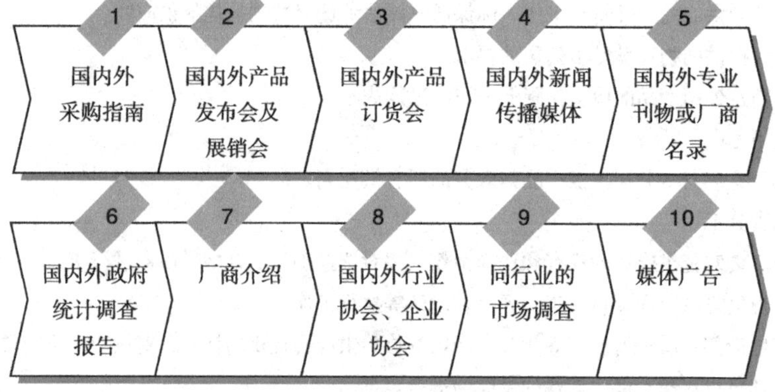

供应商信息收集的常用渠道

（续）

第 8 条　供应商信息收集的方法

采购部收集供应商信息主要采用如下所示四种方法。

1. 供应商主管编制“供应商调查表”，并向有合作意向的供应商发送调查表。

2. 凡有意向与本公司建立供应关系而且符合条件者可填写“供应商调查表”，“供应商调查表”将被作为公司选择和评估供应商的参考依据。

3. 若供应商的生产条件发生变化，供应商主管应要求供应商及时对“供应商调查表”进行修改和补充。

4. 供应商主管组织相关人员随时调查供应商的动态及产品质量，每年对“供应商调查表”复查一次，以了解供应商的动态，同时依变动情况更正原有资料内容。

第 9 条　供应商信息的整理

供应商主管应依据供应商所供物资分门别类地对供应商信息进行整理，以供后期评审所用。

第 3 章　供应商评审管理

第 10 条　供应商初步评审

供应商主管在收到供应商提供的资料后，需结合本公司的具体战略目标和采购需求进行筛选、评估，供应商初审标准如下图所示。

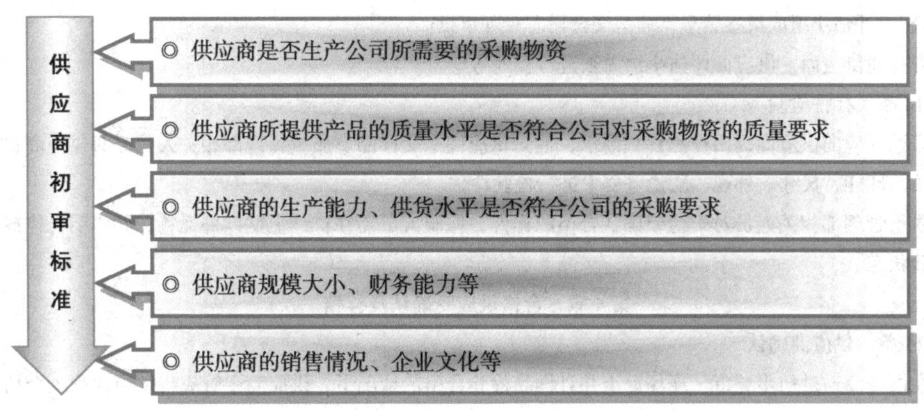

供应商初审标准

第 11 条　供应商候选名单

供应商主管收集到供应商信息后，应根据初步筛选的标准，对信息进行分析、评价、筛选，从而确定出符合标准的供应商候选人，并上报采购经理和公司总经理进行审核、审批。

第 12 条　供应商等级

供应商主管根据供应商提供的物资的重要程度，对供应商进行分级，供应商等级可分为如下图所示的关键、重要、普通三个级别。采购部要针对供应商的不同级别进行相应规格的审核。

（续）

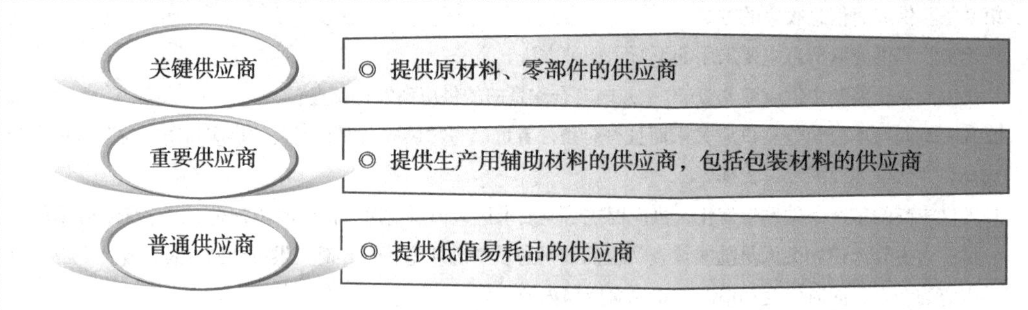

供应商等级

第 13 条　现场评估

1. 供应商主管需组织成立供应商评估小组，对初步评审后的供应商进行现场评审。小组成员主要包括质量管理部、技术部、生产部等相关部门的人员。

2. 对关键、重要供应商，供应商主管应与供应商协商沟通后，组织供应商评审小组到供应商生产现场进行实地考察，从生产、技术以及人员等方面判断是否符合公司的采购需求，并由供应商主管填写“供应商现场评审表”，评估小组成员签署意见后呈交公司总经理审批。

3. 对普通供应商，供应商评估小组无须进行实地考察。

第 14 条　样件检验

1. 采购部应向供应商提出样品评估需求，通知供应商送交样品。质量管理部相关人员需对供应商提供样件的材质、性能、尺寸、外观、质量等要素进行检验评估。

2. 质量管理部相关人员对于检验确认合格的样件，检验人员需在样件上贴样件标签，并注明合格或不合格的检验状态。

第 4 章　合格供应商确认及存档

第 15 条　供应商确认

1. 在供应商通过初步评审、现场评审并且样品检验合格的情况下，供应商主管应将供应商列入合格供应商名单，交采购经理审核，由采购总监以及公司总经理审批。

2. 原则上，一种物资应有两家或两家以上的合格供应商，为采购留有选择的空间。

3. 对于唯一供应商或独占市场的供应商，可直接将其列入合格供应商名单。

4. 如果客户提供供应商名单，采购部应将客户提供的供应商名单直接列入合格供应商名单中，按顾客提供的供应商名单进行采购；如需从非客户要求的供应商处采购，必须事先得到客户相关部门的书面批准。

5. 在每次供应商考核结果完成后修订合格供应商名单，删除不合格供应商，修订后的合格供应商名单由采购经理审核，采购总监及公司总经理审批。

第 16 条　供应商资料存档

供应商主管负责建立供应商档案，对每个选定的供应商必须建立详尽的档案，以便后期定期评估。

第 5 章　附则

第 17 条　本制度由采购部负责制定、解释和修订。

第 18 条　本制度经公司总经理审批后，自颁布之日起执行。

3．4．2　规定拟写示范

1. 规定的含义

规定是各级国家行政机关、社会团体、企事业单位对某项专门工作做出具体规范或限定的文书。规定分为政策性规定、管理性规定、实施性规定和补充性规定，规定的内容侧重于政策和管理方面，具体内容结构及撰写要求如表 3-21 所示。

表 3-21　规定的结构与撰写要求

组成	内容及撰写要求
标题	1. 由发文机关 + 事由 + 文种组成，如《××市促进科技成果转化的若干规定》 2. 事由 + 文种，文种前可加“试行”“补充”等修饰语，如《工资支付暂行规定》
正文	由因由、事项、说明三部分组成。可分为总则、分则、附则三个部分

2. 规定的范例

文书名称	××公司网络安全管理的规定	文件编号	
		编制部门	

××公司网络安全管理的规定

第 1 条　为加强公司计算机网络使用安全，保障公司计算机网络的稳定运行，制定本规定。

第 2 条　本规定适用于公司操作计算机的部门和人员。

第 3 条　禁止利用公司网络故意传播计算机病毒等破坏性软件程序，传输文件时要用病毒扫描软件检查并确认安全后再传输。

第 4 条　用户必须以本人的真实身份使用系统，禁止以他人名义发送邮件或盗用他人邮箱。

第 5 条　加密重要的本地数据库复本，可以防止非法用户获取重要信息。

第 6 条　禁止利用公司网络窃取、泄露公司秘密；不得在网络上接收和散布违法或不良信息。

第 7 条　局域网的用户不得自行更改计算机的 IP 地址，不得擅自更改安装后配置好的参数，不得将用户名和口令让他人使用。

第 8 条　用户的登录密码必须严格保密，不得泄露。

第 9 条　个人邮件不得使用公务信箱收发，防止邮箱爆满。

第 10 条　计算机房要采取规范的技术保护措施，做好电源防护、防盗、防火、防水、防尘等工作。

第 11 条　公司内从事施工、建设，不得危害计算机网络系统的安全。

第 12 条　不得运行非法版权的网络软件，如引起版权纠纷应由使用部门或个人承担全部责任。

第 13 条　任何部门和个人不能擅自安装、拆卸、改变网络系统，禁止任何破坏网络服务和网络设备的行为发生。

第 14 条　网络设备应分级由专人保管维护，如因使用、维护不当造成损坏，应由有关部门或个人负责赔偿。

第 15 条　公司所有接入单位如需申请通讯端口及 IP 地址，应向网络中心提出申请。

（续）

第 16 条　不得利用计算机信息系统从事危害国家利益、集体利益和公民合法利益的活动，不得危害计算机信息系统的安全。

第 17 条　不得非法截获、篡改、删除他人电子邮件，侵犯他人通信自由和通信隐私，窃取公司秘密。

第 18 条　对于违反本条例的入网部门和个人用户，网络中心将有权处以警告、冻结个人户头、停止有关单机入网、诉诸法律等处罚。

第 19 条　本规定自公布之日起实施。

3．4．3　细则拟写示范

细则，又称实施细则，是为贯彻某一法律、条例、规定或办法等，而针对其若干或个别条文制定出的具体、详细的解释、说明性文书。

细则具有依附性、诠释性、补充性和可操作性，一般由原法律、条例、规定、办法等文件制定机构或其下属职能部门制定，与原法律、条例、规定、办法等配套使用，其目的是弥补原条文中的漏洞，使原条文更具操作性。

1．细则的内容结构

细则一般由首部和正文两部分构成，具体内容结构要求如图 3-5 所示。

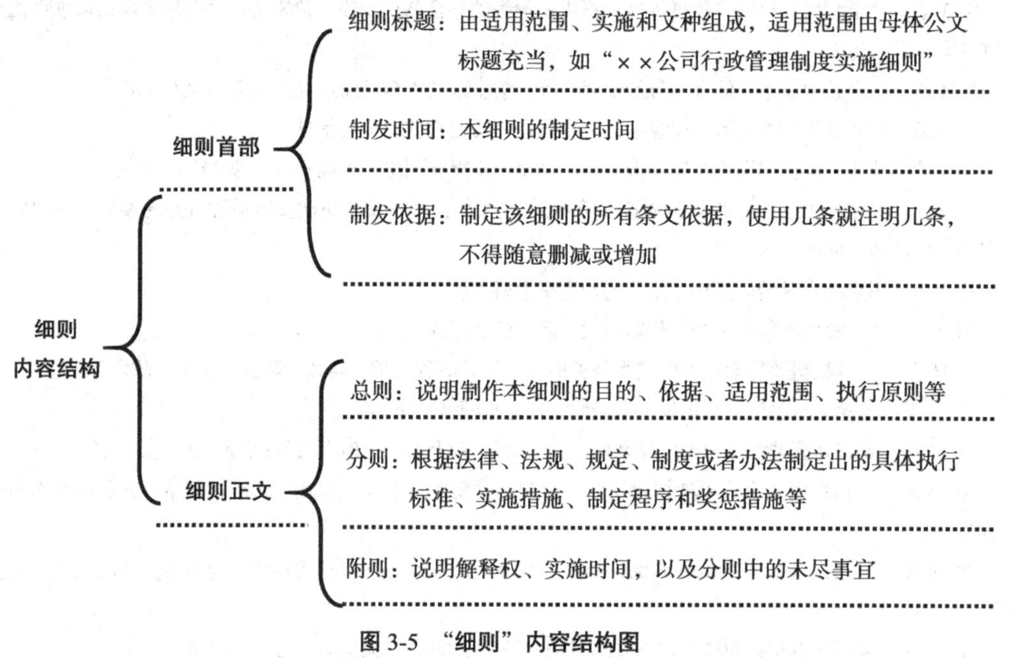

图 3-5　“细则”内容结构图

2. 细则的范例

文书名称	×× 公司员工招聘管理制度面试实施细则	文件编号	
		编制部门	

第一章　总则

第一条　目的

为规范公司招聘面试工作，提高招聘质量，并对《×× 公司员工招聘管理制度》进行详细说明，特制定本细则。

第二条　适用范围

本细则适用于公司所有新员工的面试招聘相关事项。

第三条　制发依据

根据《×× 公司员工招聘管理制度》《×× 公司人力资源管理制度》《×× 公司员工聘用规定》中的相关条款，制定本细则。

第二章　面试官管理

第四条　公司面试官的构成

1. 面试经理级以下人员

面试经理级以下人员的初试官为招聘专员，复试官应为人事主管和人员需求部门的部门经理。

2. 面试经理级以上人员（含经理）

面试经理级以上人员的初试官为人事经理和主管副总，复试官为公司总经理。

第五条　面试官应具备的条件

1. 良好的沟通能力，在让应聘者充分展示能力的同时，能够获取重要的考核评价信息。

2. 客观、公正，不会因个人喜好影响对应聘者的评价。

3. 对整个公司组织情况、各部门功能、部门与部门间的协调情况、人事政策、薪资制度、员工福利政策等有深入的了解。

4. 了解应聘岗位的工作职责、任职资格和特殊要求。

5. 不论应聘者的出身、背景高低，面试人员都须尊重应聘者所表现出来的人格、才能和品质。

6. 掌握相关面试技巧和测评技术。

第六条　面试中须获得的信息

面试官须从面试中获得应聘者的相关信息，由此评价应聘者是否适合本岗位，其应重点掌握以下信息。

1. 应聘者的稳定性（询问其离职原因）。

2. 应聘者的工作经验是否与本岗位契合。

3. 应对困难的能力（当应聘者面对困难或障碍时，是采取逃避对策，还是能够当机立断挺身而出解决问题）。

4. 应聘者的自主能力。

5. 应聘者的职业规划。

6. 应聘者的人际交往能力。

7. 应聘者的领导能力。

第三章　面试实施管理

第七条　面试前准备

根据《×× 公司员工招聘管理制度》，面试由公司行政人事部招聘专员负责组织，面试前的准备工作包括以下三项。

（续）

1. 确定并联络面试官。

2. 确定面试时间和地点，并告知应聘者。面试的地点最好是单独的房间。

3. 准备面试资料。资料应包括岗位说明书、面试评定表、应聘人员登记表、应聘者简历等。

第八条　面试流程

根据《××公司员工招聘管理制度》第×条，公司面试分为初试与复试，具体实施细则如下。

1. 初试

由招聘专员负责，过滤那些学历、经历和资格条件不合格的应聘人员，初试时间一般为15~30分钟。

2. 复试

由招聘岗位所属部门经理或高级领导对通过初试的应聘者进行面试，面试形式应为自由发挥式的面谈，复试的面试时间通常为30~60分钟。

第九条　面试内容

根据《××公司员工招聘管理制度》第×条规定，本公司面试具体内容有六条，具体细则如下所示。

1. 个人信息

包括应聘者的体格外型、举止、健康情况、穿着、语调、坐立和走路的姿势等。观察应聘者是否积极主动、是否为人随和、是否有行动能力以及个性内向或外向等。

2. 教育背景

包括应聘者就读的学校、科系、成绩、参加的活动、与老师同学的关系、在校获得的奖励等。

3. 工作经验

包括应聘者的工作经验、责任心、薪资状况、岗位的升迁状况和变动情况，以及变换工作的原因等。

4. 与人相处的特性

包括应聘者的兴趣爱好，喜欢的社团以及所结交的朋友。

5. 个人未来的理想

包括应聘者的抱负、人生目标及发展潜力、可塑性等。

6. 心理素质和领导能力

包括稳定性、独立性、领导能力、抗压能力等。

第十条　面试步骤

本公司制定的《××公司员工招聘管理制度》第×条中所规定的面试流程须包括四个步骤，具体实施细则如下所示。

1. 寒暄阶段

以社交话题为主，主要是为了帮助应聘者消除紧张情绪，建立一种和谐、宽松、友善的氛围。

2. 引入阶段

面试官围绕应聘人的履历提出问题，逐步引出面试正题。

3. 正式面试阶段

这是面试的实质性阶段，面试官通过不同侧面的话题了解应聘人员的心理特征、工作动机、能力、素质等，填写面试评定表。

4. 结束阶段

在这个阶段，面试官须给应聘者留出自由提问的时间。

（续）

第四章 面试注意事项

第十一条 面试技巧

1. 询问技巧

面试官必须擅于发问，提出的问题必须恰当，提问的方法包括以下几种。

（1）封闭式提问

只需让应聘者做出简单的回答，一般以“是”或“不是”来回答。这种提问方式是为了明确某些不甚确实的信息，或充当过渡性提问。

（2）开放式提问

这是一种鼓励应聘者自由发挥的提问方式，在应聘者回答问题的过程中，面试官可以对应聘者的逻辑思维能力、语言表达能力等进行评价。

（3）引导性提问

当涉及工资、福利、工作安排等问题时，面试官可通过这种引导性提问了解应聘者的心理预期、实际需要和工作意向。

（4）压迫性提问

主要用于考察应聘者在压力情况下的反应。

（5）连续性提问

由面试官向应聘者提出一连串问题，主要考查应聘者的反应能力，思维的逻辑性、条理性及情绪的稳定性。

（6）假设性提问

采用虚拟的提问方式，目的是考察应聘者的应变能力、思维能力和解决问题的能力。

2. 倾听技巧

面试官要想办法从应聘者的谈话里找出所需要的信息。

3. 学会沉默

当问完一个问题时，应保持沉默，观察应聘者的反应。

第十二条 面试注意事项

1. 面试须准备充分，面试时间须充足，面试地点须安静，相关面试工具资料应准备齐全。

2. 面试过程中，须营造轻松融洽的气氛。

3. 尊重应聘者。

4. 做好面试记录，随时记录重要事件。

5. 面试官须把控面试进程。

第五章 附则

第十三条 本细则由行政人事部制定，经总经理办公室核准。解释权归行政人事部所有。

第十四条 本细则自颁布之日起开始执行。

3.5 社交类文书拟写

3.5.1 贺信拟写示范

1. 贺信的含义

贺信是对某一个部门或个人所取得的成绩或成就表示祝贺的文书，它通常没有级别限制，撰写贺信时应注意文字简洁、语言恰当、情感真诚。贺信的内容结构及撰写要求如表3-22所示。

表3-22 贺信的组成与撰写要求

组成	内容及撰写要求
标题	一般以“祝贺信”为标题，或在“祝贺信”三个字前添加事由
称呼	收文单位或个人的名称或称谓
正文	撰写当前形势或发展概况以及对方付出的努力和获得的成绩
结尾	热烈表达对收文者的祝贺之情以及未来期望
落款	祝贺信作者的署名和写信时间

2. 贺信的范例

以下为××公司总经理向合作单位发出的祝贺信，供读者参考。

<table>
<tr><td rowspan="2">文书名称</td><td rowspan="2">祝贺信</td><td>执行部门</td><td></td></tr>
<tr><td>监督部门</td><td></td></tr>
<tr><td colspan="4">
祝贺信
××公司总经理及各位员工：
贵公司马上就要迎来公司成立十五周年的大喜日子，我谨代表我司全体员工向贵公司表示最诚挚的祝贺！
××公司自成立以来，一直奉行“服务百姓、热情诚恳”的宗旨，并通过全体员工的共同努力，从一家小公司成长为行业排名第一的企业，产品畅销全省，深受广大客户喜爱，实在可喜可贺，令人钦佩。
在与贵公司密切合作的九年时间里，我们互相协助、互相学习，建立了良好的伙伴关系。我们真诚地希望，在今后的日子里，双方能进一步扩大交流与合作，开拓更广阔的市场。
预祝贵公司取得更大的成就。
××公司总经理××
年　月　日
</td></tr>
</table>

3.5.2 慰问信拟写示范

1. 慰问信的含义

当需要对遇到灾祸或困境、欢庆节日、涌现出先进事迹等特殊情况的单位或个人进行慰问时，通常采用发送慰问信的形式来表达关心慰问。撰写慰问信时应根据时间、事件和对象的不同区别慰问信的内容，避免千篇一律。慰问信的具体内容结构及撰写要求如表3-23所示。

表3-23 慰问信的结构与撰写要求

组成	内容及撰写要求
标题	一般以“慰问信”为标题，或写成“致××（单位或个人）的慰问信”
称呼	收文单位或个人的名称
正文	包括慰问的背景、事件、缘由及事实依据
结尾	提出希望或给予慰勉、祝愿等
落款	慰问信作者的署名和写信时间

2. 慰问信的范例

文书名称	××公司致员工家属的慰问信	执行部门	
		监督部门	

××公司致员工家属的慰问信

尊敬的××公司员工家属：

您好！祝你们新春佳节幸福、快乐！

值此新春佳节到来之际，我代表××公司全体员工向你们的支持道一声“谢谢，你们辛苦了！”。

您的家人在迈进××公司大门的第一天，就已成为了公司的主人。××公司从一个默默无闻的小企业，迅速发展成为实力强大的集团企业，我们共同度过了八年的风风雨雨，这是每一位员工用他们的辛勤和智慧创造出的骄人业绩。

企业的每一步成长，与您作为家庭后盾的鼓励和支持是分不开的。正是有了您对我们事业的理解，对家庭的照顾，我们的员工才能全身心投入工作，我们的事业才能发展壮大，在此我向您表示衷心的感谢！

我们的员工来自四面八方，在共同创业和奋斗的过程中，我们就像一个大家庭的兄弟姐妹，同心同德，风雨同舟。我们的企业每时每刻都在关心员工的工作和生活，为了能够为员工提供更好的工作环境，企业正在规划新的工作地点，准备建设新的办公大楼。

（续）

我们相信企业是员工的，更是社会的。我们将一直致力于员工与企业的共同发展，从而最终为我们的社会和国家做出更大的贡献。在这里也请您放心，我们会用对待家人一般的温暖之心对待企业员工，让您的家人在工作岗位上也能够感受到家庭般的温暖，让工作变得与生活一样快乐与幸福。 ××公司在未来的发展过程中将面临更多的机遇和挑战，我衷心地希望你们能够作为公司的坚强后盾，一如既往地理解和支持我们，共同抵御前进道路上的风雨坎坷。我们会加倍努力，用我们的优秀业绩来回报你们的支持与信任，回报社会对我们的馈赠，在此特书此信，以表达我心中最诚挚的谢意。 春回大地千峰秀，日暖神州万象新。 恭祝您及家人身体健康，生活幸福！ ××公司董事长：×× 年　月　日

3.5.3 感谢信拟写示范

1. 感谢信的含义

当公司或个人在相互协作中获得了对方的援助时，通常采用感谢信的形式来表达谢意。感谢信具有表扬对方和表达感谢之情的双重意思。感谢信的具体内容结构及撰写要求如图 3-24 所示。

表 3-24　感谢信的结构与撰写要求

组成	内容及撰写要求
标题	一般以“感谢信”为标题，字体较大
称呼	被感谢者名称，可以是个人，也可以是单位
正文	简单描述感谢事项或内容，说明感谢原因，表达感谢之情
礼貌用语	一般使用“此致”“敬礼”
落款	感谢者的署名和成文日期

2. 感谢信的范例

以下为××公司总经理在安全环保工作会议上使用的感谢信，供读者参考。

<table>
<tr><td rowspan="2">文书名称</td><td rowspan="2">感谢信</td><td>执行部门</td><td></td></tr>
<tr><td>监督部门</td><td></td></tr>
<tr><td colspan="4">感谢信
尊敬的××公司外联部××经理：
我是××公司的××，已于昨日回到北京。我写这封信，是想向您表示感谢。
此次参加××博览会，有机会参观贵公司展位，并参加了贵公司举办的体验活动，从中学到了很多宝贵经验。贵公司的管理方式和全心全意为客户服务的意识，体现在了活动的每一个细节中，给我留下了深刻的印象。我还要感谢贵公司的领导，与他们的交谈，让我有了不小的收获。
希望我们有机会再次见面，欢迎你们来我公司参观访问。
此致
敬礼！
××
年　月　日</td></tr>
</table>

3.5.4　表扬信拟写示范

1. 表扬信的含义

表扬信是党政机关、社会团体、企事业单位和公民个人为树立社会主义新风，对先进人物、模范事迹进行表彰的一种公开书信。

表扬信的内容应真实可靠，充分体现事项的特点和意义，同时也应对被表扬者行为所产生的效果和影响进行表述，避免因空泛而导致表扬内容不能服众，从而影响表扬信的效果和作用。表扬信的行文语气应热情、真诚，文字使用应朴实无华，篇幅应短小精悍。表扬信的具体内容结构及撰写要求如表3-25所示。

表3-25　表扬信的结构及撰写要求

组成	内容及撰写要求
标题	一般以“表扬信”为标题，字体较大
称呼	对被表扬单位或个人的称呼
正文	撰写表扬信的原因、事迹的过程，最后表达对被表扬者行为的感受
礼貌用语	一般使用“此致敬礼”或“谨表感谢”
落款	表扬信作者的署名和写信时间

2. 表扬信的类型

表扬信一般可分为以下两种类型。

（1）上级对下级的成绩表示肯定和赞赏。

（2）不包含上下级关系的赞颂和欣赏。

3. 表扬信的范例

以下为 ×× 公司向设备出厂单位工程师发出的表扬信，供读者参考。

<table>
<tr><td rowspan="2">文书名称</td><td rowspan="2">表扬信</td><td>执行部门</td><td></td></tr>
<tr><td>监督部门</td><td></td></tr>
<tr><td colspan="4">表扬信
尊敬的 ×× 公司：
您好！我司在贵公司购买的 ×× 设备因使用不当多次出现问题，贵公司维修工程师 ×× 多次上门为我司排除故障。×× 工程师加班加点、废寝忘食，在最短的时间内完成维修工作，并且为我司提供了设备使用方法的培训工作。×× 工程师的工作不仅减少了我司的经济损失，并且排除了设备故障再次出现的隐患，其良好的工作作风和服务态度赢得了我司全体员工的赞赏。
我司特此表扬 ×× 工程师的优秀事迹并在此对其表达衷心的感谢。
此致
敬礼
×× 公司（盖章）
年　月　日</td></tr>
</table>

3.5.5 贺电拟写示范

1. 贺电的含义

贺电是表示祝贺、赞誉的专用电报，用于当个人或集体取得重大成绩或获得崇高荣誉时向其发贺电表示祝贺。个人有喜事（如结婚）、老人贺寿诞、乔迁、升职也可发贺电庆贺。贺电的具体内容结构及撰写要求如表 3-26 所示。

表 3-26 贺电的结构及撰写要求

<table>
<tr><th colspan="2">组成</th><th>内容及撰写要求</th></tr>
<tr><td rowspan="2">首部</td><td>标题</td><td>使用文种的名称“贺电”二字</td></tr>
<tr><td>称谓</td><td>即对受贺单位或个人的称呼，如是单位应写全称，如是个人则在姓名后加上“先生”“女士”等称呼</td></tr>
<tr><td rowspan="3">正文</td><td>开头</td><td>说明祝贺的前提和背景，常用的句式有“在 ×× 之际”“欣闻你在……取得了优异成绩，为此向你表示祝贺”等</td></tr>
<tr><td>主体</td><td>不同类型的贺电，主体内容稍有不同，分为会议贺电、荣誉贺电、祝寿贺电等</td></tr>
<tr><td>结尾</td><td>给予鼓励和支持，或者提出希望</td></tr>
<tr><td colspan="2">落款</td><td>署名和日期</td></tr>
</table>

2. 贺电的范例

××九十大寿贺电
尊敬的××先生： 欣闻先生九十岁寿辰，××向您表示诚挚的祝贺。 先生五十年前从海外归来，毅然放弃海外的优厚待遇，怀着一颗拳拳赤子之心，投身到社会主义建设中来。几十年来您兢兢业业，创造了名闻中外的××品牌，赢得广泛赞誉。 我和同辈们在您九十华诞辰到来之际，衷心祝愿您健康长寿，福如东海，再盼聚首！ 此致 敬礼！ ×× ××年×月×日

3.5.6 贺词拟写示范

1. 贺词写作说明

贺词是祝贺喜庆之事的一类应用文。

单位、团体或个人应邀参加某一重大会议或活动时，常常要即时发表讲话，表示对主人的祝贺、感谢之意，这番讲话就称为贺词。

（1）贺词的篇幅可长可短。

（2）贺词种类繁多，风格多种多样，在不同的场合和节日要用不同的贺词，如企业贺词、新春贺词等。

（3）贺词要求感情真挚，切合身份，用语贴切。

2. 贺词的范例

文书名称	开业贺词	执行部门	
		监督部门	
各位领导、各位来宾、各界朋友： 今天是××公司一个值得纪念的喜庆日子，我们在这里庆祝××公司隆重开业。值此开业庆典之际，请允许我代表____对贵公司的开业表示热烈祝贺；并对远道而来专程参加我们庆典活动的各位领导、各位来宾、各界朋友表示热烈欢迎。 ××公司是一个………企业………（略） 最后恭祝贵公司早日成为行业第一品牌。谢谢大家！			

3.5.7 欢迎词拟写示范

1. 欢迎词的含义

欢迎词是东道主对宾客的莅临表示热烈欢迎而发表的讲话。欢迎词在语言上要富有感染力，活泼热情；另外，在机场、车站等地使用的欢迎词不宜过长。欢迎词的具体内容结构及撰写要求如表3-27所示。

表3-27 欢迎词的结构与撰写要求

组成		内容及撰写要求
首部	标题	一般用“欢迎词”做标题，也可写“××同志在××会上的欢迎词”
	称呼	集体称呼时采用“各位来宾”或“女士们”“先生们”等；对个人称呼为“姓名+职务”
正文	主体	这是核心部分，表达对来宾的欢迎之意，阐明来宾到达的意义，以及交往的友情
	结语	再一次表达对来宾的欢迎之意，也表祝愿或感谢，如“为了××干杯”等
落款		署名和时间

2. 欢迎词的范例

文书名称	欢迎词	执行部门	
		监督部门	

女士们、先生们：

值此××公司30周年大庆之际，请允许我代表××公司，向远道而来的贵宾们表示热烈欢迎。

“有朋自远方来，不亦乐乎"，你们的到来为我公司30周年大庆增添了一份喜庆与祥和，我由衷地感到高兴，并对你们不顾路途遥远专程前来贺喜表示诚挚的谢意！

多年来，我们之间有着良好的合作关系。我公司历经30年的发展能取得今天的成绩，离不开老朋友们的真诚合作和大力支持。对此，我们表示由衷的感谢。同时，我们也为能有幸结识来自全国各地的新朋友感到十分高兴。在此，我向新朋友们表示热烈欢迎，并希望能与新朋友密切协作，同舟共济，再创辉煌！

在此新朋老友相会之际，我提议：

为今后我们之间的进一步合作，

为我们之间日益增进的友谊，

为朋友们的健康幸福，

干杯！

××

年　月　日

3．5．8　欢送词拟写示范

1. 欢送词写作说明

依据社交的公关性质来分，欢送词可分为私人交往欢送词和公事往来欢送词两种。

除了应用时间和场合不同外，欢送词与欢迎词并无实质性区别，所以写作要求大致相同，需要注意的是，因为欢送词用于依依惜别的情境，所以不要像欢迎词那样热情洋溢，但也不要太低沉，要做到以情动人，力求营造出友好、亲切、轻松的气氛。

2. 欢送词的范例

<table>
<tr><td rowspan="2">文书名称</td><td rowspan="2">在 ×× 访问团欢送会上的欢送词</td><td>执行部门</td><td></td></tr>
<tr><td>监督部门</td><td></td></tr>
<tr><td colspan="4">尊敬的代表团全体成员、朋友们：
三天前，由 ×× 先生带领的访问团来到我公司参观，此次来访期间，访问团成员对我公司各方面的工作提出了不少中肯、精辟的建议，对此，我代表公司 ×× 对访问团表示衷心的感谢！
现在我们双方的交流暂时结束。明天你们就要启程返回，在即将分别的时刻，我们的心情依依不舍。古语云："来日方长，后会有期。"我们欢迎各位女士、先生今后再次来我公司作客，相信我们的友好合作会日益加强。
祝大家一路顺风！</td></tr>
</table>

3．5．9　答谢词拟写示范

1. 答谢词的含义

答谢词是宾客对东道主的热情接待表示感谢的文稿。答谢词的具体内容结构及撰写要求如表 3-28 所示。

表 3-28　答谢词的结构及撰写要求

组成		内容及撰写要求
标题	完全性标题	由致词人 + 事由 + 文种组成
	省略性标题	由事由 + 文种组成
	简单性标题	以"答谢词"为标题
称谓		对答谢对象的称谓，要把所有要答谢的人都包括进去
正文	开头	表达感谢之意，倾吐心声
	主体	叙述交往，强调支持和帮助，提出进一步发展友谊或合作的期望
	结尾	再次表示感谢和祝愿

2. 答谢词的范例

<table>
<tr><td rowspan="2">文书名称</td><td rowspan="2">答谢词</td><td>执行部门</td><td></td></tr>
<tr><td>监督部门</td><td></td></tr>
<tr><td colspan="4">答谢词
尊敬的 ×× 董事长及 ×× 公司的同仁们：
我们对贵公司的访问即将结束。
首先，请允许我代表我们考察团一行对贵公司的盛情款待表示由衷的感谢。
访问期间，我们有幸结识了贵公司的多名领导和众多专家，我们参观考察了贵公司新产品、新工艺研发的所有流程，这为我公司的下一步技改工作提供了宝贵的经验，我们不胜感谢！
在短短几天的参观考察中，我们获得了许多宝贵的东西，其中最重要的是我们之间互相信任、互相支持的友情。我们将带着喜悦、感动和希望回到公司。在临别前，虽有千言万语，我只想将它们化为两个字：谢谢！
借此机会，再次衷心地感谢大家！
祝我们两公司之间的合作越来越好！
再见了，亲爱的朋友们！</td></tr>
</table>

3.5.10 会议开幕词拟写示范

1. 开幕词的含义

开幕词是主要领导在大中型会议召开时使用的会务文书，它对会议具有提示性和指导性的重要作用。开幕词的内容常常会对会议中需要探讨的问题进行简要提示，使与会者能够对会议的议题和方向有所准备，从而达到良好的会议效果。开幕词一般字数较少，但内容丰富，其结构较为独特，具体内容结构及撰写要求如表 3-29 所示。

表 3-29 开幕词的结构及撰写要求

组成	内容及撰写要求
标题	一般以会议的名称加上“开幕词”组成，也可以以主副标题的形式表现
时间	写在标题下方，并加上括号，表示发言人致开幕词的时间
署名	即开幕词致词人的名字，写在时间下方
称呼	对与会者的称呼
正文	具体阐述会议目的和任务，应做到语言简洁、短小精悍、振奋人心

2. 开幕词的范例

文书名称	×× 公司总经理在国际 ×× 科学研究大会开幕式上的开幕词	执行部门	
		监督部门	

×× 公司总经理在国际 ×× 科学研究大会开幕式上的开幕词

（　　年　　月　　日）

女士们、先生们：

大家好！

由 ×× 公司主办，×× 科学研究院与我公司承办的“国际 ×× 科学研究大会”今天在这里正式开幕了。我谨代表 ×× 公司向大会表示热烈祝贺！向来自全球的朋友们表示热烈欢迎！

本届大会将集中展示和探讨具有国际领先技术水平的 ×× 科学研究成果及其相关产品，为来自全球的科技人士提供一次技术考察和学术交流的良好机会。同时，也为全球各地的同行们切磋技艺、提高生产力水平创造了有利条件。

亲爱的朋友们，本届大会的举办地是全球重要的高科技产业基地之一，也是一个经济、金融、贸易、科技和信息中心，能够在这里举办本届大会，将为广大的参会人士提供最适宜的环境。我真诚地欢迎来自全球各地的朋友到我公司生产基地进行参观考察，寻求贸易和投资机会，寻找合作伙伴，实现双赢。

最后，预祝“国际 ×× 科学研究大会”圆满成功！

谢谢大家！

3.5.11 邀请函拟写示范

1. 邀请函写作说明

邀请函是一种重要的公文，而商务活动邀请函是邀请函的一个重要分支。

商务邀请函的主体内容符合邀请函的一般结构，由标题、称谓、正文、落款组成，其具体内容如表 3-30 所示。

表 3-30　商务邀请函的写作结构

组成	内容说明
标题	由礼仪活动名称和文种名组成，如：“×× 公司年终客户答谢会邀请函”；当然，标题也可包括个性化的活动主题标语
称谓	如“尊敬的 ×× 总经理”或“尊敬的 ×× 先生 / 女士”
正文	正文中需告知被邀请方举办礼仪活动的缘由、目的、事项及要求，写明礼仪活动的日程安排，包括时间、地点
落款	写明礼仪活动主办单位的全称和成文日期

2. 邀请函的范例

文书名称	×× 公司五周年庆典邀请函	执行部门	
		监督部门	

尊敬的 ×× 供货商、合作方：

您好！

时光飞逝，____年____月____日，是我们____公司迈向辉煌的第五个年头。五年前，公司还是一个普普通通的，只有六个员工的小门店，主要是代理____空调的销售，年营业额不超过____万元。

五年砥砺春华秋实，岁月如歌谱写华章。五年来，公司保持着创业的初心，秉承敢为人先追求卓越的精神，主动适应市场的需要，在变革中不断壮大。

今天，我们成了____品牌空调企业市内最大的代理商，年营业额超过了____万元，公司员工达到____人，并多次获得了市级"先进创新奖""优秀单位奖"。

公司取得这么丰硕的果实离不开广大供货商和合作方的支持与帮助。为了答谢各位朋友的支持与厚爱，公司决定在____年____月____日于 ×× 大型酒店内举办五周年庆典活动，欢迎各位莅临品鉴！

×× 公司

年　　月　　日

3.5.12 介绍信拟写示范

1. 介绍信说明

介绍信是用来介绍联系接洽事宜的公文。介绍信是在联系工作、洽谈业务、参加会议、了解情况时使用的个人情况说明。

介绍信分为便函式的介绍信与带存根的介绍信两类，便函式介绍信的格式及撰写要求如表 3-31 所示。

表 3-31　便函式介绍信的格式及撰写要求

组成	内容及撰写要求
标题	在第一行居中写"介绍信"三个字
称谓	另起一行，顶格写收信单位名称或个人姓名，姓名后加"先生""女士"等称呼，再加冒号
正文	另起一行，开头空两格写正文，一般要写清楚如下事宜： （1）派遣人员的人数、姓名、身份、职务、职称等； （2）说明所要联系的工作、接洽的事项等； （3）对收信单位或个人的希望、要求等
结尾	写上表示致敬或者祝愿的话，如"此致 敬礼"等
落款	介绍单位的名称及文书撰写日期，并加盖单位公章

2. 介绍信的范例

<table>
<tr><td rowspan="2">文书名称</td><td rowspan="2">介绍信</td><td>执行部门</td><td></td></tr>
<tr><td>监督部门</td><td></td></tr>
<tr><td colspan="4">__________分公司：
兹有我公司员工 ×× 前往你处联系 ×××××× 事宜，请予以协助。

××××公司（加盖公司公章）
年　月　日</td></tr>
</table>

3.5.13　证明信拟写示范

1. 证明信写作说明

证明信是用以证明某人身份、经历或某事真实性的一种凭证，其格式及撰写要求如表 3-32 所示。

表 3-32　证明信的格式及撰写要求

组成	内容及撰写要求
标题	"证明"或"有关 ×× 问题的证明"
称谓	另起一行顶格写上单位名称，之后加冒号
正文	被证明的事实
结尾	一般写"特此证明"
落款	出具证明的单位署名、日期，加盖公章

2. 证明信的范例

<table>
<tr><td rowspan="2">文书名称</td><td rowspan="2">员工工作证明信</td><td>执行部门</td><td></td></tr>
<tr><td>监督部门</td><td></td></tr>
<tr><td colspan="4">兹有____同志，于____年____月至____月在本公司工作，任职于____部门____岗位。
该同志自参加工作以来，热爱____岗位的工作，并且态度积极、工作踏实，积极学习相关知识，遵守公司的各项规章制度，表现良好，年收入约____万元，是一个非常优秀的员工，特此证明。
××公司（加盖单位公章）
年　月　日</td></tr>
</table>

3.5.14 推荐信拟写示范

1. 推荐信写作要求

推荐信是以第三人称的角度，通过客观而诚实的评价来介绍申请人的一种文书。在撰写推荐信时，应注意以下事项。

（1）注意撰写的角度和口吻。由于推荐信是由第三人对申请人做出的评价，所以要注意措辞的方式和角度。

（2）推荐信中要展示出被推荐人的与众不同之处，这样才能发挥出推荐信的作用。

（3）客观公正。在推荐或评估一个人时，用真实的事例来支撑个人观点会更有说服力。

2. 推荐信的范例

<table>
<tr><td rowspan="2">文书名称</td><td rowspan="2">优秀员工推荐信</td><td>执行部门</td><td></td></tr>
<tr><td>监督部门</td><td></td></tr>
<tr><td colspan="4">部门：后勤管理部　被推荐人岗位：保洁　被推荐人姓名：××　入职时间：××年×月×日
推荐原因：工作认真、负责、专业
一、认真负责
××在工作中从不迟到、早退，从不请假旷工，她服从领导的工作安排，踏踏实实地对待工作，不怕苦、不怕脏、不怕累。
二、工作勤恳
××在工作中对自己严格要求。有时给她安排额外的工作，她也从不借口推脱或抱怨。
三、水平专业
××已从事保洁工作四年，现在她负责的保洁区域干净整洁，每次考核都能达到优秀的等级。
为此，我部门推荐该同志为年度优秀员工，以上情况全部属实。

行政部
年　月　日</td></tr>
</table>

3.6 公文执行督办

3.6.1 公文执行催办检查

1. 催办检查的含义

催办检查是指有关人员对公文承办过程所实施的督促与检查，目的是促进公文所指事项尽快而有效地落实。催办工作应包括对收文拟办、批办及承办等各个环节的督促检查。

催办工作通常由各级机关的行政文秘人员负责。

2. 催办检查的工作事项

催办不仅仅指对公文承办环节的催办，而且是一项被作为监督检查机制而设立的控制环节。公文催办的范围如下所示。

（1）上级领导、本机关领导交办的事项或需要办复的公文。

（2）同级或其他不相隶属机关要求答复和办理的事项。

（3）下级机关的请示。

（4）会议决议中需要办理落实的重要事项。

（5）人大代表的议案和政协委员的提案。

（6）重要事故、事件、人物等专案的处理。

（7）群众来信来访要求答复与处理的重要事项。

3. 公文催办的形式

根据其内容、对象、手段的不同，催办的形式可以多样，具体如图 3-6 所示。

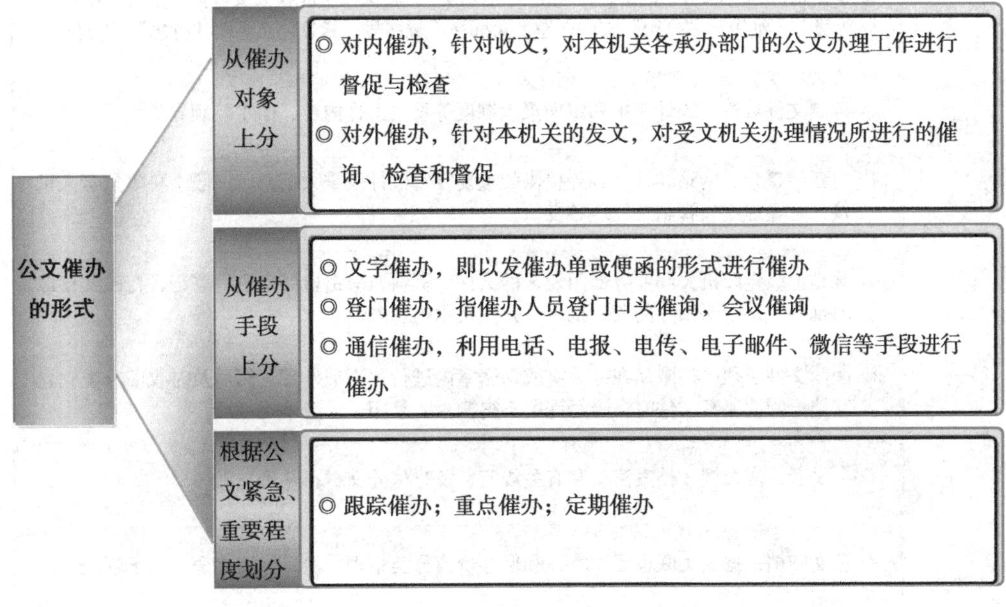

图 3-6　公文催办的形式

4. 公文催办的工具

行政文秘人员可以将《催办登记表》作为公文催办的重要工具，具体可以依照如表 3-33 所示的范例设计。

表 3-33　公文催办登记表

交办日期	来文机关	来文字号	来文标题	承办期限	催办情况	领导批示

3．6．2　公文执行督办检查

行政文秘人员要做好公文执行督办检查工作，具体内容如图 3-7 所示。

◎ 上报审批的各类文件和统计资料，均应按照审批程序和领导分工负责的原则办理

◎ 文件批办实行归口管理，审批的文件和办理的公文，均应按照收文程序分送分办

◎ 根据密级程度标明“绝密”“机密”“秘密”；密级公文应在公文首页右上方标明秘密等级，“绝密”“机密”文件在左上角标注份数序号；紧急公文标明“特急”“急件”

◎ 控制文件数量，统计年报和定期报表制度等重要工作内容，由主要领导签发

◎ 向新闻媒介、网站和社会各界提供的重要宣传稿件及重大信息，一般由科室负责人审核，总经理或分管副总经理签发

◎ 凡是上级党政机关和业务部门发来的文件、资料，应由机要室进行登记，行政文秘部门批办，送主要领导阅读、批示，并按批示内容办理

◎ 阅读文件必须严格限制在办公室或保密室内进行，不准外带，阅后及时收回分类立卷存档；阅读秘密文件时，未经许可不得摘录、复印

◎ 办文后，应根据《档案法》和有关规定，及时将公文材料整理立卷

◎ 公文归档，据其关联程度、特征和保存价值分类整理立卷，保证齐全，利于管理

◎ 公文案卷应明确专人保管，定期向档案部门移交

图 3-7　公文执行督办检查事项

第4章　档案工作

4．1　档案的分类和管理事项

4．1．1　档案的类别

对于行政文秘人员来说，明确档案的类别是档案管理工作的起点，档案的类别具体如表4-1所示。

表4-1　档案的类别

<table>
<tr><th colspan="2">档案的分类</th><th>具体内容</th></tr>
<tr><td rowspan="4">文书档案</td><td>党群工作类</td><td>常务工作、组织工作、宣传工作、纪检工作、工会工作等</td></tr>
<tr><td>行政管理类</td><td>行政事务、人事劳资、教育培训、医疗卫生、后勤工作等</td></tr>
<tr><td>经营管理类</td><td>经营决策、财务工作、企业内部管理和物资物品管理等</td></tr>
<tr><td>生产管理类</td><td>调度管理、质量管理、精细化管理、标准化管理、安全管理、设备管理以及环境管理等</td></tr>
<tr><td rowspan="4">科技档案</td><td>产品基本材料</td><td>说明书、签订书、试验报告、分析报告、运行报告等</td></tr>
<tr><td>科研材料</td><td>合同文本、科研报告、开题报告、试验报告、发明专利等</td></tr>
<tr><td>基建材料</td><td>建议书、任务书、计算书、预决算、施工图纸、检验分析报告等</td></tr>
<tr><td>设备材料</td><td>说明书、技术操作规范、维修保养计划和记录等</td></tr>
<tr><td colspan="2">财务档案</td><td>会计原始凭证、书面证明材料、财务报表、分析报告等</td></tr>
<tr><td colspan="2">人事档案</td><td>招聘登记表、履历表、薪酬考核以及培训等</td></tr>
<tr><td colspan="2">电子音像档案</td><td>计算机光盘、照片、电影胶片、专题片、微缩胶片、录音磁带等</td></tr>
</table>

4．1．2　档案的分类

1. 档案的分类

档案的分类可以分为广义和狭义。广义分类为档案概念分类、档案实体分类、档案检索分类。概念分类便于认识档案，实体分类便于科学管理档案，检索分类便于准确查寻档案。狭义分类指全宗内档案分类，即档案整理的分类，这是行政文秘人员要重点掌握的内容。全宗档案的分类具体如图 4-1 所示。

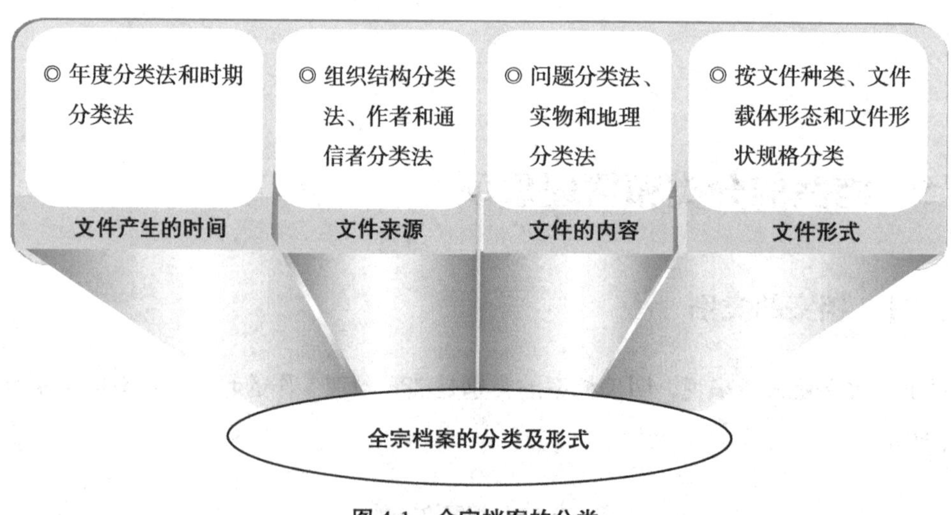

图 4-1　全宗档案的分类

2. 档案分类的相关表格

档案分类的相关表格，具体如表 4-2、表 4-3 及表 4-4 所示。

表 4-2　档案检索备查表

序号	档案号	档案名称	建档日期	存放位置	档案内容	处理

表 4-3　档案存放明细表

全宗号	目录号	案卷名称	案卷号	存放位置					
				楼	层	房间	柜	栏	格

表 4-4　档案内容登记簿

类别号：

索引号	内容	备注

4.1.3　档案的管理事项

为加强档案管理，确保完整收集档案信息、安全保管和有效利用档案，应明确档案管理的各项事宜，档案管理的具体事项如图 4-2 所示。

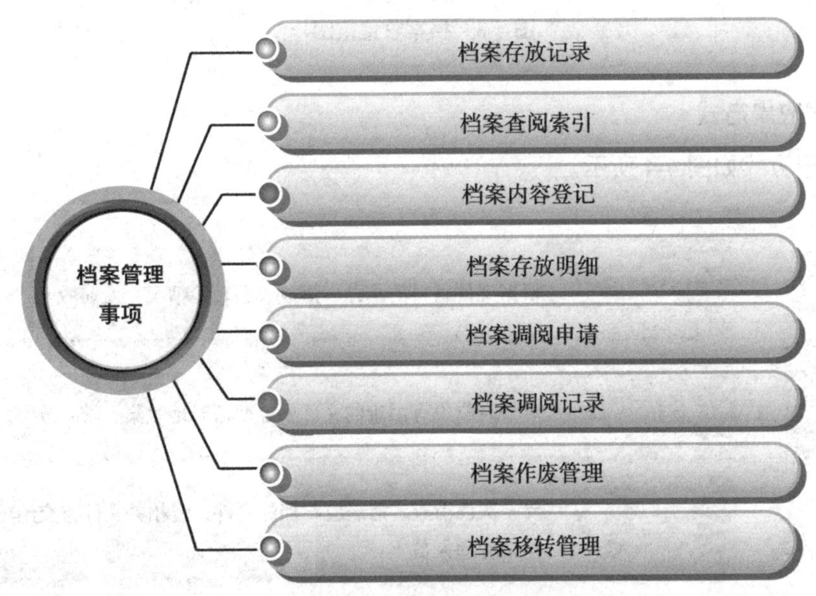

图 4-2　档案管理事项

4.2　档案的收集和鉴定

4.2.1　档案的收集

档案收集是指对应立卷归档文件材料的接收和征集过程，是档案管理的基础工作。

1. 档案收集范围

企业在业务活动中形成或使用的具有查考利用价值的文字、图表、簿册、声像、照片、光盘和磁盘等各种载体的文件材料均应列入档案收集范围。档案收集范围具体如图4-3所示。

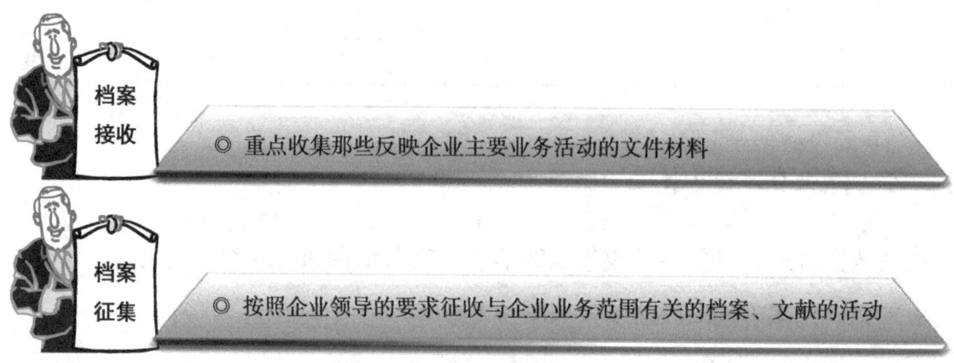

图 4-3　档案收集范围

2. 档案收集方式

档案收集方式如图 4-4 所示。

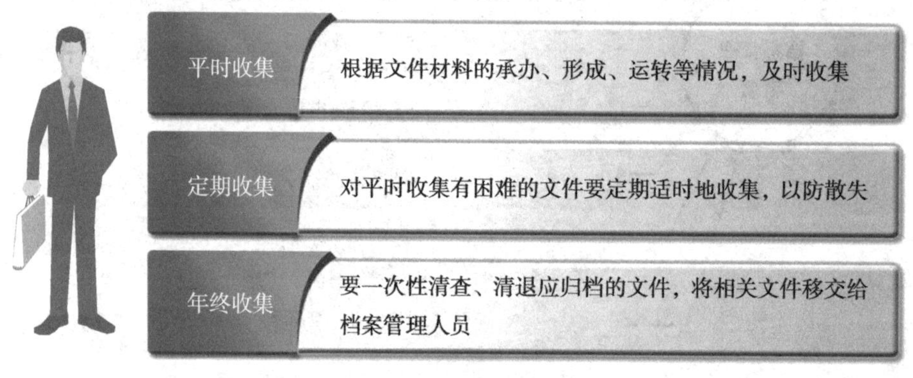

图 4-4　档案收集方式

3. 档案收集途径

档案收集途径主要有七种，具体如图 4-5 所示。

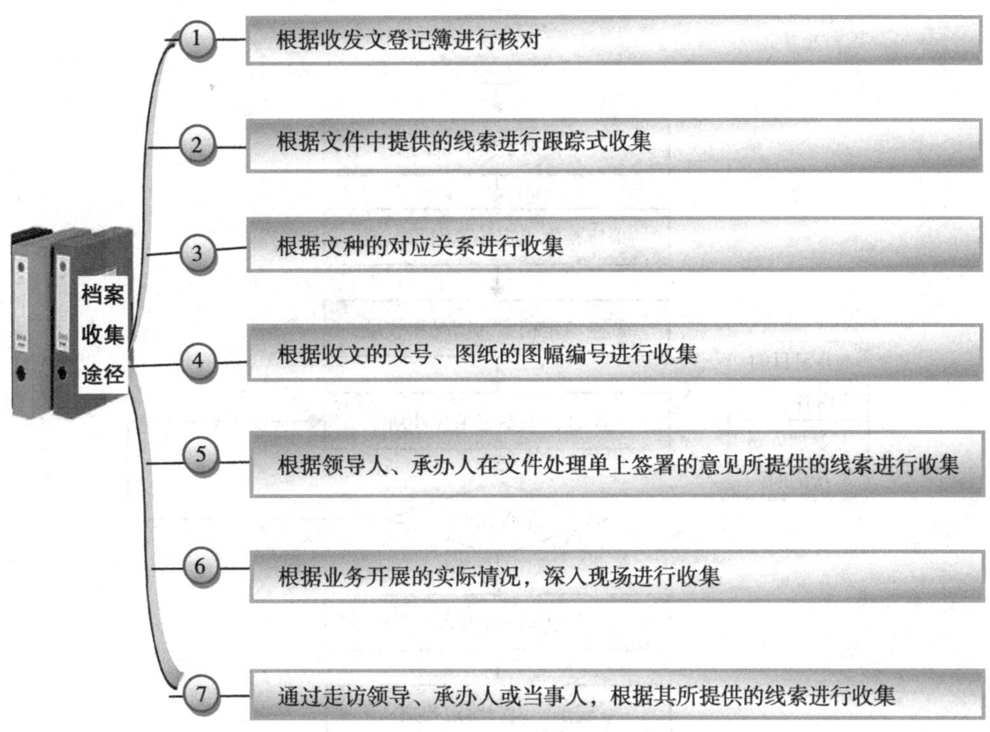

图 4-5　档案收集的途径

其中最有效的档案收集途径是根据收发文登记簿进行核对，并根据文件中提供的线索进行跟踪式收集。

4．2．2　档案的鉴定

档案鉴定是指判定档案价值大小以及档案是否具有继续保存价值的活动。

1．鉴定档案的程序

鉴定档案的步骤，如图 4-6 所示。

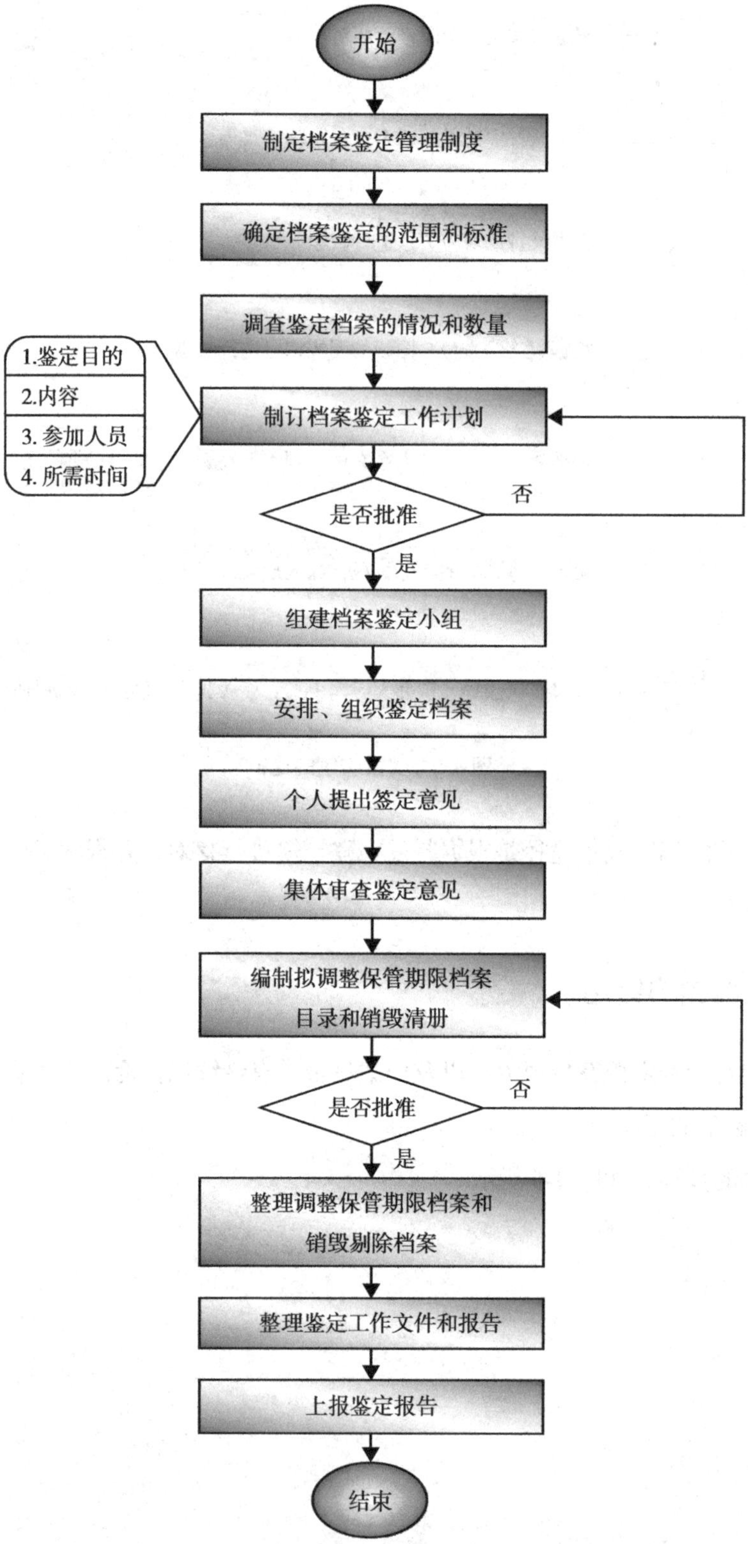

开始
制定档案鉴定管理制度
确定档案鉴定的范围和标准
调查鉴定档案的情况和数量
1.鉴定目的
2.内容
3. 参加人员
4. 所需时间
制订档案鉴定工作计划
是否批准
否
是
组建档案鉴定小组
安排、组织鉴定档案
个人提出签定意见
集体审查鉴定意见
编制拟调整保管期限档案目录和销毁清册
是否批准
否
是
整理调整保管期限档案和销毁剔除档案
整理鉴定工作文件和报告
上报鉴定报告
结束

图 4-6　档案鉴定流程

2. 鉴定档案保存价值

档案保存价值的鉴定标准，具体如图 4-7 所示。

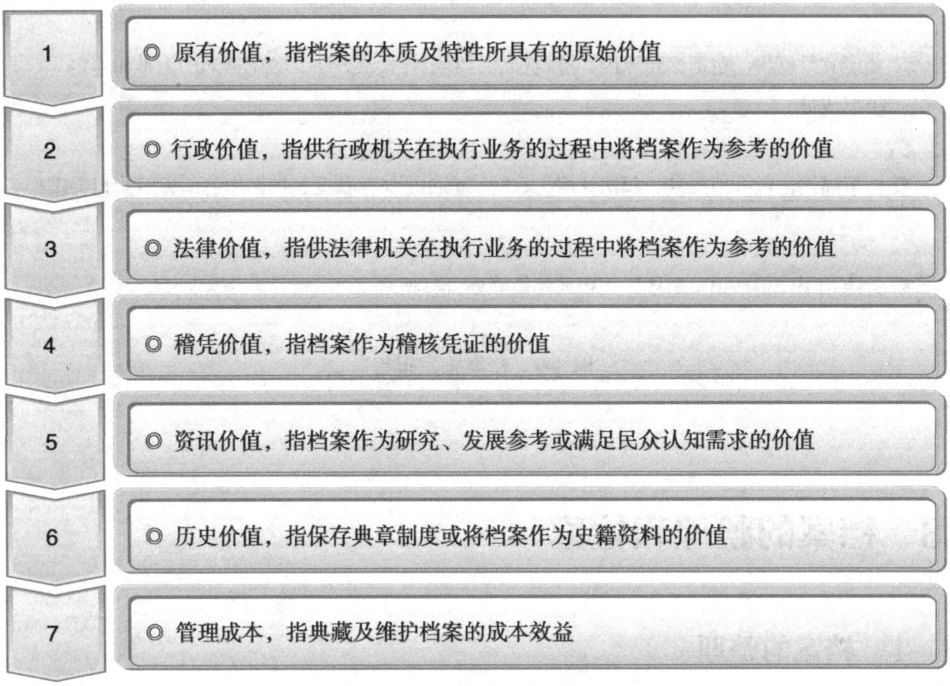

1
◎ 原有价值，指档案的本质及特性所具有的原始价值
2
◎ 行政价值，指供行政机关在执行业务的过程中将档案作为参考的价值
3
◎ 法律价值，指供法律机关在执行业务的过程中将档案作为参考的价值
4
◎ 稽凭价值，指档案作为稽核凭证的价值
5
◎ 资讯价值，指档案作为研究、发展参考或满足民众认知需求的价值
6
◎ 历史价值，指保存典章制度或将档案作为史籍资料的价值
7
◎ 管理成本，指典藏及维护档案的成本效益

图 4-7 档案保存价值的鉴定

鉴定档案保存价值操作步骤，具体如图 4-8 所示。

成立鉴定小组
整理档案资料
选择鉴定标准
选择鉴定方式及方法
分析档案保存价值
撰写报告
提出建议

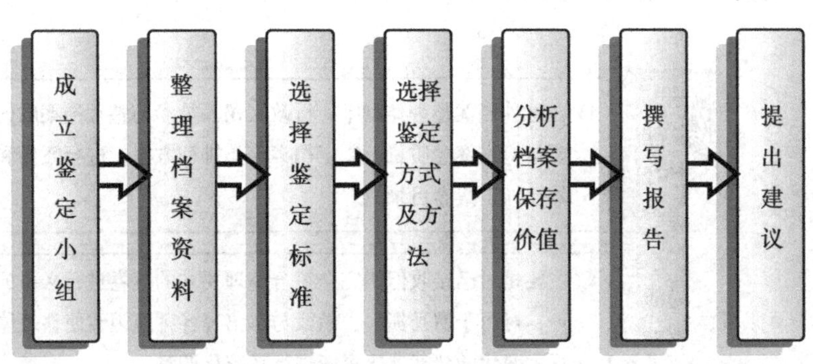

图 4-8 鉴定档案保存价值的步骤

3. 档案鉴定报告的内容

档案鉴定报告的具体内容如图 4-9 所示。

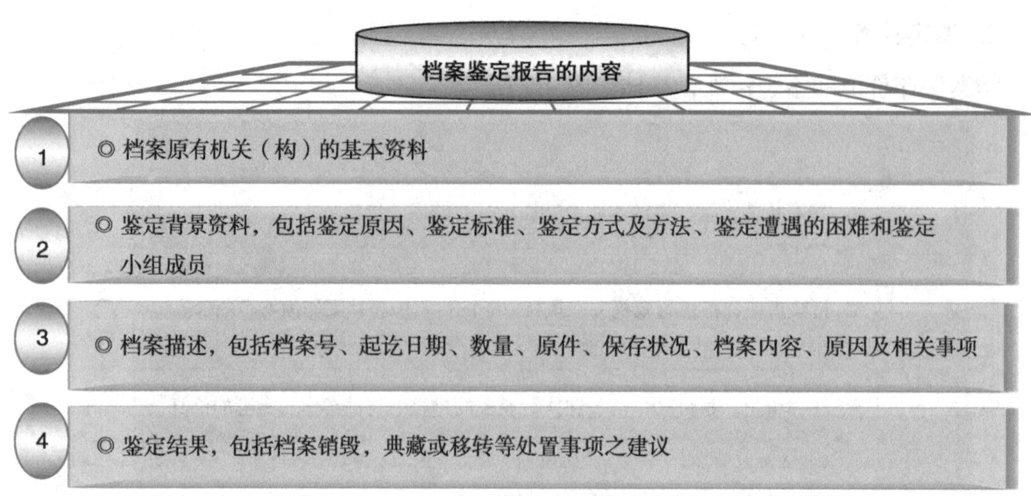

图 4-9　档案鉴定报告

4.3　档案的整理和检索

4.3.1　档案的整理

档案整理是把零散的和需要进一步条理化的档案进行分类、组合和编目，使之系统化。

1. 档案整理的类型

档案整理的类型，具体如图 4-10 所示。

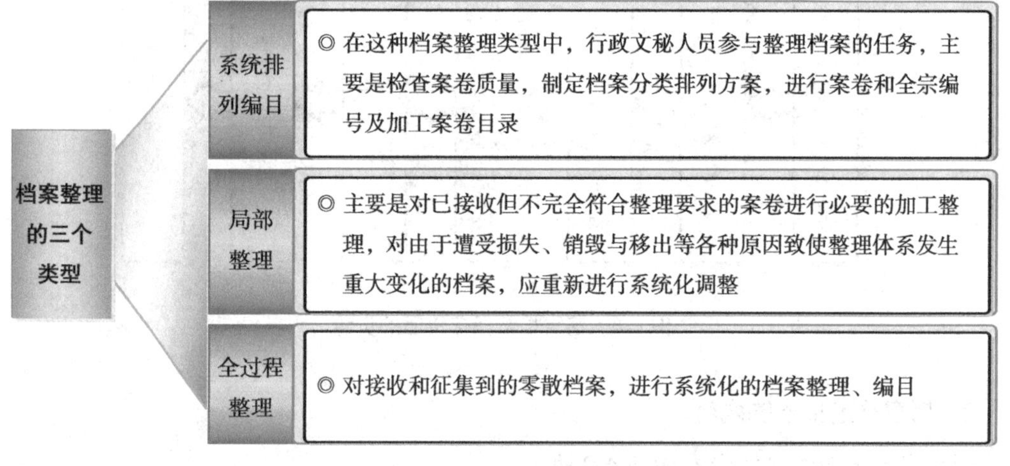

图 4-10　档案整理类型

2. 档案整理工作步骤

档案整理工作的步骤，如图 4-11 所示。

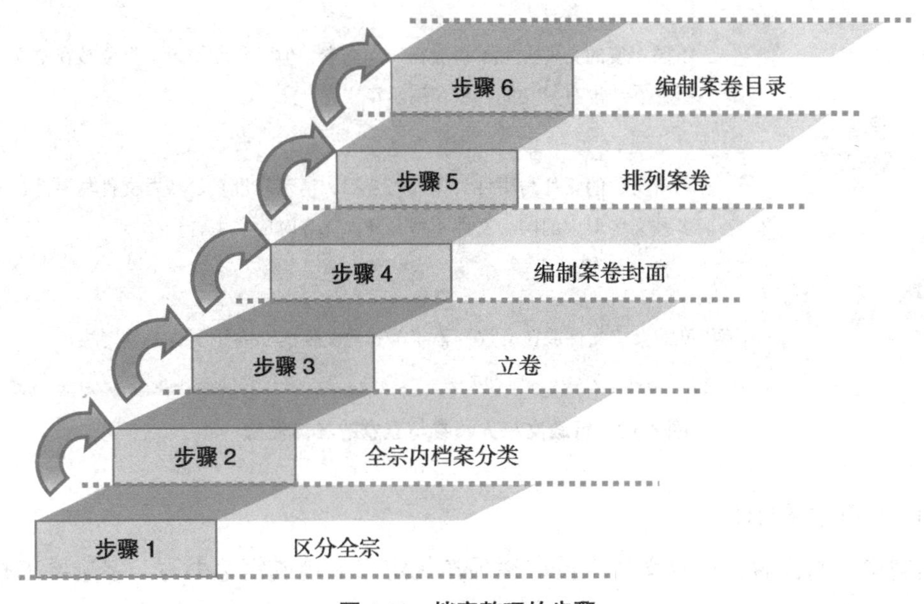

图 4-11 档案整理的步骤

3. 档案整理工作实施细分

（1）区分全宗

全宗是某个机关、组织或著名人物在社会活动中形成的全部档案的有机整体。区分全宗一般是特指对容易引起混乱或歧义的较复杂的全宗界限问题的具体处理。

（2）全宗内档案分类

全宗内档案的分类，就是把立档单位所形成的档案，按其来源、时间、内容和形式分成若干层次和类别，使全宗内档案形成一套有机的体系。

（3）立卷

在档案整理过程中，行政文秘人员参与立卷的具体做法如图 4-12 所示。

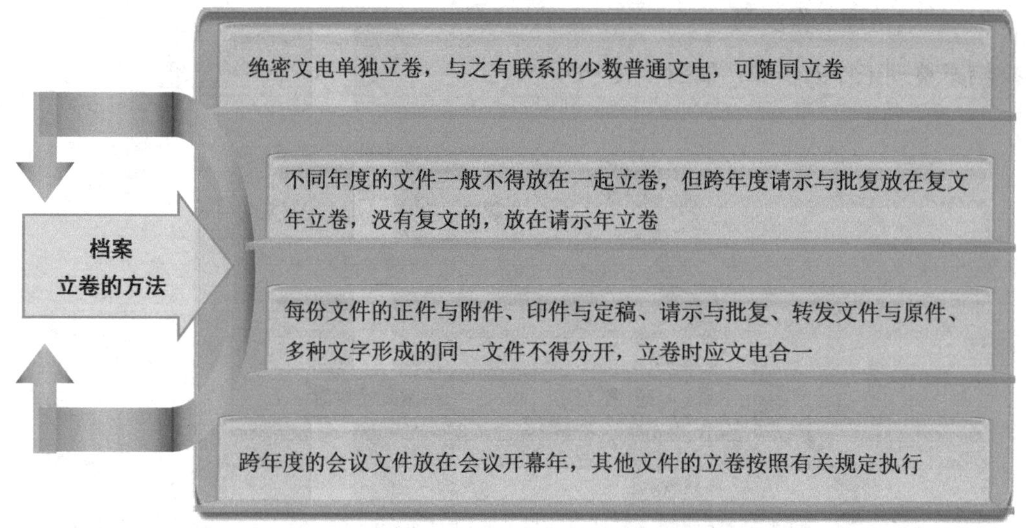

图 4-12　行政文秘人员参与立卷的具体做法

（4）编制案卷封面

编制案卷封面时，行政文秘人员应逐项按规定用毛笔或钢笔书写，字迹要工整、清晰。案卷封面可采用案卷外封面和案卷内封面两种形式。外封面印制在卷皮的正表面，内封面排列在卷内目录之前。

（5）排列案卷

① 同一事由内归档文件的排列，按文件形成的时间顺序或按文件重要程度排列。

② 不同事由间的归档文件的排列，一般可采用三种方法，具体如图 4-13 所示。

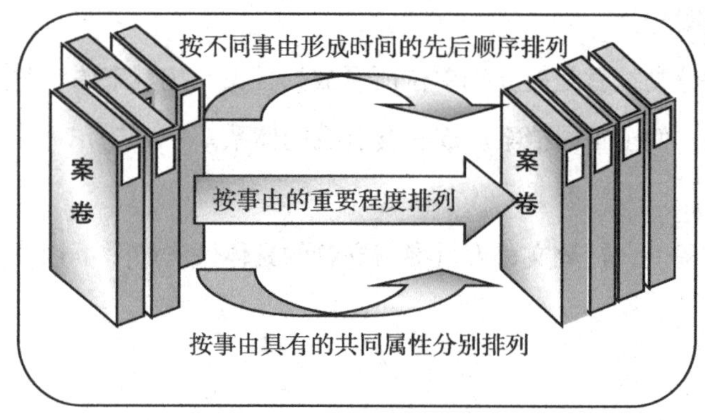

图 4-13　排列案卷的三种方法

（6）编制案卷目录

案卷目录的次序结构如图 4-14 所示。

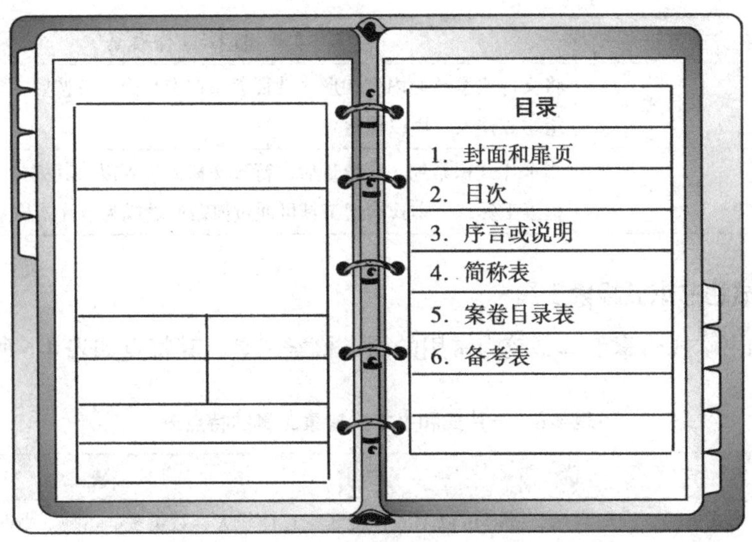

图 4-14 案卷目录的结构

4.3.2 档案的检索

档案检索是指对档案信息进行加工和存储，便于以后查找。为了满足使用者对档案的复杂、多样化的需求，行政文秘人员需要编制多种类型的档案检索工具。

1. 检索工具的分类

检索工具的分类具体如表 4-5 所示。

表 4-5 检索工具的分类

检索工具的分类方法		具体说明及工作事项
按编制方法分类	目录	系统地表明档案内容和成分以及档案号的一种检索工具，如卷内文件目录、案卷目录、全宗文件目录、专题目录和分类目录等
	索引	以一定的排列顺序揭示某些文件或其组合单位中的某一部分、某一项目，并指明其档案号或存放位置的一种检索工具，如文号索引、人名索引和地名索引等
	指南	是以叙述方式综合介绍档案情况的一种工具，如全宗指南、专题指南和档案馆指南等
按检索范围分类	以一个全宗或其部分为对象	包括案卷目录、卷内文件目录汇集、全宗文件卡片或目录、文号卡片、全宗指南等
	以档案室全部或主要部分档案为对象	如分类卡片、分类目录、主题卡片、主题目录或索引、档案馆指南等
	以一定专题为对象	如专题卡片、专题目录、人名卡片或索引、地名卡片或索引、专题指南等

（续表）

检索工具的分类方法		具体说明及工作事项
按形式分类	卡片式	将文件或案卷的内容和形式特征著录在卡片上，并按照一定的规则将卡片组织成体系，用以检索
	书本式	当卡片式积累到一定数量后，行政文秘人员可以将其编排、印刷成书本式检索工具；书本式检索工具可通过剪贴使之成为卡片式检索工具

2. 卡片式和书本式检索工具

卡片式和书本式检索工具是较为常用的两类检索工具，其特点如表 4-6 所示。

表 4-6　卡片式和书本式检索工具的特点表

名称	优　点	缺　点
卡片式	1. 形式灵活，存取自由，随时可以增减，便于逐步积累 2. 能根据需要自由调整卡片的排列顺序，组成若干专题 3. 每张卡片都有编号，便于查找	1. 体积大、数量多、占地、费时 2. 限于档案馆（室）内使用，不便传递和交流，查阅时必须逐片翻阅 3. 卡片用纸质量要求高，制作成本高 4. 卡片易混乱、丢失和磨损，管理复杂
书本式	1. 可以装订成册，次序整齐，不易散失，体积较小，阅读方便，成本较低 2. 可以直接和利用者见面，便于交流	1. 缺乏灵活性 2. 编制周期长

3. 编制档案检索工具的常用方法

（1）案卷目录

案卷目录是以案卷为单位，按照档案整理顺序组织起来的档案检索工具。编制案卷目录时，行政文秘人员必须以全宗为基础，一个全宗可以编一本，也可以编几本案卷目录。案卷目录的类型有综合目录和分册目录两种，综合目录以全宗为单位进行编制，而分册目录以全宗内各种门类为单位编制。

（2）全引文件目录

全引文件目录是指将全宗内文书档案或其中一部分卷内文件目录按一定的排列方法（分年度或分保管期限）汇编在一起而成的检索工具。全引文件目录具有以下两种形式。

① 先列出案卷号、题名、年度、页数、期限，随之在下面标出此卷内文件目录。

② 先指明案卷号（在卷内文件目录右上角），再列出这个案卷内的卷内文件目录。

（3）专题目录

专题目录也叫专题卡片目录，它是系统表明某一专题档案内容和成分的一种检索工具。专题卡片的编制方法如图 4-15 所示。

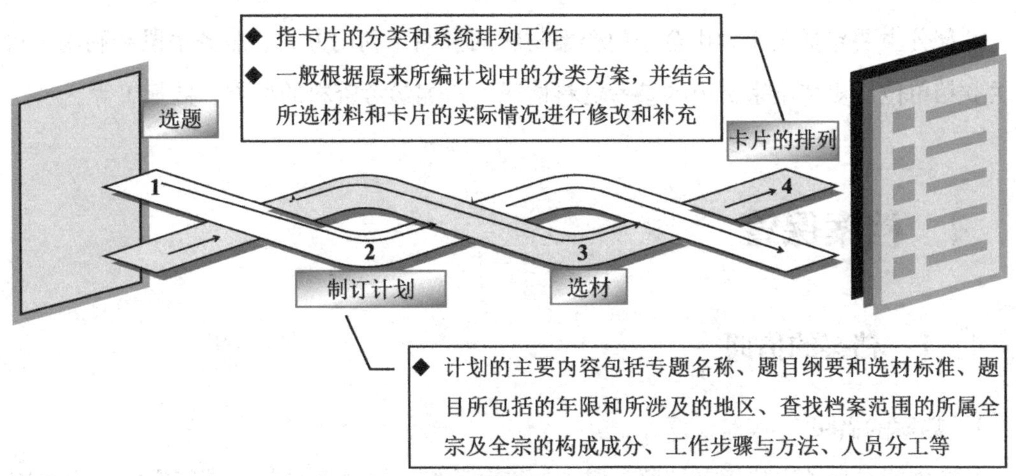

图 4-15　专题的编制方法

（4）人名索引

人名索引是表明档案中所涉及的人物并指明其档案出处的检索工具。人名检索一般由人名和档号两部分组成。人名索引从体例上可分为综合性人名索引和专题性人名索引。

人名索引排列方法

1. 按姓氏笔画
2. 汉语拼音字母顺序
3. 按四角号码

① 综合性人名索引

综合性人名索引是将档案中所涉及的人名都编成索引。

② 专题性人名索引

专题性人名索引是根据所列专题范围（如任免、奖惩等），对涉及该专题的人名编制索引。

（5）全宗指南

全宗指南是以文章叙述的形式介绍和揭示档案室所保存的某一个全宗档案内容和成分及其利用价值的一种书本式检索工具，具体包括以下内容。

① 立档单位和全宗的历史概况

此部分简要地叙述立档单位成立时间、人数、机构设置情况，主要领导的配备，立档单位的性质、任务及主要职能活动情况、隶属关系以及全宗历史的沿革等。

② 全宗内档案内容和成分的介绍

此部分先介绍全宗内档案的构成及数量，然后以档案内容或以组织机构为主线分别介绍档案情况，突出有价值的内容，最后再介绍全宗内档案的整理（分类、编目）及保管情况。

③ 全宗指南的辅助材料

此部分主要包括关于利用全宗内档案材料的说明（利用方式、服务手段和利用效果），有关立档单位历史和全宗历史的参考资料情况（自编参考资料的种类、数量）等。

4．4　档案保管

4．4．1　档案的借阅

1. 档案的借阅

档案借阅是指档案使用者按照一定的制度和手续，将档案携带出档案室阅览和使用。

对档案的外借使用，须建立严格的制度。例如，须经过一定的审批手续，档案材料方能外借；借出期限不宜过长；数量应有所限制；借用单位和个人要负责档案的安全，不能将档案转借或私自摘录、复制、翻印、更不能遗失、拆散、调换、抽取和污损档案材料，应保证按期交回。

2. 档案借阅的相关表格

（1）档案调阅申请单

表 4-7　档案调阅申请单

编号：　　　　　　　　　　　　　　　　　　填写日期：____年____月____日

<table>
<tr><td rowspan="2">类别</td><td rowspan="2"></td><td>调卷部门</td><td colspan="2"></td></tr>
<tr><td>调卷人</td><td colspan="2"></td></tr>
<tr><td>文件内容摘要</td><td colspan="4"></td></tr>
<tr><td>调阅用途</td><td colspan="4"></td></tr>
<tr><td>调阅期限</td><td colspan="4">自　　年　　月　　日起至　　年　　月　　日止，共计　　日</td></tr>
<tr><td>原收文编号</td><td colspan="2"></td><td>借出日期</td><td></td></tr>
<tr><td>档　号</td><td colspan="2"></td><td>归还日期</td><td></td></tr>
<tr><td>备　注</td><td colspan="2"></td><td>保管人签章</td><td></td></tr>
</table>

（2）档案调阅记录表

表 4-8 档案调阅记录表

编号： 日期：____年____月____日

文件类别		文件名称			
内容概述		调卷部门		调阅人	
调阅用途					
调阅期限	自 年 月 日起至 年 月 日止，共计 日				
原收入编号		借出日期			
档号		归还日期	年 月 日		
备注		保管人签章			

核准： 主管：

注：本单一式两联，第一联于案卷归还后由档案室退还调卷人，第二联留存档案室备查。

（3）档案调阅催还单

表 4-9 档案调阅催还单

档案调阅催还单

________同志：

您好！

经查，您所调阅的下列档案还期已逾，为方便他人使用和管理，望依档案调阅规则于____日内送还。

档案室

____年____月____日

档号	文号	名称	借期	原定还期	数量		备注
					宗	册	

4.4.2 档案的保密

档案管理人员和使用者在实际工作中，应树立保密观念，采取有效措施保守档案秘密，具体如图 4-16 所示。

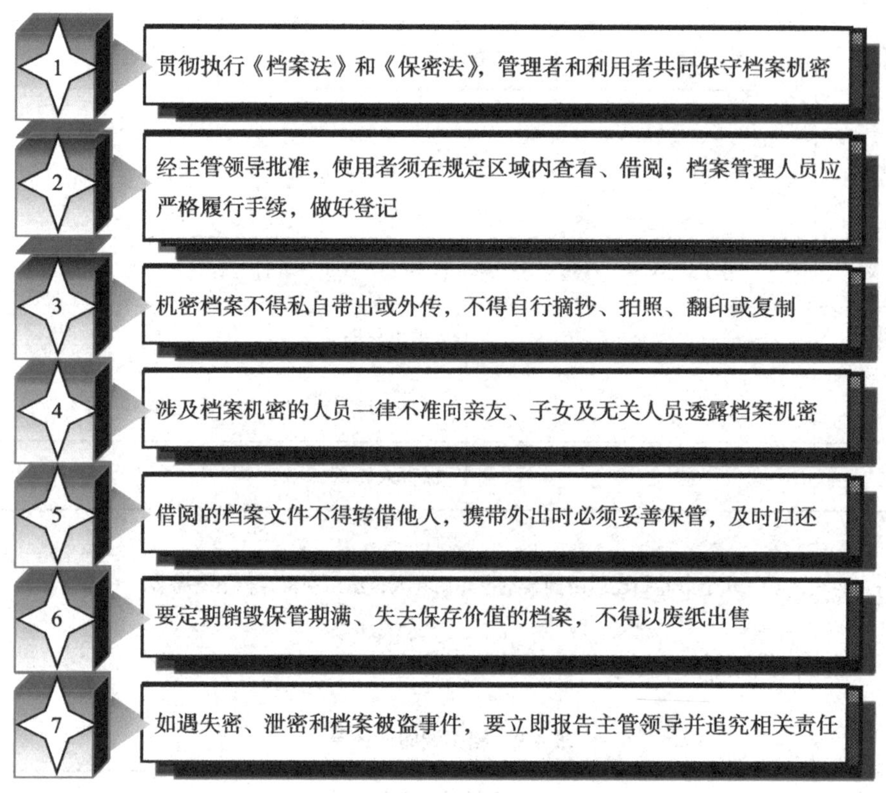

图 4-16 档案保密的措施

4.4.3 档案的存储

1. 档案存储

档案存储是指为了防止档案发生丢失、损毁、霉变、虫蛀等情况，应将档案放置在专门的档案库房保管。在确保安全的情况下，按照一定的排放顺序进行排放，并且形成定位数据。档案存储的具体措施和方法如图 4-17 所示。

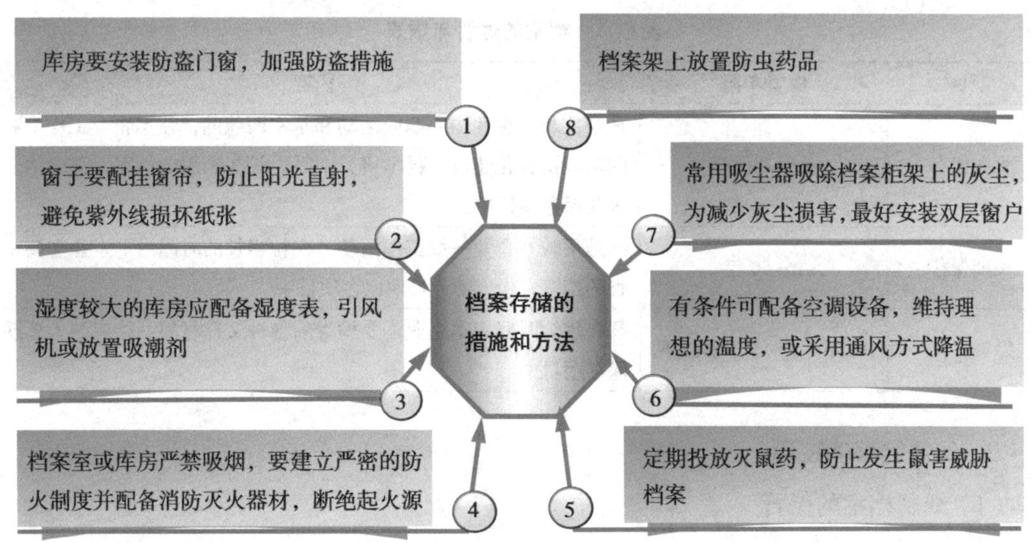

图 4-17　档案存储的措施和方法

2. 档案存储的相关表格，如表 4-10 所示。

表 4-10　档案移转代理卡

全宗号	目录号	案卷号	移出				归还	
			日期	单位名称	经手人	档案管理员	日期	档案管理员

4.4.4　档案的保管

1. 档案的保管

做好档案的保管工作，提高档案的科学管理水平，可以保障档案的安全与完整，延长档案的使用寿命。

2. 档案的保管年限

档案的保管年限划分如表 4-11 所示。

表 4-11 档案的保管年限表

项目	保管年限	内容
永久保存	无限期保存	凡是反映本企业主要职能活动和基本面貌的，在本企业工作中和国家经济文化建设、科学研究中需要长久利用的档案，都应纳入永久保存项目中
长期保存	16~50 年	凡是反映本企业一般工作活动，在相当长的时间内本企业需要检查的档案，均应纳入长期保存项目中
短期保存	15 年（含 15 年）以下	凡在较短时间内本企业需要检查的各种文件材料，均应纳入短期保存项目中

3. 保管档案的技巧

（1）纸制档案的保管

纸制档案的保管方式，如图 4-18 所示。

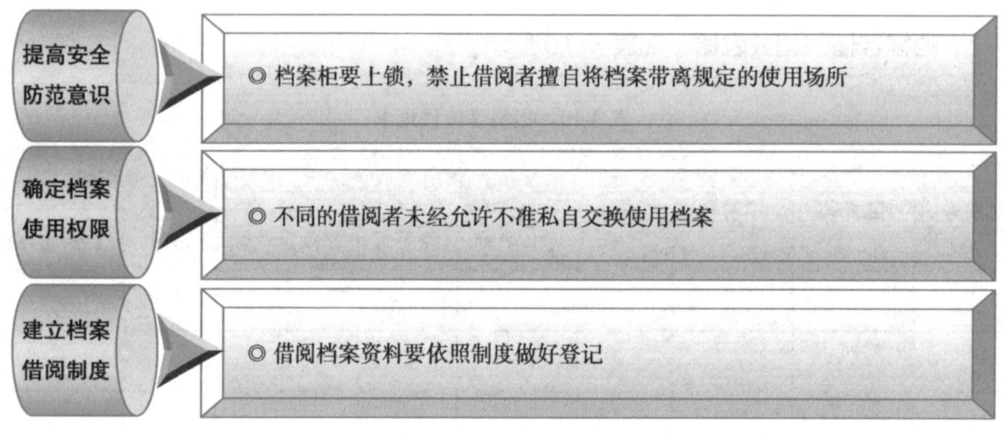

图 4-18 纸制档案的保管

（2）电子档案的保管

电子档案的保管方式，如图 4-19 所示。

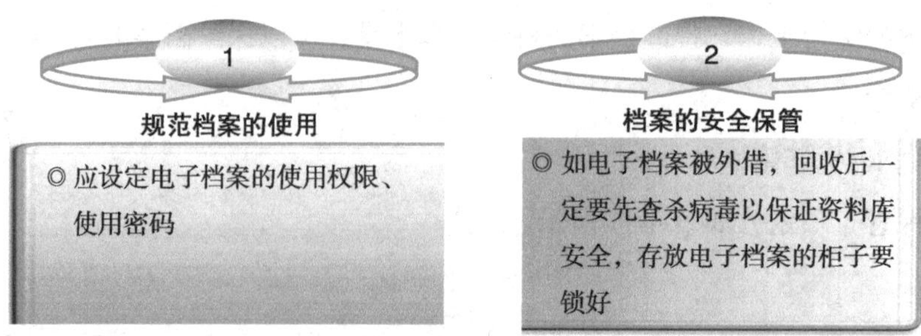

图 4-19 电子档案的保管

（3）缩微品档案的保管（见图 4-20）

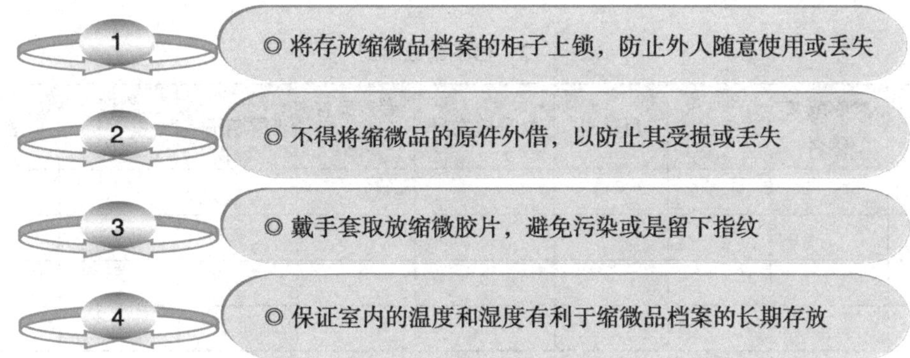

图 4-20 缩微品档案的保管

4.4.5 档案的销毁

1. 档案销毁

为了优化档案，加强档案的保管和有效利用，档案室要对已超过保管期限的档案及时进行销毁，机关档案的销毁必须依据国家有关的法律法规执行。

2. 档案销毁的流程

档案销毁的流程，如图 4-21 所示。

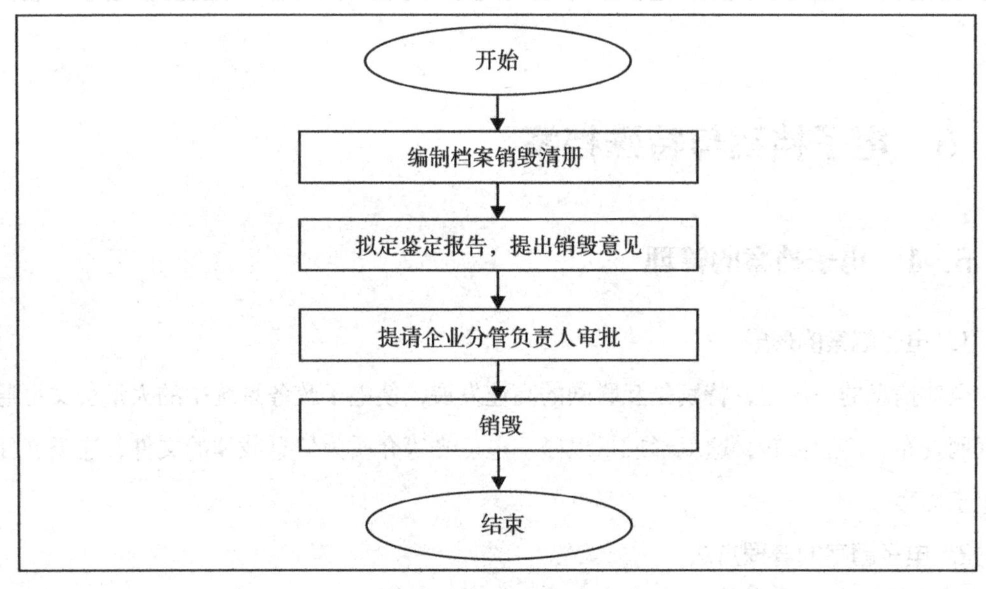

图 4-21 档案销毁流程

3. 档案销毁的表格

（1）档案销毁清册，如表 4-12 所示。

表 4-12　档案销毁清册

序号	案卷或文件名	年代	目录号	卷号或文号	卷内文件页数	原期限	销毁原因	备注

（2）作废档案焚毁单，如表 4-13 所示。

表 4-13　作废档案焚毁单

编号：　　　　　　　　　　　　　　　　　　　　　　　日期：____年____月____日

<table>
<tr><th colspan="2">存档号</th><th>收文号</th><th colspan="2">发文号</th><th>简　由</th><th>档案起讫年月</th></tr>
<tr><td colspan="2"></td><td></td><td colspan="2"></td><td></td><td></td></tr>
<tr><td colspan="2"></td><td></td><td colspan="2"></td><td></td><td></td></tr>
<tr><td colspan="2"></td><td></td><td colspan="2"></td><td></td><td></td></tr>
<tr><td colspan="2"></td><td></td><td colspan="2"></td><td></td><td></td></tr>
<tr><td colspan="7">焚毁责任人</td></tr>
<tr><td>核　准</td><td></td><td>监　焚</td><td></td><td>焚毁执行人</td><td colspan="2"></td></tr>
</table>

4.5　电子档案与特殊档案

4.5.1　电子档案的管理

1. 电子档案的形成

全球信息的一体化，特别是互联网的高速发展，使电子政务系统中的大量公文可通过互联网发布，高效流转，这就形成了以磁、电、光等介质为信息载体的文件，这类文件就是电子档案。

2. 电子档案的管理方法

电子档案管理涉及档案信息安全问题，做好电子档案管理，要保证电子档案的原始性、真实性、完整性和安全性。电子档案的管理方法具体如图 4-22 所示。

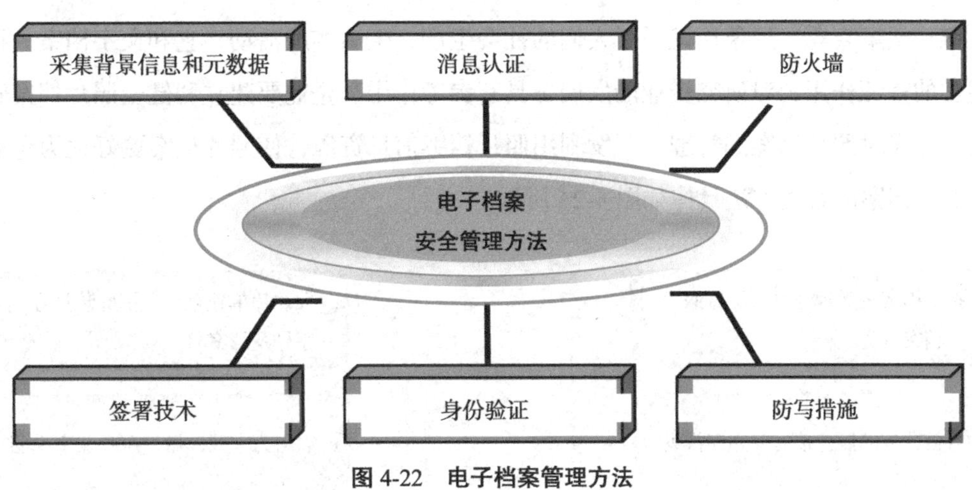

图 4-22　电子档案管理方法

4.5.2　音像档案的管理

1. 音像档案

音像档案是企业在生产经营活动中形成的有保存价值的，以感光、磁质材料为载体，以声音、影像为主要反映形式的历史记录。

2. 音像档案的管理

音像档案的管理方法具体如图 4-23 所示。

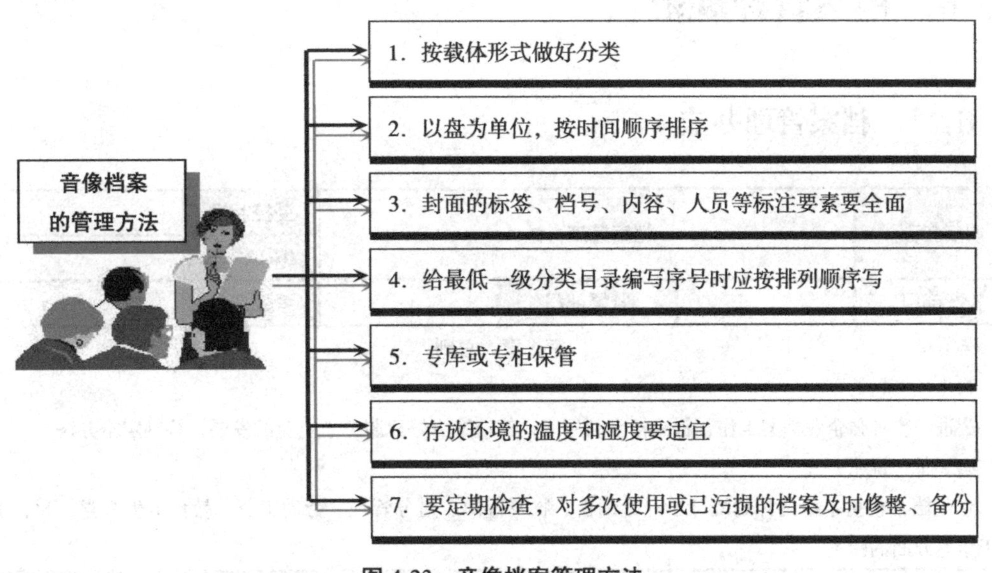

图 4-23　音像档案管理方法

4.5.3 照片档案的管理

照片档案直观、形象地记录了人们的社会生产、生活实践活动，它和文字档案一样具有现实的查证作用，对研究企业的发展史具有参考作用。企业要建立和健全照片档案管理制度，加强对照片档案的管理，开发利用照片档案信息资源，使照片档案更好地为企业服务。照片档案的管理方法具体如图 4-24 所示。

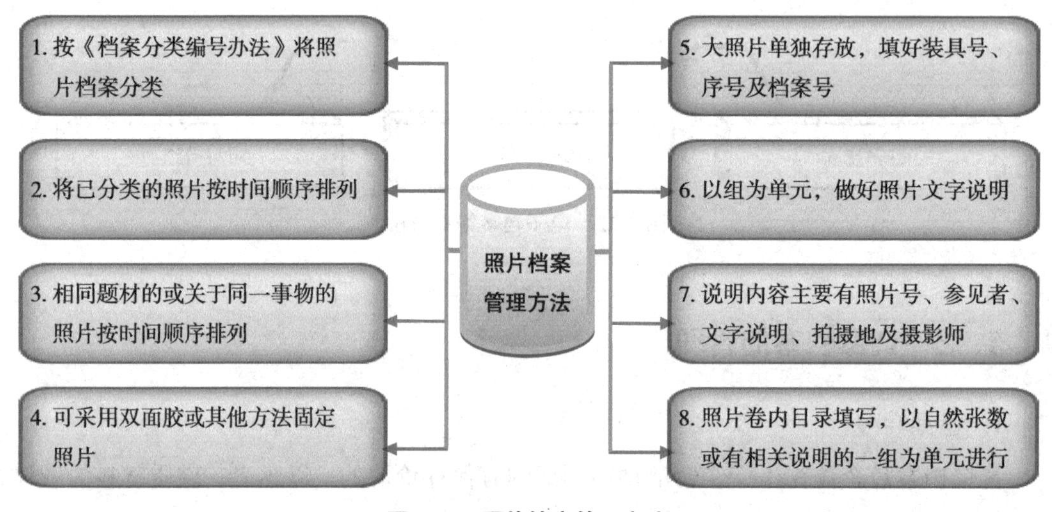

图 4-24 照片档案管理方法

4.6 档案管理规范

4.6.1 档案管理办法

<table>
<tr><td rowspan="2">制度名称</td><td colspan="3" rowspan="2">档案管理办法</td><td>受控状态</td><td></td></tr>
<tr><td>编　号</td><td></td></tr>
<tr><td>执行部门</td><td></td><td>监督部门</td><td></td><td>考证部门</td><td></td></tr>
<tr><td colspan="6">第 1 章　总则
第 1 条　目的
为进一步加强企业档案工作，提高档案利用率，使档案更好地服务于企业的发展，特制定本办法。
第 2 条　说明
企业档案包括企业的计划统计、经营销售、物资供应、财务管理、劳动工资、教育卫生和党、政、工、团工作等方面的档案。</td></tr>
</table>

（续）

第 3 条　原则

企业档案遵循集中统一的管理原则。

第 2 章　文件材料的形成与归档

第 4 条　企业要制定文件材料的整理和归档制度。

第 5 条　企业生产经营活动中形成的科技文件材料应由项目负责人指定专门人员收集、整理后归档。

第 6 条　各职能部门形成的文件材料按业务范围，指定专门人员收集、整理，之后归档。

第 7 条　企业文件材料归档的基本要求

1. 归档的文件材料必须完整。

2. 归档的文件材料必须准确反映企业生产、经营、管理等活动的真实内容和历史过程。

3. 归档的文件材料必须层次分明。

第 8 条　企业编制文件材料的归档范围

1. 产品生产方面，包括产品设计、工艺、检验、产品生产过程等工作中形成的各种文件材料。

2. 经营销售方面，包括各种记录、文件、合同、协议等。

3. 技术管理方面，包括质量管理、技术改造和环保、科技档案等文件材料。

4. 物资供应方面，包括物资、采购、库管、供应等管理中形成的各种文件材料。

5. 人力资源方面，包括人员招聘、考核、薪酬及相关劳动保障等方面的各种文件材料。

6. 财务管理方面，包括各种台账、报表、凭证和文件等。

7. 教育培训方面，包括职业教育和技能培训等方面的文件、材料等。

8. 科技研发和工程建设方面，按有关规定执行。

9. 其他方面。

第 9 条　归档时间

1. 产品试制、基建工程等技术项目材料，在任务完成后或告一段落时，由项目负责人审定后及时归档。

2. 其他管理工作中形成的文件材料，在第二年上半年内，经由各职能部门负责人审定后归档。

第 10 条　企业各类档案一般归档一式一份，对比较重要的和利用频繁的档案要酌情增加份数。

第 11 条　基建工程验收、新产品试制定型、科研成果鉴定等档案部门必须参与，保证各项文件材料准确、完整、系统，否则不予鉴定、验收。

第 12 条　企业新购重要设备和引进项目时，有关部门应检查验收相关文件材料并及时归档。

第 3 章　档案管理

第 13 条　企业要建立健全各项档案管理制度并不断完善，将其作为企业管理的一项考核指标，建立奖惩制度。

第 14 条　档案分类

1. 按国家和有关部门规定，对企业档案分类编号。

2. 分类编号要遵循文件材料形成时间或客观规律，有利于保管和利用。

3. 企业的生产、技术等管理性文件要归入生产、科研、基建等类别中并统一编号。

4. 常用的分类方法如下所示：

（1）按时间分类；

（2）按产品型号、设备型号分类；

（续）

（3）按组织机构分类；

（4）按工程项目分类；

（5）按专业性质分类。

第 15 条　档案编目与编制检索工具

1. 编制档案总目录、档案分类目录、底图目录和保管单位目录。

2. 编制档案检索工具，做好档案著录工作，著录方法按照国家标准 GB3792.5-85《档案著录规则》执行。

第 16 条　档案保管

1. 接收档案时要认真验收，填写交接手续。

2. 档案存放要有专用柜、架，要科学排架，以便于查找。

3. 底图除修改，送晒外，不得外借；底图存放应以平放为宜。

4. 缩微胶片、照片、磁带等档案的保管温度、湿度应符合要求，不可有污染源；要用特制的密封盒、页夹和影集等存放；缩微母片和拷贝片应分别存放。

5. 档案应存储于专门的库房，具备良好的通风、防盗、防火、防尘、防污染等安全措施。

第 17 条　档案鉴定

1. 编制档案保管期限表，档案保管期限分永久、长期、短期三种，档案管理人员应据此确定本企业的档案保管期限。

2. 由主管领导、专业技术人员和档案管理人员组成小组直接对档案进行鉴定并出具鉴定报告，注明鉴定意见和鉴定日期。

3. 鉴定中发现档案不准确、不完整或出现损坏，要责成有关部门和人员及时修改、补充。

4. 销毁档案前要造具清册，提出销毁报告，经企业主管领导审批，报送档案管理机关备案。销毁档案要遵循保密原则，切不可当废纸卖掉。

第 18 条　要建立健全档案统计工作，统计数据以原始记录为准。

第 19 条　运用现代化管理方法进行档案管理，提升档案管理水平，强化现代管理手段。

第 20 条　企业产权变更后，设备档案、基建档案等应随实物一同移交，其余档案移交到有关档案馆。

第 4 章　档案信息开发利用

第 21 条　做好档案信息开发利用，有利于改善企业经营管理、提高产品质量、降耗增效等。

第 22 条　对生产、技术和经营管理的档案信息开发，主要是实行档案开架阅览，编制并交流档案目录，汇编成专题资料、数据手册、国内外同行业状况等。

第 5 章　附则

第 23 条　本规定由行政部负责最终解释。

第 24 条　本规定自公布之日起执行。

修订记录	修订标记	修订处数	修订日期	修订执行人	审批签字

4．6．2 档案管理规定

<table>
<tr><td rowspan="2">制度名称</td><td colspan="3" rowspan="2">企业档案管理规定</td><td>受控状态</td><td></td></tr>
<tr><td>编　号</td><td></td></tr>
<tr><td>执行部门</td><td></td><td>监督部门</td><td></td><td>考证部门</td><td></td></tr>
</table>

第 1 条　为强化企业档案工作，规范企业档案管理行为，更好地为企业改革与发展服务，特制定本规定。

第 2 条　本规定根据《中华人民共和国档案法》（以下简称《档案法》）和有关法律、法规制定。

第 3 条　企业档案是指本企业在生产经营活动中形成的有保存价值的各种文件和资料。

第 4 条　依据《档案法》，指定专人管理档案，确保档案完整、准确和安全。

第 5 条　接受上一级档案管理部门的指导和监督，每一名员工都要提高档案管理意识。

第 6 条　企业档案管理部门的职责：

1. 依据《档案法》等有关法律、法规，制定并完善本企业档案保管、利用、鉴定、销毁等制度；
2. 负责本企业档案的收集、整理、保管、鉴定工作，为其他部门提供档案服务工作；
3. 本企业各部门文件材料的整理和归档工作在档案管理部门的指导下完成。

第 7 条　档案管理人员应不断学习档案管理专业知识，提高业务能力。

第 8 条　企业各部门任何人不得拒绝文件归档，要积极配合档案管理人员对文件材料的收集和整理。

第 9 条　应保证归档的文件材料完整、准确、系统，耐久保存，符合规范。

第 10 条　企业根据有关规定，确定档案保管期限，划定档案密级。

第 11 条　企业对保管期限已满的档案进行鉴定，按有关规定经主管领导批准后进行销毁。

第 12 条　国有大中型企业应按档案行政管理部门的要求填写有关报表，必须为政府有关部门、司法部门提供真实、准确的档案。

第 13 条　做好企业档案信息化建设工作。

第 14 条　档案部门应努力开发档案信息资源，更好地服务于企业的各项管理工作。

第 15 条　国有企业发生破产、兼并等产权变更情况时应按《国有企业资产与产权变动档案处置办法》做好档案的处置工作。

第 16 条　因对档案进行伪造、盗窃和擅自销毁而造成档案丢失或损坏的直接责任人，要依法严肃处理；对有突出贡献的人员给予奖励。

第 17 条　本规定由行政部负责最终解释。

第 18 条　本规定自公布之日起执行。

<table>
<tr><td rowspan="2">修订记录</td><td>修订标记</td><td>修订处数</td><td>修订日期</td><td>修订执行人</td><td>审批签字</td></tr>
<tr><td></td><td></td><td></td><td></td><td></td></tr>
</table>

4.6.3 档案借阅规定

制度名称	档案借阅规定			受控状态	
				编　　号	
执行部门		监督部门		考证部门	

第1条　目的

为了更好地保存档案，让档案在企业的生产中发挥更大的作用，特制定本规定。

第2条　分类

借阅分借出和查阅两种形式。

第3条　适用范围

本企业内部所有员工。

第4条　查阅资料

本企业各部门或员工必须在规定的区域内查阅资料，不得带出，不得复印。

第5条　借阅资料

1. 必须办理借阅手续；

2. 档案管理员应当面清点份数、页数；

3. 借阅人查阅重要的资料必须经主管领导批准；

4. 借阅人要严守秘密，保证资料安全，不得在资料内乱写乱画，破坏资料的完整性，更不得损坏或丢失，如有丢失立即报告主管领导。

第6条　任何人未经合理批准不得以任何借口查阅本人及亲属或其他人的档案。

第7条　外单位借阅档案应持有单位介绍信，经总经理批准后方能借阅，档案不能带离档案室。

第8条　外单位摘抄档案，须经总经理同意，档案管理人员应对摘抄的材料进行审查并签章。

第9条　本制度由行政部负责最终解释。

第10条　本制度自公布之日起执行。

修订记录	修订标记	修订处数	修订日期	修订执行人	审批签字

4.6.4 档案保密管理制度

制度名称	档案保密管理制度			受控状态	
				编　　号	
执行部门		监督部门		考证部门	

第1章　总则

第1条　目的

为了规范公司档案保密管理工作，防止档案室、保密办公室工作人员和档案查阅、借阅人员泄露档案秘密，特制定本制度。

（续）

第 2 条　适用范围

本制度适用于本公司所有员工。

第 3 条　职责划分

1. 档案室负责档案的立卷归档、保管、借阅等保密管理工作。

2. 保密办公室负责档案密级的确定、解密降密的处理及档案销毁工作。

3. 公司各部门按规定查阅、借阅公司档案，保证档案的安全性和保密性，按时归还，对知悉的档案信息做好保密工作。

第 2 章　档案密级管理

第 4 条　依据重要性，公司档案分为绝密、机密、秘密、普通四类，具体如下所示：

1. 直接影响公司权益和利益的重要决策资料为绝密级档案；

2. 公司的战略规划、财务报表、行业分析及统计资料、重要会议记录、公司战略合作协议、业务合同及经营情况为机密级档案；

3. 公司人事档案、一般性合同协议、员工工资收入、尚未进入市场或尚未公开的信息为秘密级档案；

4. 若泄露后对公司生产经营影响不大的公司各部门的普通文件等档案为普通档案。

第 5 条　公司档案的密级及保密期限由保密办公室统一确定后报总经理审批。

第 6 条　公司档案的密级可以由保密办公室根据实际情况进行升密或降密调整，但调整之前必须报总经理批准，有保密期限的档案到期将自动解密。

第 3 章　档案保密管理

第 7 条　档案室日常管理

1. 为了维护档案的完整与安全，公司档案室实行专人管理、专房专用，不得在档案室内办公，非档案室工作人员未经同意不得擅自入内。

2. 档案室钥匙应由档案室主任指定专人负责、妥善保管，如有丢失应及时向档案室主任汇报并采取措施。

3. 档案室应配备防火、防盗、防虫、防尘、防光、防潮、防高温等安全设施，档案室管理人员应定期检查防护设施，发现运行失灵、过期失效的防护设备应及时向档案室主任报告，及时维修、及时更换。

4. 档案室内不准堆放杂物，档案室内严禁吸烟、生火，档案室周围不得堆放易燃易爆物品。

5. 下班时，档案室必须锁门、关窗、关灯，每次长假前档案室门窗应加贴封条，切实消除安全隐患。

第 8 条　员工管理

1. 公司应加强档案室工作人员的保密教育，使其树立保密意识，认识到档案保密的重要性，防止档案机密泄露。

2. 档案室工作人员必须热爱档案管理工作，忠于职守，遵守公司档案管理的相关制度、规定。

3. 档案室工作人员应积极主动地向档案室主任汇报档案保密工作情况，档案室主任应对档案室工作人员的档案保密工作进行不定期的监督、检查和指导。

4. 档案室工作人员应定期参加与档案保密工作相关的培训，提高档案保密技能，确保档案的安全及档案的秘密不被泄露。

5. 公司应与接触公司保密档案的档案室人员及保密办公室人员签订保密协议，强化其保密责任。

第 9 条　档案立卷归档、保存管理

1. 公司档案在立卷归档前，由保密办公室对其进行密级划分并确定保密期限，档案部门按照密级、保密

（续）

期限、文件类型、所属部门等完成立卷归档工作。

2. 立卷归档的档案文件种类、份数、页数应完整齐全，每份档案文件的印件与底稿、正文与附件、请示与批复、转发文件与原件不得分开。

3. 档案室工作人员在档案立卷归档、保存过程中获悉的公司保密信息，不得擅自向他人泄露。

4. 凡尚未公开的档案秘密，档案室工作人员不得擅自对外扩散。

5. 档案室工作人员不得在私人交往和通信中泄露公司档案中的秘密，不准在公共场所议论档案内容，不准通过其他方式传递公司档案秘密。

6. 档案室工作人员应定期检查、核对和清理档案资料，一旦发现生虫、长霉、纸张破损、字迹褪色等情况，应及时向档案室主任汇报并采取措施防治和补救。

7. 原则上公司档案必须存放在档案室，公司员工因特殊情况需携带普通档案或秘密档案外出时，必须经档案室主任批准，需携带机密级以上档案外出时必须经保密办公室主任批准方可带出。

8. 档案室工作人员要严守岗位，外出时须保存好档案。所有档案必须保存在带锁的柜子中，不得将档案随意放在办公桌面上或存放在敞开式的橱柜中。

9. 一旦发现档案丢失，档案室工作人员应及时向档案室主任和有关部门报告，并及时采取措施，公司有权追究相关人员的责任。

第 4 章　档案查阅、借阅保密管理

第 10 条　本公司档案查阅、借阅应履行严格的审批制度，普通档案查阅、借阅需经档案室主任批准，秘密级、机密级档案查阅、借阅需经保密办公室主任批准，绝密级档案查阅、借阅需经总经理批准。

第 11 条　公司各部门及员工外借普通档案的，必须经档案室主任批准，并采取必要的保护措施。对未经相关领导批准的档案，档案室工作人员不得擅自对外提供或扩大使用范围。

第 12 条　查阅、借阅档案之前，查阅、借阅人员必须到档案室办理登记手续，未履行登记手续的，档案室工作人员不予提供档案。

第 13 条　档案查找工作一律由档案室工作人员负责，其他人员严禁进入档案室内翻阅、查找档案。

第 14 条　严禁查阅、借阅人员在档案室吸烟，严禁查阅、借阅人员在档案上画线、做记号、折角等，严禁涂改、拆撕档案。

第 15 条　查阅、借阅人员在查阅、借阅过程中严禁私自拍照，严禁摘抄和复制有关档案内容。

第 16 条　查阅、借阅人员要摘抄或复制有关档案内容时，应参照本制度第 10 条相关查阅、借阅审批权限进行摘抄或复制。查阅、借阅人员摘抄或复制的内容必须经过档案室工作人员审核，且查阅、借阅人员必须到档案室工作人员处登记摘抄或复制的内容。

第 17 条　查阅、借阅人员应严格遵守保密规定，不得泄露因查阅、借阅档案而知悉的档案秘密，不准向无关人员谈论、泄露有关档案内容，以确保档案安全。

第 18 条　查阅人员阅读公司档案时必须在公司指定的档案阅览室内阅览，查阅完毕应立即将档案归还档案室工作人员，查阅人员查阅过程中不得擅自将档案带离阅览室。

第 19 条　涉密档案原则上一律不外借，公司各部门及员工若因工作需要外借涉密档案时，必须经由总经理审批通过并在档案室办理借出手续，之后才能将涉密档案带离档案室。

第 20 条　公司档案的借出时间不得超过 5 个工作日，各部门及员工确需继续借阅的，必须办理续借手续。

（续）

<table>
<tr><td colspan="6">第 21 条　外单位查阅档案时查阅人员应持有单位介绍信并经公司总经理批准后方能查阅，但外单位查阅人员不得将档案带离档案阅览室，公司严禁外单位摘抄、复印公司档案。
第 22 条　外单位查阅的档案属于公司涉密档案时，公司须与其签订保密协议，明确其保密义务以及泄密所需承担的责任等，防止外单位泄露公司秘密，给公司造成巨大损失。
第 5 章　档案销毁过程保密管理
第 23 条　经档案室及保密办公室鉴定需销毁的保密档案，档案室必须编造清册，由档案室工作人员向总经理提出销毁申请，经总经理批准后保密办公室按照规定统一组织销毁。
第 24 条　档案销毁工作由保密办公室负责执行，销毁档案时，总经理必须指派专人监销，防止泄密。
第 25 条　在档案销毁过程中，任何人不得擅自留存待销毁档案，不得向他人泄露销毁档案的内容。由此给公司造成损失的，公司将追究有关人员的责任。
第 6 章　保密检查及违规处理
第 26 条　总经理办公室应定期检查档案保密情况，发现泄密或可能泄密的情况时，应立即采取补救措施并及时报告总经理。
第 27 条　对违反本制度的人员，视情节轻重，公司将分别给予行政处分和经济处罚，情节特别严重的，公司将依法追究其法律责任。
第 28 条　对利用职权强迫他人违反本制度的，公司将予以开除并依法追究其法律责任。
第 7 章　附则
第 29 条　本制度由档案室和保密办公室共同制定，其解释权归档案室和保密办公室。
第 30 条　本制度自总经理批准之日起实施。</td></tr>
<tr><td rowspan="2">修订记录</td><td>修订标记</td><td>修订处数</td><td>修订日期</td><td>修订执行人</td><td>审批签字</td></tr>
<tr><td></td><td></td><td></td><td></td><td></td></tr>
</table>

第5章　信息工作

5.1　信息收集、整理与存储

5.1.1　信息收集的方法

收集信息是行政文秘人员的一项日常工作，做好信息收集工作是行政文秘工作的一项基本要求，面对每天林林总总的信息，行政文秘人员应当有条不紊地对不同的信息或需要的信息进行收集和归纳处理，此为信息管理的第一个环节，信息收集的具体方法如图 5-1 所示。

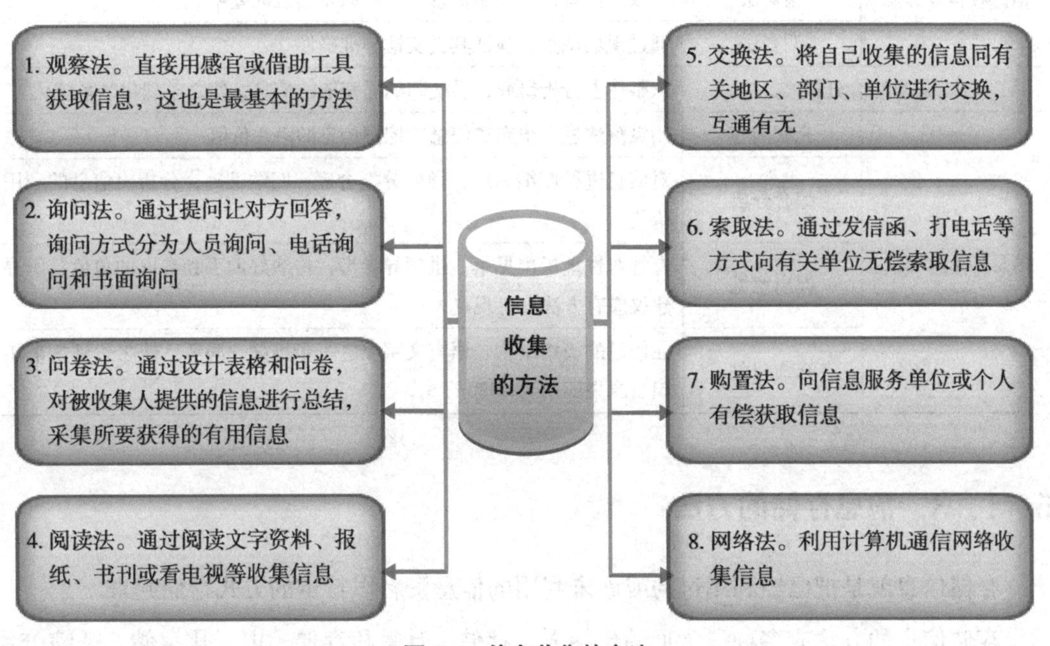

图 5-1　信息收集的方法

5.1.2 信息整理的方法

信息整理是指对所采集的原始信息进行加工，在数量上压缩、质量上提高，之后再选择储存和传递的形式。信息整理工作是信息处理工作的核心，信息整理工作的方法具体如表 5-1 所示。

表 5-1　信息整理的方法

信息整理的工作要项		具体的工作方法和要求
信息分类	辨析信息类别	对收集到的信息进行主题分析，按一定标准进行类别分辨，判定其所属类别
	信息归类	依据辨析的结果，按特定原则和方法，将其分门别类地组织起来
信息筛选及方法	查重法	剔除重复的，选择有用的
	时序法	按时间顺序进行取舍，同一内容，选择时间最近的、最新的资料
	比较法	对同类信息进行比较，选择信息量大的
	测评法	专业性强、技术性强的信息请专家进行测评，要根据单位的实际和长远规划进行取舍
信息校核及方法	分析法	参照事实进行逻辑分析，去伪存真
	核对法	用权威信息比照原始信息，纠正原始信息的差错
	调查法	通过现场调查，验证其真实性和准确性
信息综合分析		从整体上分析研究，系统归纳已获取的信息，使之条理化、系统化
信息加工及方法	充实内容	用纵深法进一步充实信息，挖掘信息的潜在价值
	综合分析	对信息进行归纳总结，做到分类合理、归纳准确，分析出信息的利用价值
	提出意见	有针对性地提出见解，供领导参考，扮演好助手和参谋的角色，所提建议应有方法、有观点
	修饰润色	在信息的篇章结构、语言文字上进一步推敲、润色，使之达到拿来能用、拿来即用的程度

5.1.3 信息存储的方法

存储信息就是把已经利用过的或尚未利用的信息资料以特定的方式存储起来。

存储信息的方法有多种，常见的包括人工存储、计算机存储、电子化存储、微缩胶片存储等几种，具体如图 5-2 所示。

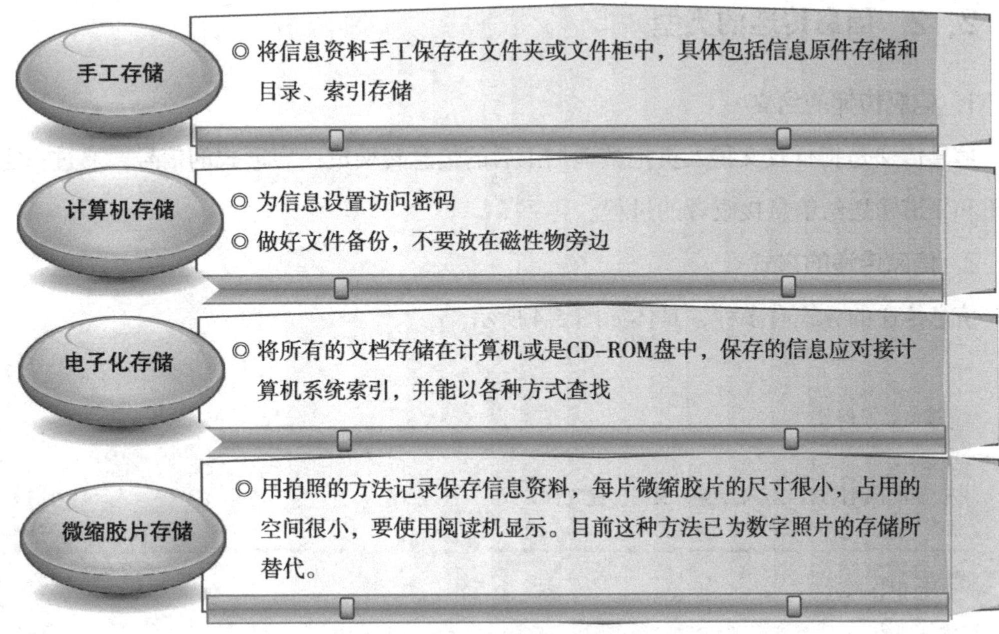

图 5-2　信息存储的方法

5．2　信息分析、传递与反馈

5．2．1　信息分析的方法

信息分析是指为满足用户的特定需求，用定性和定量的研究方法，完成对信息的收集、整理、鉴别、分析、综合等加工过程，形成新的、增值的信息。

信息分析的方法，具体如图 5-3 所示。

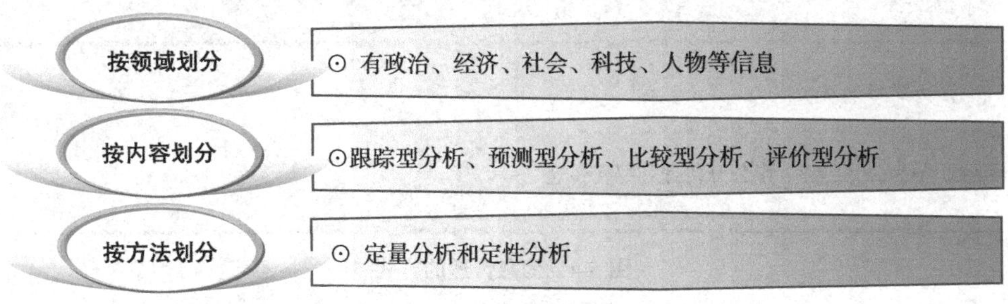

图 5-3　信息分析的方法

5.2.2 信息传递的类型

1. 信息传递的含义

信息传递是指行政文秘人员把整理加工后的信息转换成一定形式的信号，通过一定的介质和渠道输送给信息接收者的过程。

2. 信息传递的方式

信息传递的方式有多种，具体如图 5-4 所示。

按信息流向分

◎ 分为单向传递、双向传递、反馈传递三种方式

按集中程度分

◎ 分为集中式和连续式

按传递范围分

◎ 分为内部传递和外部传递

按载体形式分

◎ 分为口头传递、书面传递和图像传递

按技术手段分

◎ 分为电信传递、邮政传递和专人传递

按保密途径分

◎ 分为公开传递、半公开传递和秘密传递

图 5-4 信息传递的方式

5．2．3　信息反馈的步骤及说明

行政文秘人员应当及时了解信息利用者使用信息的情况，并将在信息使用过程中产生的大量信息进行再收集、再处理、再传递。具体如图 5-5 所示。

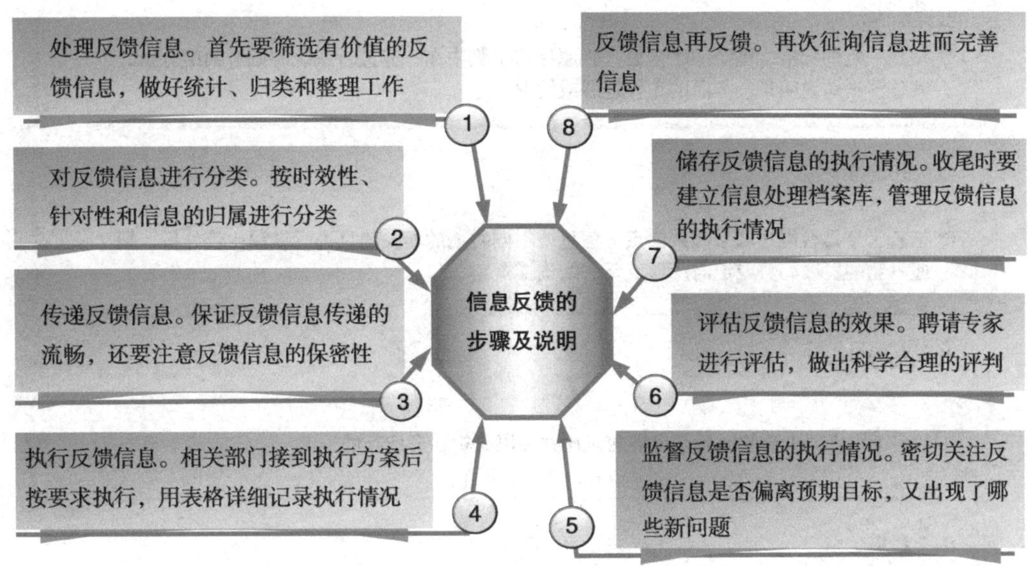

图 5-5　信息反馈的步骤及说明

5．3　信息开发与利用

5．3．1　信息开发的方法

信息开发是指行政文秘人员全面挖掘、综合分析和提炼信息，以获得更有价值，更能代表事物发生、发展规律和变化的高层次信息。

信息开发分为一级开发、二级开发和三级开发。信息开发的形式多种多样，主要有剪报、索引、目录编制、文摘、简讯、调查报告和资料信息册等。信息开发的方法具体如图 5-6 所示。

信息汇总法

◎ 围绕一个主题，将原始信息汇集在一起，形成新的信息产品

归纳总结法

◎ 按照一定的标准，围绕一个主题，将原始信息集中在一起进行系统的综合归纳分析，完整清晰地说明某一方面的工作进展或情况

纵深开发法

◎ 把若干个具有内在联系和共同点的信息或不同时期的相关信息进行纵深比较分析，把握事物的发展趋势或走向，形成新的结论或资料

横向比较法

◎ 把若干个不同来源的原始信息横向对比并加以分析，形成新的资料

图表转换法

◎ 将原始数据中复杂的信息按一定的规律和要求转换成容易理解、直观易懂的图表

浓缩法

◎ 将原始信息中的文字加以压缩、提炼，明确主题，简洁成文

图 5-6 信息开发的方法

5.3.2 信息利用的途径

信息利用是指行政文秘人员通过各种有效的方式和途径，将整理加工后的信息资源提供给信息利用者，以实现信息效用的最大化。利用好信息有利于信息的增值和信息资源的共享，有利于提高各级组织的决策效率。

对信息的有效开发和利用，可以采用多种途径进行，具体的途径如图 5-7 所示。

1. 信息检索服务

◎ 在不改变信息资源形态的情况下，有选择性地为信息利用者提供信息

◎ 信息检索服务有信息复制服务、信息发布服务、数据库检索服务、网络信息检索服务等

2. 信息加工服务

◎ 通过对信息内容进行分析研究、选择、加工和编辑来利用信息

3. 信息查询服务

◎ 针对特定的主题和内容，通过询问，向信息利用者提供其所需的信息

4. 信息咨询服务

◎ 信息咨询服务是指改变所收集或储存的信息的形态，为用户提供新的信息服务

◎ 表现形式有问题解答，索引、信息咨询，数据、事实、统计资料的咨询服务和利用者教育服务等

5. 网络信息服务

◎ 这是以计算机硬件和通信设备为依托，以应用软件为手段，以数据库信息资源为对象开展的信息利用服务

◎ 表现形式有电子信息发布、电子函件、电子公告板服务、光盘远程检索服务等

图 5-7　信息利用的途径

5.3.3　信息利用的步骤

做好信息利用工作的具体步骤如图 5-8 所示。

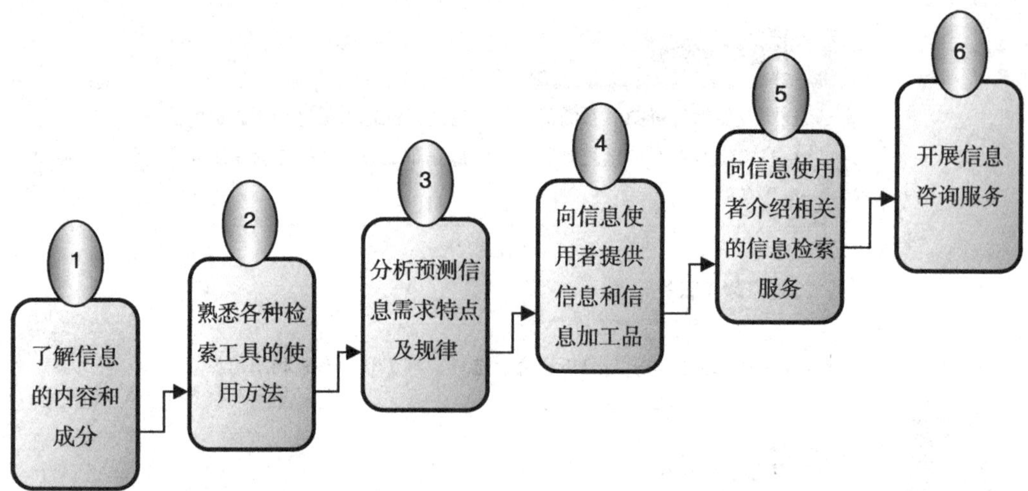
1
了解信息的内容和成分
2
熟悉各种检索工具的使用方法
3
分析预测信息需求特点及规律
4
向信息使用者提供信息和信息加工品
5
向信息使用者介绍相关的信息检索服务
6
开展信息咨询服务

图 5-8　信息利用的步骤

第 6 章　办公室日常事务工作

6．1　办公日常管理

6．1．1　行政文秘人员日常行为管理

行政文秘人员的日常行为指的是行政文秘人员依据其每天都要做的工作所形成的固定的模式。对于日常工作，一般不需要领导的专门指示，秘书可以自行决定或处理。

1. 行政文秘人员日常工作内容

行政文秘工作涉及方方面面，是一项综合性的工作，行政文秘人员的日常工作如图 6-1 所示。

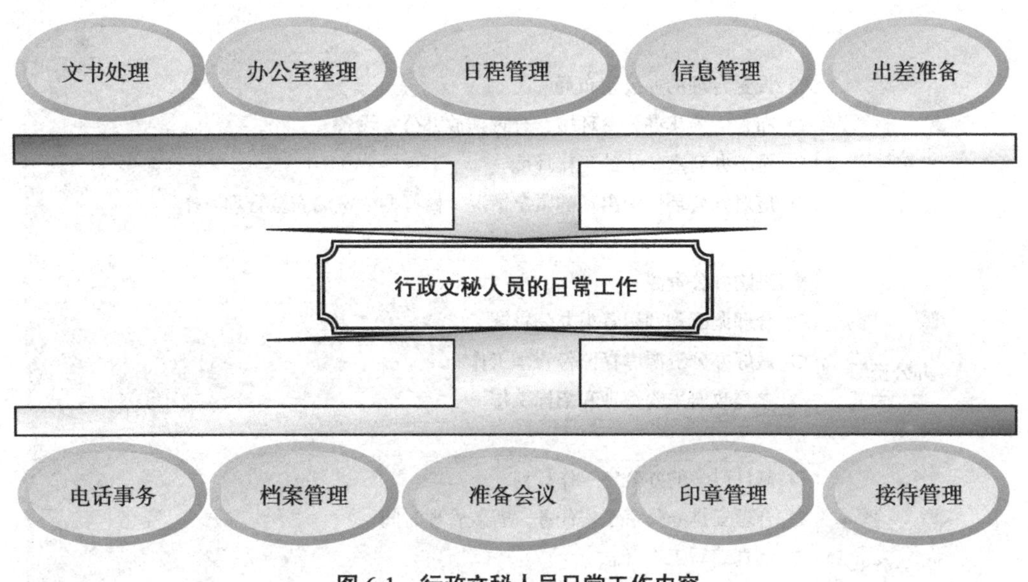

图 6-1　行政文秘人员日常工作内容

2. 注意事项

行政文秘人员在处理日常工作时应注意以下事项，如图 6-2 所示。

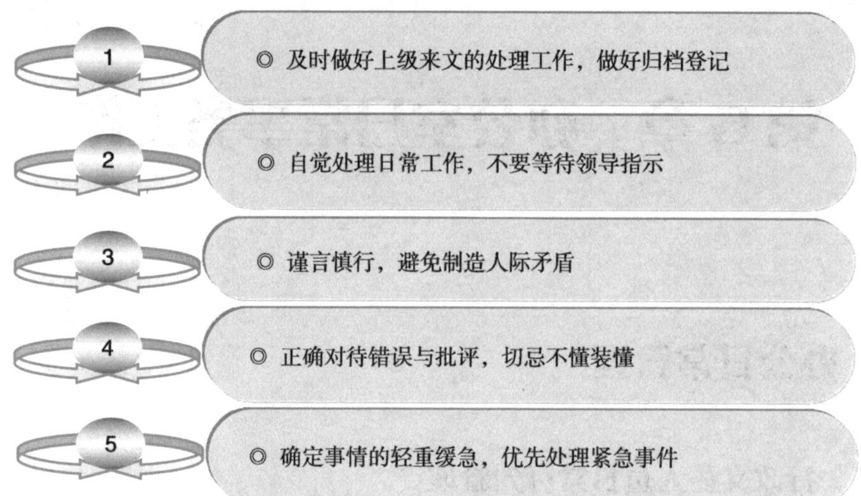

图 6-2　处理日常工作的注意事项

6.1.2　办公室日常管理

1. 办公室日常管理的内容

行政文秘人员的办公室管理工作主要涉及三个方面的内容，具体如图 6-3 所示。

◎ 设置合理的办公室布局
◎ 布置、美化办公室环境，合理摆放办公室设备
◎ 维护办公室整洁的工作环境
◎ 应对办公环境中出现的紧急情况，做好办公室的安全管理工作

◎ 采购办公资源
◎ 合理调配和利用各类办公资源
◎ 做好办公资源库存监督管理工作
◎ 参与政府采购管理和招标工作

◎ 制订科学的办公室工作计划
◎ 合理安排办公室工作任务，有效管理时间
◎ 认真编写工作日志
◎ 推进各项目标顺利完成

图 6-3　办公室管理的内容

2. 办公室日常管理相关表格

（1）会议室使用申请表

表 6-1　会议室使用申请表

使用部门		经办人	
部门主管		房间	□ 第 1 会议室　□ 第 2 会议室
使用事由		使用人数	
使用时间			
设备要求	□ 笔记本电脑　□ 投影仪　□ 麦克风　□ 其他______________		
备　注			
审批人		设备管理人	

（2）办公用品需求表

表 6-2　办公用品需求表

部门：　　　　　　　　　　　　　　　　　　　　时间：____年____月____日

个人领用类（每人每月 50 元）						业务领用类					
办公用品品名	代号	部门	单价	数量	金额	办公用品品名	代号	部门	单价	数量	金额
中性笔						打印机					
中性笔替芯						碎纸机					
方便贴						装订机					
笔记本						复印纸					
草稿纸						墨　盒					
名片夹						传真纸					
文件夹						索引纸					
订书机						书报架					
票据夹						硒　鼓					
小　计						小　计					
预算金额						实际金额					

部门主管：　　　　　　　　　　　　经理：　　　　　　　　　　　　经办人：

（3）办公用品请购单

表 6-3　办公用品请购单

财管字第　号　　　　　　　　　　　　　　　　填单日期：____年____月____日

财产名称	规　格	用　途	单　位	数　量	需用日期	估计价值		签　注
打印机								
碎纸机								
装订机								
复印纸								
打印纸								
传真纸								
索引纸								
书报架								
账　册								
账　本								
中性笔								
中性笔替芯								
方便贴								
笔记本								
草稿纸								
劳保用品								
文件夹								
票据夹								
财务部经理意见			行政部经理意见			请购部门负责人意见		

部门主管：　　　　　　　　　　　　经理：　　　　　　　　　　　　经办人：

（4）办公用品申领单

表 6-4　办公用品申领单

编号：　　　　　　　　　　　　　　　　　　　　　　　　　日期:____年____月____日

项 次	品 名	规 格	单 位	数 量	单 位	金 额
1	索引纸					
2	书报架					
3	中性笔					
4	中性笔替芯					
5	方便贴					
6	笔记本					
7	草稿纸					
8	票据夹					

<table>
<tr><td rowspan="3">合计金额</td><td rowspan="3"></td><td>保管员</td><td colspan="2">管理部门</td><td colspan="3">领用部门</td></tr>
<tr><td rowspan="2"></td><td>主管</td><td>经办</td><td>主管</td><td>经办</td><td>点收</td></tr>
<tr><td></td><td></td><td></td><td></td><td></td></tr>
</table>

（5）办公用品发放表

表 6-5　办公用品发放表

编号：　　　　　　　　　　　　　　　　　　　　　　　　填写日期:____年____月____日

品名 / 数量 / 领用人	索引纸	书报架	中性笔	中性笔替芯	便利贴	笔记本	草稿纸	票据夹	文件夹	订书机	备注
合　计											

行政部经理：　　　　　　　　　　办公用品保管员：　　　　　　　　　　填表人：

（6）办公用品盘点表

表 6-6 办公用品盘点表

编号：　　　　　　　　　　　　　　　　　　　　　　　　　盘点日期：____年____月____日

编号	名称	规格	单位	单价	上期结存		本期购进	本　期发放数	本期结存		备注
					数量	金额			数量	金额	

财务主管：　　　　　　　　　　行政主管：　　　　　　　　　　保管员：

6．2　办公设备的使用

6．2．1　常用办公设备

随着计算机和通信技术的快速发展，现代化办公设备不断升级，工作中，行政文秘人员常会用到大量的办公设备，如打印机、复印机、扫描仪、传真机等，因此，掌握常见的办公设备使用常识是非常必要的。常见的办公设备如图 6-4 所示。

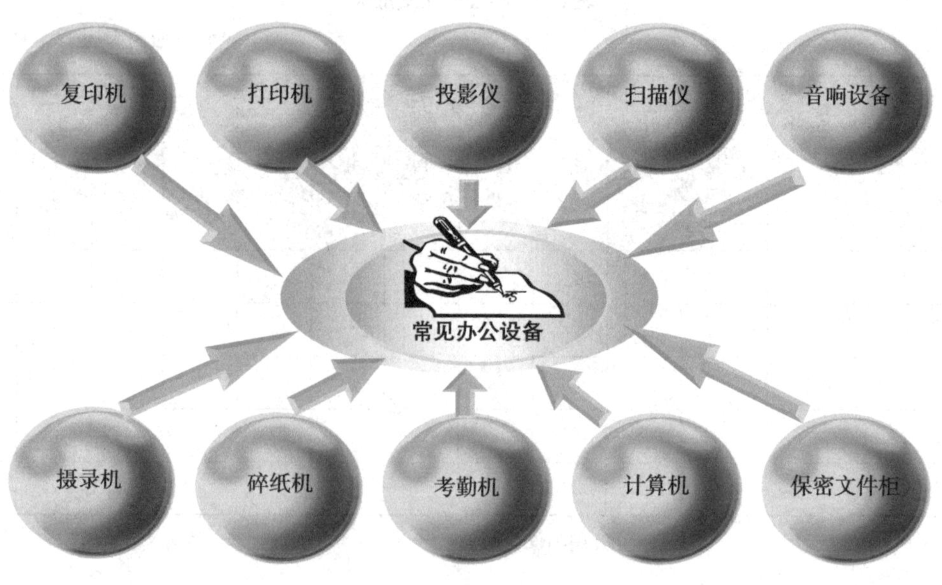

图 6-4　常见办公设备

6．2．2　办公设备的使用与维护

本部分将对图 6-4 中最主要的几种办公设备的使用与维护方法进行简要说明。

1. 复印机 / 打印机的使用与维护

复印机 / 打印机是最常见的办公设备之一，行政文秘人员要熟练掌握复印机 / 打印机的使用与维护方法，具体内容如图 6-5 所示。

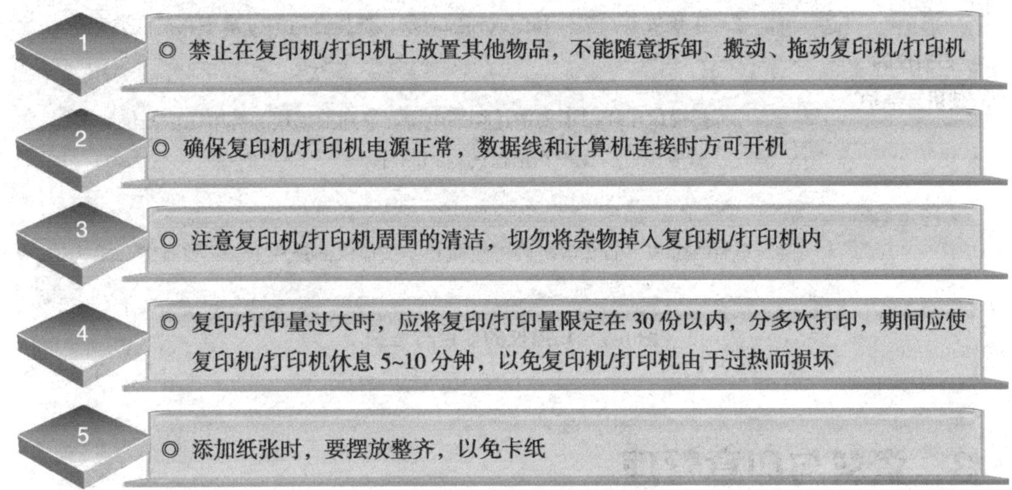

图 6-5　打印机的使用与维护

2. 传真机的使用与维护

传真机是行政文秘人员在工作中经常用到的办公设备，为了延长其使用寿命，在实际工作中，行政文秘人员要注意传真机使用与维护的方法，具体内容如图 6-6 所示。

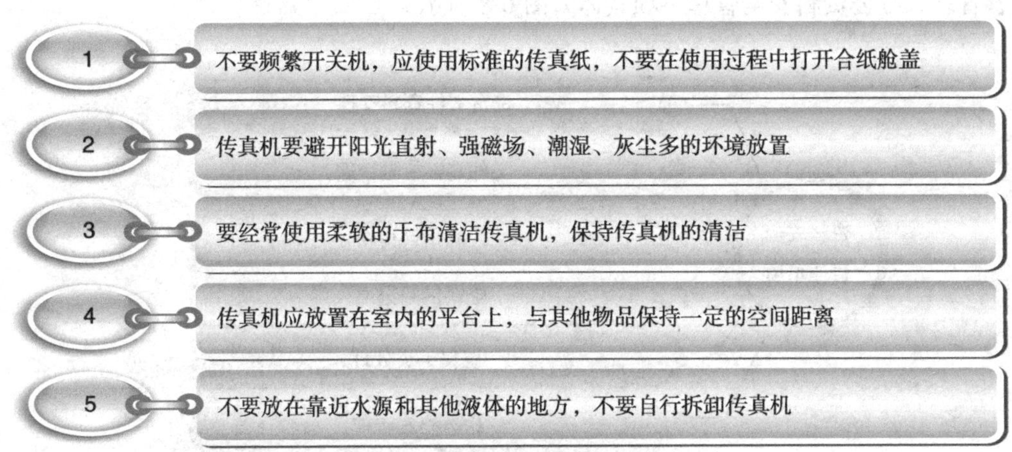

图 6-6　传真机的使用与维护

3. 扫描仪的使用与维护

使用扫描仪时，要注意对其进行保养和维护，以延长其使用寿命。扫描仪的使用与维护方法如图 6-7 所示。

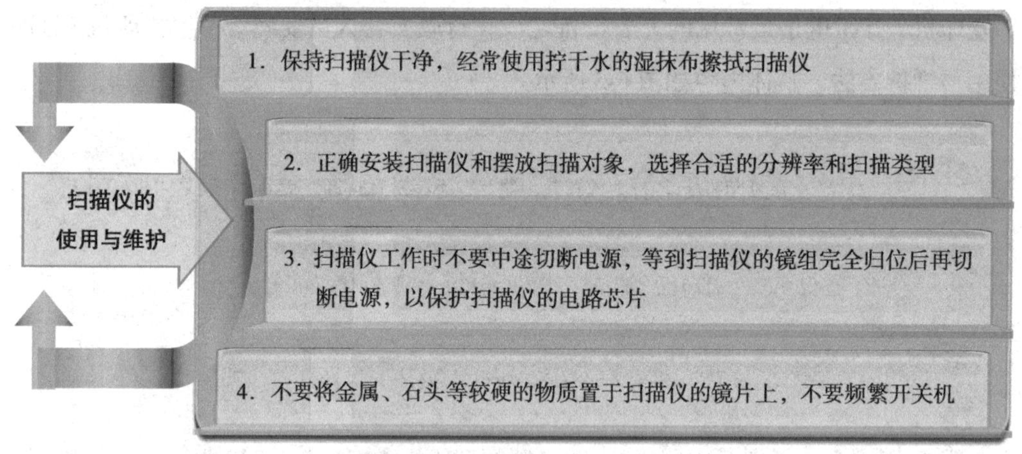

图 6-7 扫描仪的使用与维护

6.3 资料与印章管理

6.3.1 资料管理

1. 办公资料管理

办公资料管理是行政文秘人员的一项重要工作，有些资料涉及组织内部的重大机密，须妥善管理，办公资料安全管理事项具体如图 6-8 所示。

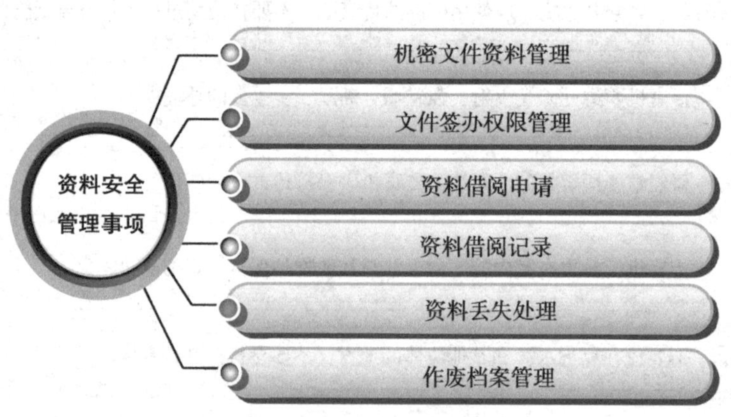

图 6-8 办公资料安全管理事项

2. 办公资料管理相关表格

（1）机密文件备查单

表 6-7　机密文件备查单

保管部门：　　　　　　　　　　　　　　　　　　　　　　　日期：____年____月____日

类别	内容摘要	经办部门	档号	归档日期	保存期限	份数		备注
						副本	影印	

总经理：　　　　　　　经理：　　　　　　　主管：　　　　　　　制表人：

（2）资料借阅申请单

表 6-8　资料借阅申请单

<table>
<tr><td rowspan="2">名称</td><td>中文</td><td></td><td>编　号</td><td></td></tr>
<tr><td>英文</td><td></td><td>规　格</td><td></td></tr>
<tr><td>借阅资料
内容</td><td colspan="4"></td></tr>
<tr><td>借阅缘由</td><td colspan="4"></td></tr>
<tr><td>借阅时间</td><td colspan="2"></td><td>拟归还时间</td><td></td></tr>
<tr><td>借阅人</td><td colspan="2"></td><td>电话</td><td></td></tr>
<tr><td>档案室经手人</td><td colspan="2"></td><td>填单日期</td><td></td></tr>
</table>

（3）资料借阅记录表

表 6-9　资料借阅记录表

保管部门：　　　　　　　　　　　　　　　　　　　　　　　年度：____年

序　号	借阅日期	资料编号	资料密级	借阅人	借阅用途	备注

（4）资料丢失报告单

表 6-10　资料丢失报告单

编号：　　　　　　　　　　　　　　　　　　　　　　　　　填表日期：____年____月____日

丢失资料编号		丢失资料名称	
发现（大概）日期		资料存档日期	
资料所属级别		资料管理人	
丢失原因： 资料管理人签名： 时间：　年　月　日			
部门处理意见		保卫处处理意见	
日期：　年　月　日		日期：　年　月　日	
总经理审批意见： 日期：　年　月　日			

6.3.2　印章管理

1. 印章管理规定

行政文秘人员要加强对印章的管理，规避用户风险。严格履行用印程序是行政文秘人员的重要职责之一。印章管理的具体规定如图 6-9 所示。

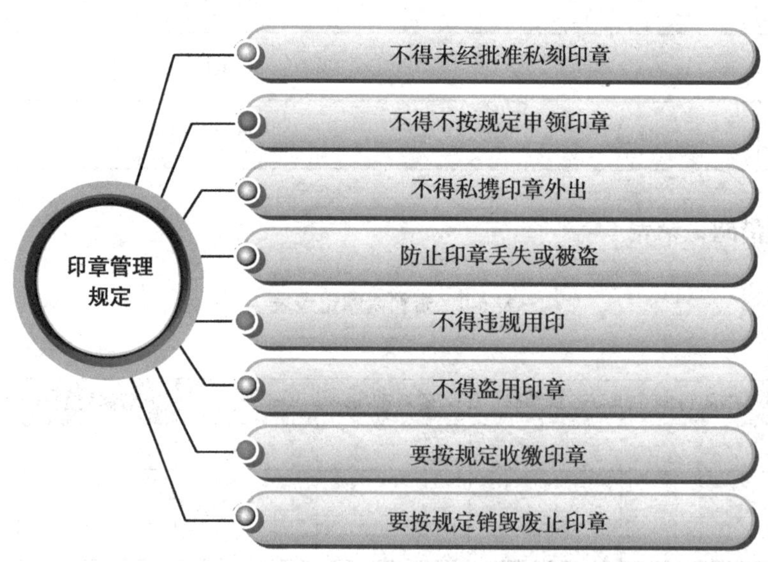

图 6-9　印章管理规定图

2. 印章管理的内容

印章代表了一个组织的权力和利益，一旦出现问题可能会使组织遭受重大损失，所以行政文秘人员应将印信的管理视为一项十分重要的工作。印章管理的具体工作内容如图6-10所示。

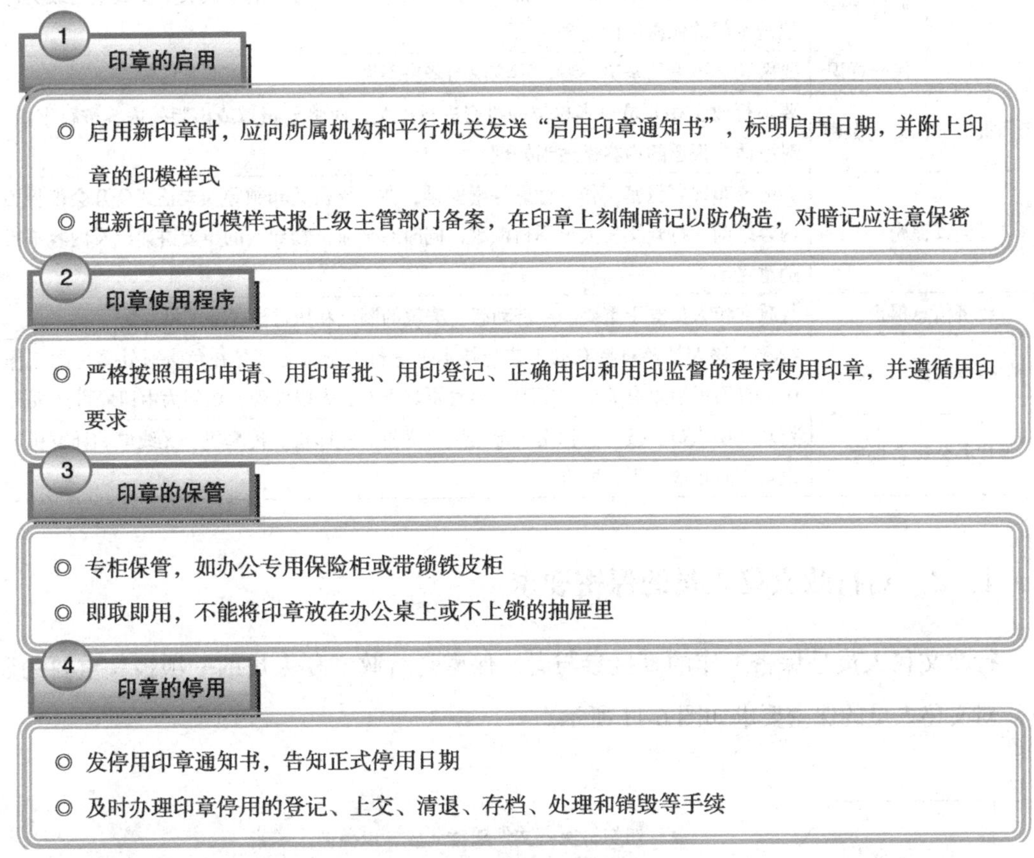

图6-10　印章管理的内容

6.4　保密工作

6.4.1　保密工作事项及要求

保密工作是各企事业单位工作的一个重要组成部分，做好保密工作是行政文秘部门不可忽视的一项内容。

保密工作所包含工作事项及其具体要求如表6-11所示。

表 6-11　保密工作事项及其具体要求说明表

保密工作事项		具体注意事项
文件保密	接收文件	核对所接收文件是否属于本部门受理的范畴，同时要查看文件是否齐全
	传阅文件	严格按照文件理应传阅的途径和范畴来传送文件，分清传阅对象，掌握传阅范围并及时收回文件
	保管文件	凡行政文秘人员接收的文件都要认真登记，妥善管理，对于极其重要或绝密级文件须送专门的保密部门管理
	保密意识	要做到不该看的坚决不看，不该说的坚决不说
新闻报道和出版的保密		要求行政文秘人员对本单位的机密进行把关，对将要报道或出版的内容进行审核，对不适合报道的内容做适当处理
会议保密		会前要布置好保密工作，做好保密安排，在领导机关和领导人未正式公开会议相关内容之前，行政文秘人员不得泄露，同时对会议上领导人的重要讲话以及内容不得随意宣扬
经济信息保密		行政文秘人员对于重要的经济动态、法规的制定和执行情况要严格保密
科技和涉外活动保密		行政文秘人员要对特有的工艺与技术等进行保密，尤其是在负责对外接待的工作中，更不得泄露有关机密事项，同时须防止外国人以参观、访问为由窃取科技机密
现代办公设备保密		行政文秘人员要按有关保密规定使用对讲机、复印机、传真机、无线电和计算机等设备，防止被监听、窃听

6.4.2　对行政文秘人员的保密要求

行政文秘人员是保密工作的直接参与者，保密是行政文秘人员的一项极其重要的职责。对文秘人员的保密要求如图 6-11 所示。

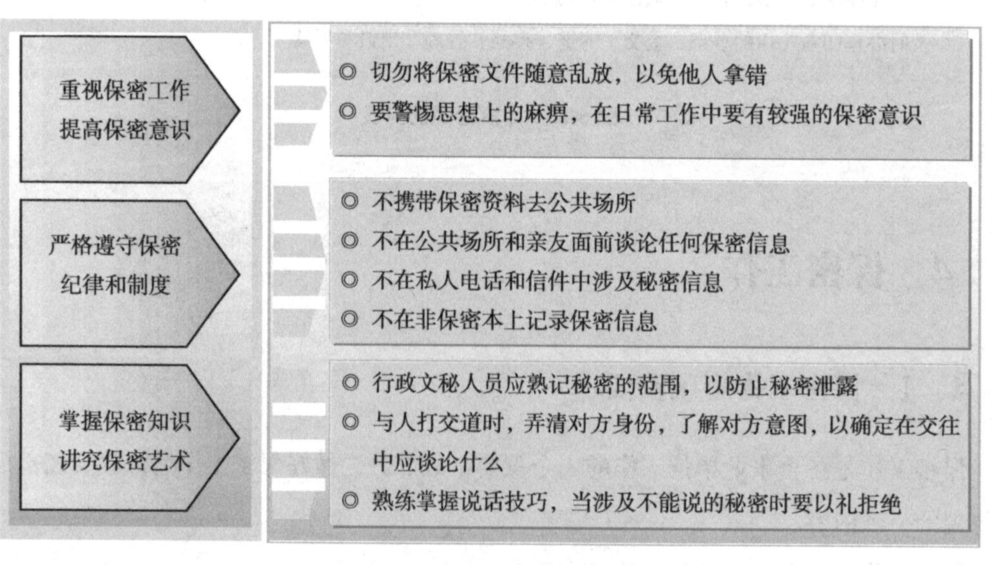

图 6-11　行政文秘人员保密的基本要求

保密工作对不同类型的保密信息有不同的要求，具体如表 6-12 所示。

表 6-12　不同类型保密信息的要求

保密信息类型	保密要求
对口头信息的保密	（1）不与保密人员之外的人谈论保密信息
	（2）遵循会议要求传达会议有关信息
	（3）只向来访者提供允许提供的信息
	（4）没有确认对方身份和是否被授权前不要通过任何通信方式给出保密信息
对书面信息的保密	（1）保密文件应标明“机密”，只发给被授权的人员传阅，并要签收
	（2）离开房间时，不要把机密文件放在桌子上，并且要锁好门窗
	（3）复印完成后，文件应随即带走，不要遗留在玻璃板上
	（4）所有保密文件应放在同一文件夹内，并注明“保密或秘密”
	（5）极其重要的保密信息应放在银行保险柜内
	（6）高密级信息应亲自送交收件人
对电子信息的保密	（1）计算机的显示器应放置在别人看不到的地方，以防止无意间的信息泄露
	（2）不能将存有保密信息的存储设备带出单位，以防止信息丢失
	（3）计算机应设有密码并定期更换，要安装报警系统
	（4）计算机必须经常查毒、杀毒，不能随意安装其他程序
	（5）每一计算机使用人员应有自己的登录账号
	（6）在打印机密资料时，打印人员不能离开打印机

6.4.3　保密措施的内容

保密工作包括防止秘密泄露和追查泄密事件的工作，保密措施指禁止任何人将公司秘密以任何方式向外界传播的措施。保密工作人员应学习并掌握保密法规和要求，按照保密法规制定相关的保密措施，保证公司秘密不被泄露。具体的保密措施如图 6-12 所示。

保密设施的配备

◎ 碎纸机，保险柜，报警系统，具有各种密码的保密装置

◎ 网络安全防火墙，网络安全隔离计算机，电子报警系统

提高保密技术，使保密现代化

◎ 加大对保密装备研究经费的投入，加强对防泄漏设备的检查

◎ 加强对保密要害部门环境的保护，切实做好外部防护

严格遵守保密法规和纪律

◎ 加强保密教育，提高保密意识，重视保密工作

◎ 掌握一定保密知识，协调好可对外公开的工作和保密工作的关系

做到专人专管

◎ 实行保密工作领导责任制，领导负全面责任

◎ 领导要经常关心、过问保密工作，认真负责，使保密工作做到滴水不漏

泄密的查处

◎ 如发现泄密应及时报告有关领导，以便及时补救

◎ 发生泄密的公司应及时查明所泄露内容和密级，采取相应措施将损害降到最低

健全保密机构

◎ 制定内部工作制度，明确职责权限，严格遵守工作制度

◎ 选拔一批思想水平较高的人员充实保密队伍，使保密机制更加健全

图 6-12　保密措施的内容

6.4.4　保密方案的内容与执行

1. 保密方案的内容

为进一步做好保密工作，切实增强相关人员的安全防范意识，完善保密措施，不断提高保密工作的质量，按照相关保密法规的要求，结合实际工作，应制定保密方案。图 6-13 所示为制定保密方案的大致思路，供读者参考。

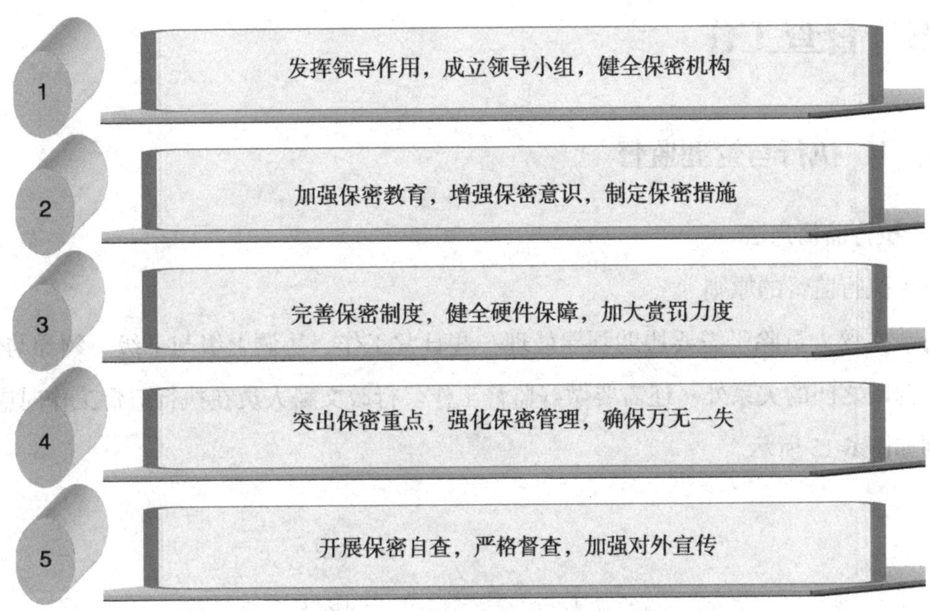

图 6-13　保密方案的内容

2. 保密方案的执行

制定保密方案是为了更好地对重要文件保密，严守机密是每一名行政文秘人员都应具备的基本的职业道德，行政文秘人员要严格执行企业的保密规定，严守企业机密，不能在任何场合向任何无关人员透露机密信息，以免给企业造成损失。因此，保密工作的执行方案就显得尤为重要，图 6-14 所示为保密工作执行方案的大致框架，供参考。

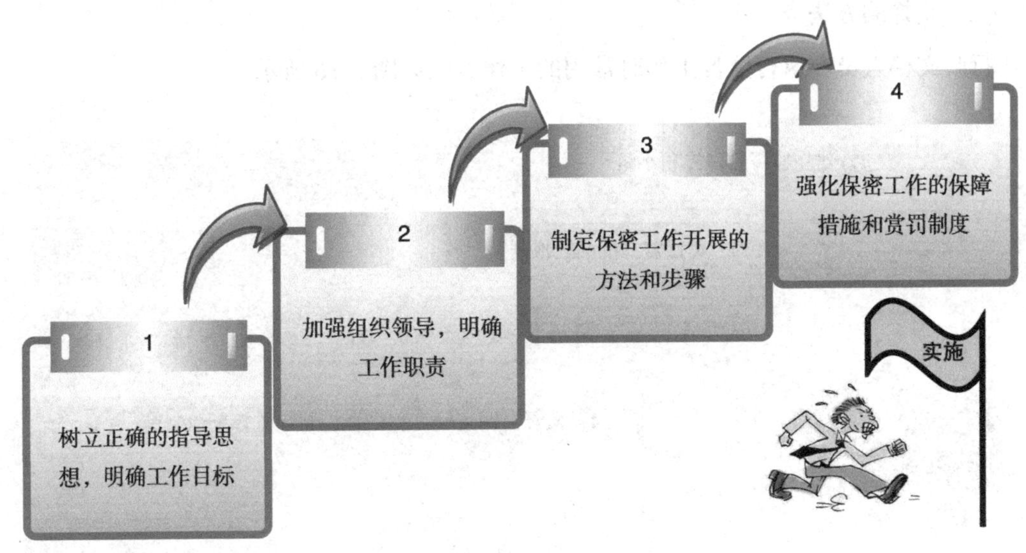

图 6-14　保密工作的执行方案

6.5 督查工作

6.5.1 执行与管理监督

1. 执行监督方法

（1）执行监督的原则

行政文秘人员除了需要协助领导处理一些日常工作，协调上级与下级、领导与领导、部门与部门之间的关系外，还需要做好监督工作。行政文秘人员在执行监督工作时应遵循的原则如图 6-15 所示。

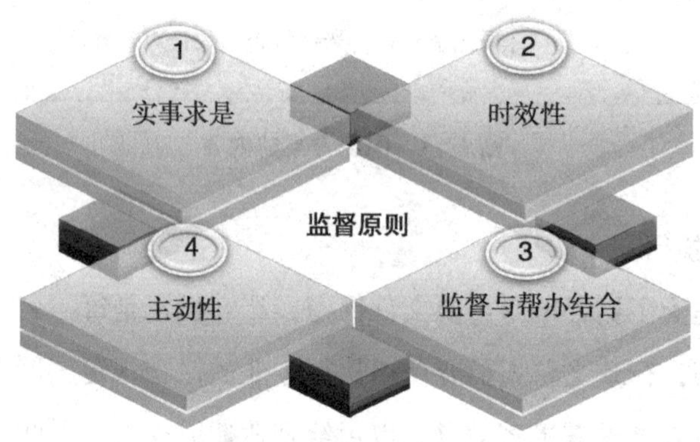

图 6-15 监督的原则

（2）监督的方法

行政文秘人员在执行监督工作时常用的工作方法如图 6-16 所示。

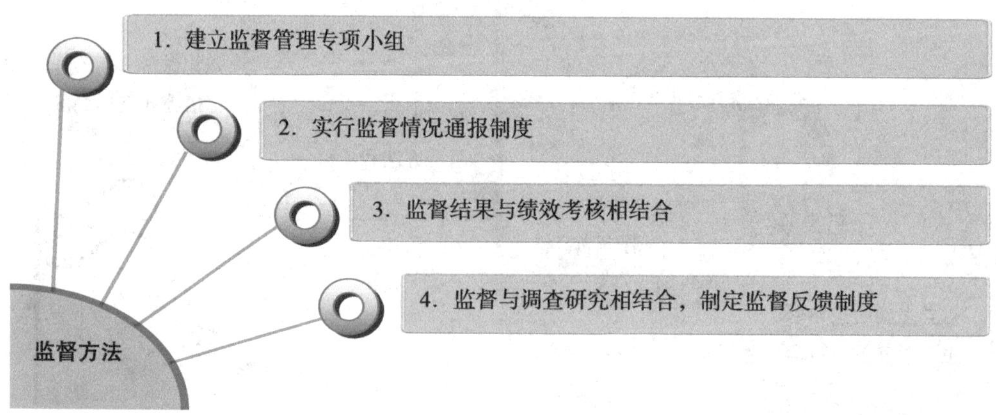

图 6-16 监督的方法

2. 管理监督方法

（1）监督的内涵

行政文秘人员的监督工作有两层含义，具体如图 6-17 所示。

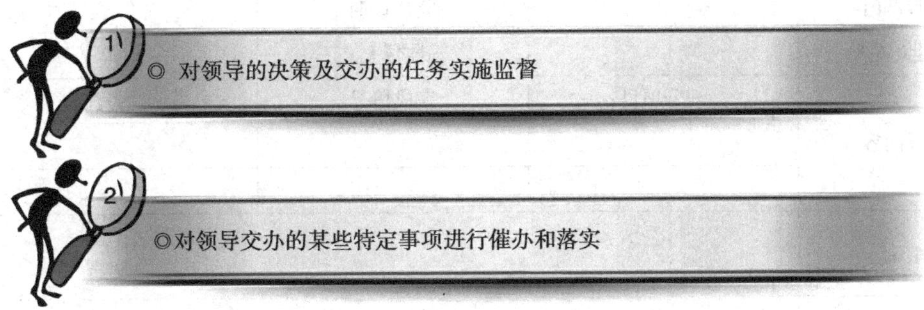

图 6-17　监督的内涵

（2）管理监督的要求

行政文秘人员在管理监督时应注意四项要求，具体内容如图 6-18 所示。

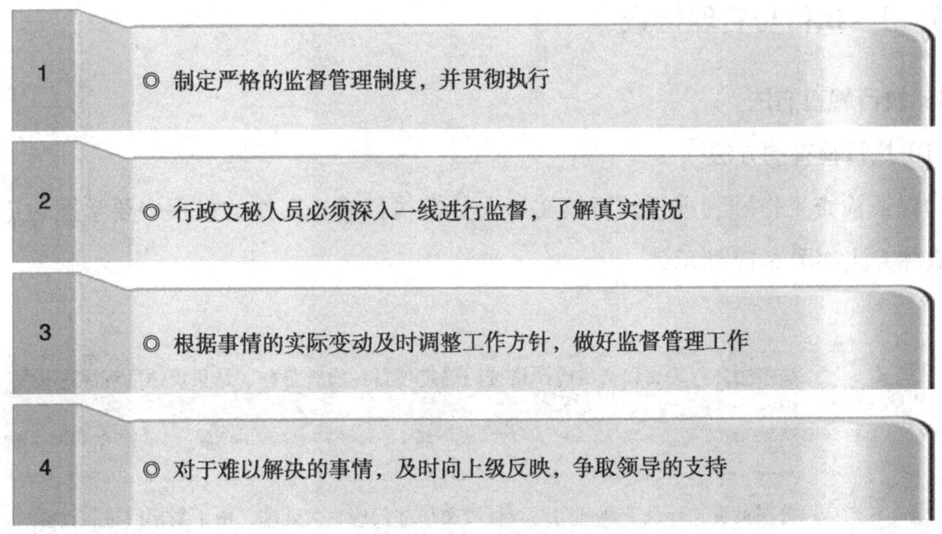

图 6-18　管理监督要求

此外，行政文秘人员必须把握监督工作的广度、力度和深度，结合实际情况，采取灵活主动的工作方式，使监督工作取得实实在在的成效。

3. 执行与管理监督记录

在进行监督时，为了更好地了解监督工作的进程和取得的成绩，行政文秘人员要认真做好记录，填写监督记录表，具体如表 6-13 所示。

表 6-13　执行与管理监督记录表

编号：

监督部门		监督日期	
部门负责人		监督人	
监督内容	细分项目	完成情况	备注
结论			
不符合说明			
确认意见			

6．5．2　执行与管理检查

1. 执行检查方法

（1）执行检查的方法

为保证检查工作顺利进行，行政文秘人员在执行检查工作的过程中要掌握一定的方法，具体方法如图 6-19 所示，

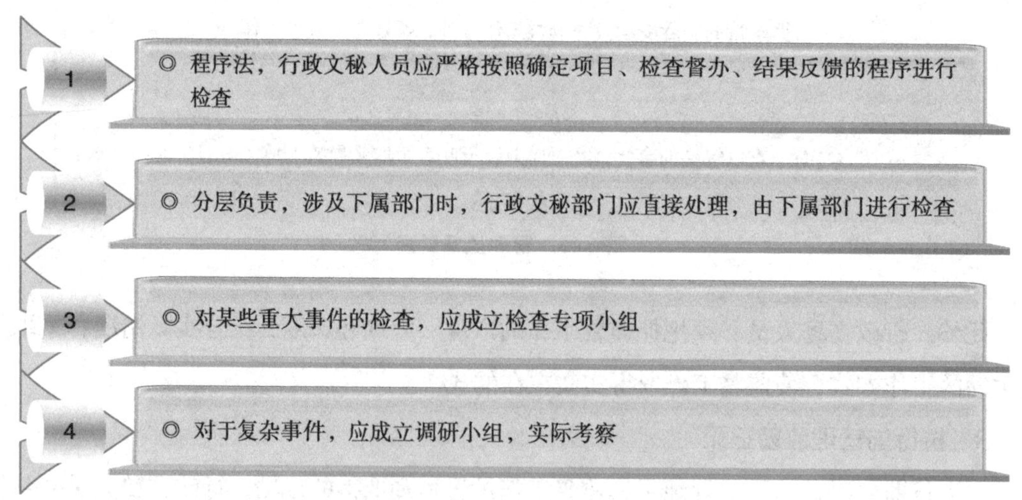

图 6-19　执行检查的方法

（2）执行检查的注意事项

行政文秘人员在执行检查工作时要注意如下事项，具体如图 6-20 所示。

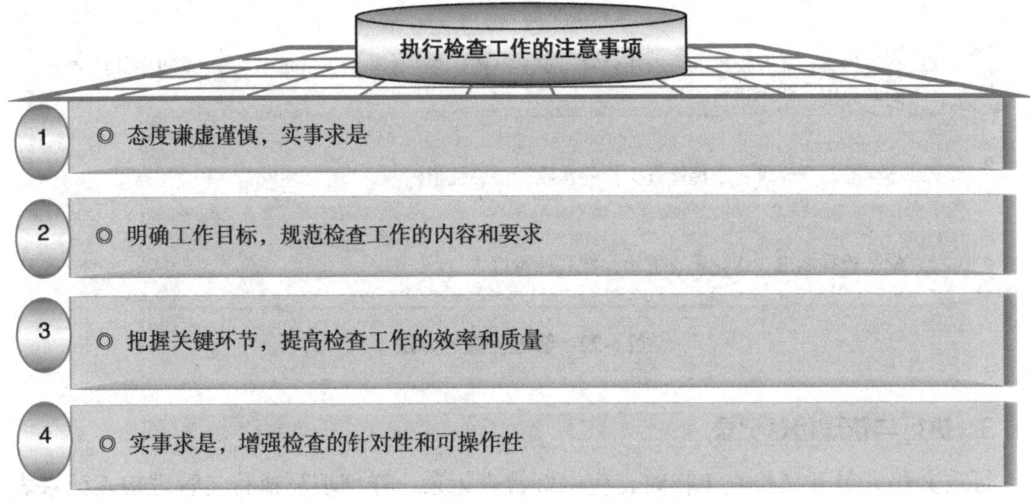

图 6-20　执行检查工作的注意事项

2. 管理检查的方法

（1）检查工作的特点

行政文秘人员在进行检查工作前，应首先了解检查工作的特点，具体如图 6-21 所示。

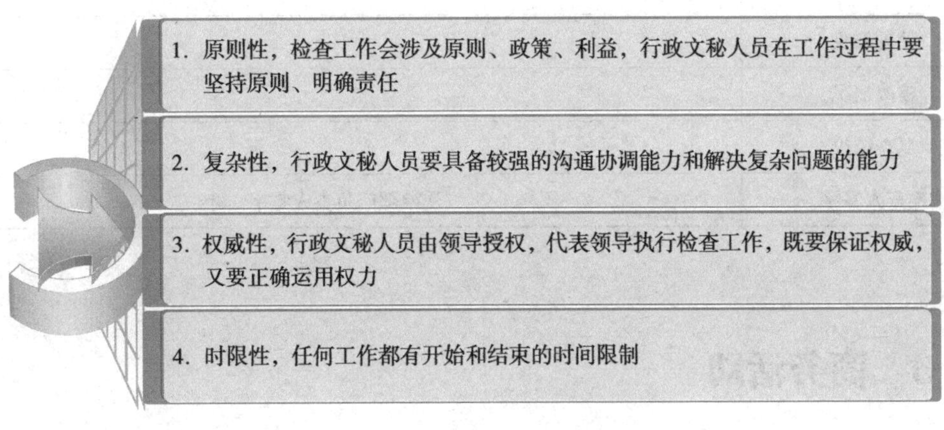

图 6-21　检查工作的特点

（2）管理检查的方法

为了使检查工作合理有序进行，并能够取得良好的效果，行政文秘人员应掌握相应的检查方法，具体如图 6-22 所示。

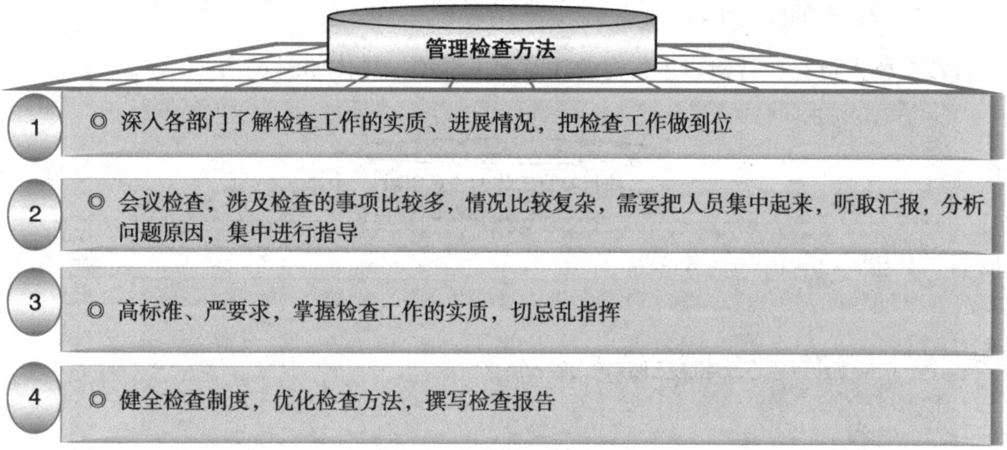

管理检查方法

1 ◎ 深入各部门了解检查工作的实质、进展情况，把检查工作做到位

2 ◎ 会议检查，涉及检查的事项比较多，情况比较复杂，需要把人员集中起来，听取汇报，分析问题原因，集中进行指导

3 ◎ 高标准、严要求，掌握检查工作的实质，切忌乱指挥

4 ◎ 健全检查制度，优化检查方法，撰写检查报告

图 6-22　管理检查的方法

3. 执行与管理检查记录

行政文秘人员开展检查工作时，应做好检查记录，详细填写执行与管理检查记录表，具体内容如表 6-14 所示。

表 6-14　执行与管理检查记录表

受检部门		检查日期	
检查地点		接待人	
检查情况			
处理意见			
整改情况			
复查结论			
检查人签字		受检部门负责人签字	

6.6 商务活动

6.6.1 商务会见、会谈相关事宜

1. 商务会见、会谈前期准备

商务会谈就是商务谈判，商务会见、会谈前期的准备工作对会谈的过程及结果具有很

大的影响，能为后期会谈的顺利进行奠定扎实的基础，使会谈在更加和谐、融洽的气氛下进行，使谈判双方达成双赢的方案。会见、会谈的准备工作如图 6-23 所示。

来宾信息的收集

◎ 了解来宾的学历、资历、业务专长及其所在国家的政治、经济、历史、对外政策等情况

◎ 若是外宾，了解其习俗禁忌，若有少数民族，则要了解民族禁忌和习俗

提供谈判资料

◎ 准备好会谈中心议题的现实资料、历史资料和参考资料

◎ 预测来宾可能对中心议题提出的观点，分析对策

对人员的安排

◎ 确定会谈的时间、地点和双方参与人员名单，并提早通知有关人员

◎ 根据来宾的身份及目的，安排相应的人员进行接待

场所的布置

◎ 安排足够的座位，事先排好座次，摆好座签，安装扩音设备，适当摆些盆景鲜花

安排迎宾

◎ 安排礼仪人员迎接并指引来宾入场

合影图设计

◎ 如需合影，应事先设计好合影图，一般在宾主见面握手时进行合影

图 6-23　会见、会谈的准备工作

2. 商务会见、会谈流程

为了使会谈能够顺利进行，行政文秘人员应熟练掌握商务会见、会谈的流程，熟悉每一个步骤，并做好充分的准备。商务会见、会谈的流程如图 6-24 所示。

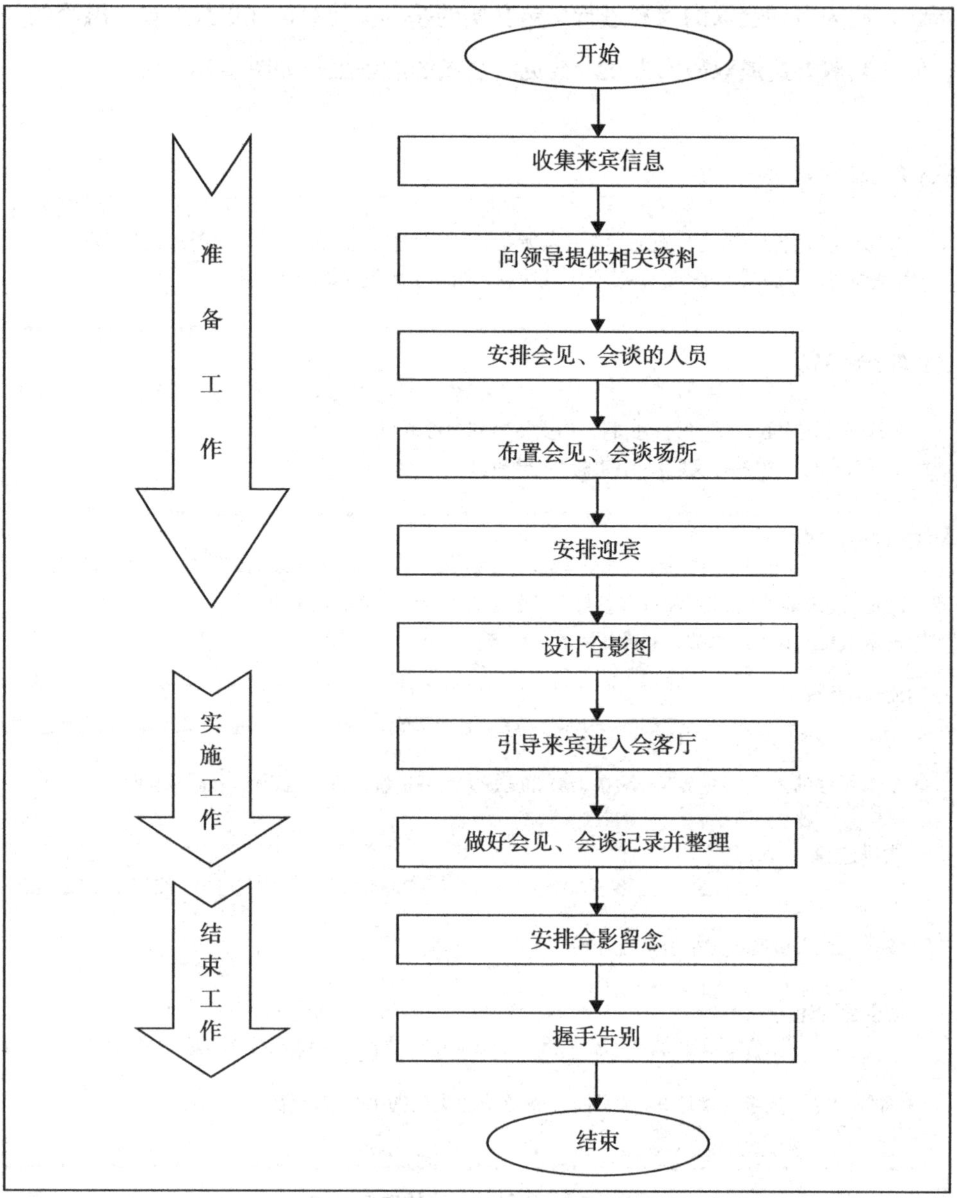

开始

收集来宾信息

向领导提供相关资料

安排会见、会谈的人员

布置会见、会谈场所

安排迎宾

设计合影图

引导来宾进入会客厅

做好会见、会谈记录并整理

安排合影留念

握手告别

结束

准备工作

实施工作

结束工作

图 6-24 商务会见、会谈的流程图

6.6.2 商务宴请相关事宜

1. 商务宴请的种类

宴请是为了表达对来宾的欢迎、祝贺或答谢，促进双方的感情而进行的餐饮招待。通过宴请可以增进双方的了解，拉近彼此的距离，达成某种共识。在日常商务活动中，宴

请的种类有很多种，不同的接待目的需要不同的宴请类型，常见的商务宴请类型主要有六种，具体如表 6-15 所示。

表 6-15　商务宴请类型及主要内容

宴请类型	主要内容
酒会	1. 酒会又称鸡尾酒会，以酒水为主，不设座椅，客人可随意走动、交流 2. 适用于各种交往活动以及开幕、开张、签字仪式和其他庆典活动
茶会	1. 请客人品茶，是一种简便的招待形式，对茶叶和茶具的选择应该有所讲究 2. 气氛比较活跃，是国内较常见的招待形式，茶会往往配有水果和饮料
便宴	1. 非正式宴会，如午宴和晚宴 2. 形式简单，气氛比较随和，不安排正式讲话，适用于日常交往 3. 菜肴可酌情增减，除主人须与主宾坐在一起外，其他人可不排座次
客饭	非常简朴，是国内各机关、企事业单位内常采用的宴请形式
自助餐	1. 不排座位，客人自由活动，随意取食，适用于招待人数多的情况 2. 以冷食为主，食物与酒水连同餐具陈设在餐桌上让客人自取
工作进餐	1. 利用进餐时间边进餐边谈工作，分为工作早餐、工作午餐和工作晚餐 2. 在一些紧张的谈判活动中，因时间安排不开而采用的方式

2. 商务宴请的礼仪

宴请是公关活动的一种手段，因此宴请活动的安排（包括宴请的方式、标准、范围等）应该合乎礼仪，具体的要求如图 6-25 所示。

- ◎ 座次：按照以右为尊的原则，将主宾安排在主人的右侧，次主宾安排在主人的左侧
- ◎ 入座：主人或长者安排入座，来宾在主人和长者入座后方可坐下，男士应为身边的女士拉开座椅
- ◎ 敬酒：首次敬酒应由主人提议，敬酒以礼到为止，各自随意，不应劝酒；主人先为主宾和长辈斟酒，主人斟酒时，客人应用手扶杯表示谢意
- ◎ 布菜：主人可为身边的客人布菜，布菜时应使用公筷，要照顾客人的喜好，不宜过多
- ◎ 体态：姿势端正，不抖动腿脚，不翘腿，胳膊不放在桌面上，以免妨碍他人
- ◎ 交流：口含食物时应避免说话和敬酒，要主动关心周围的人，营造和谐轻松的氛围
- ◎ 散席：宴会结束时，主人、主宾离座后，其他宾客方可离开

图 6-25　商务宴请的礼仪

6.6.3 商务参观相关事宜

1. 商务参观的准备

来宾到达后，行政文秘人员可依据来宾的需求，安排一定的参观活动。行政文秘人员在组织参观活动时应做好相关准备工作，具体如图 6-26 所示。

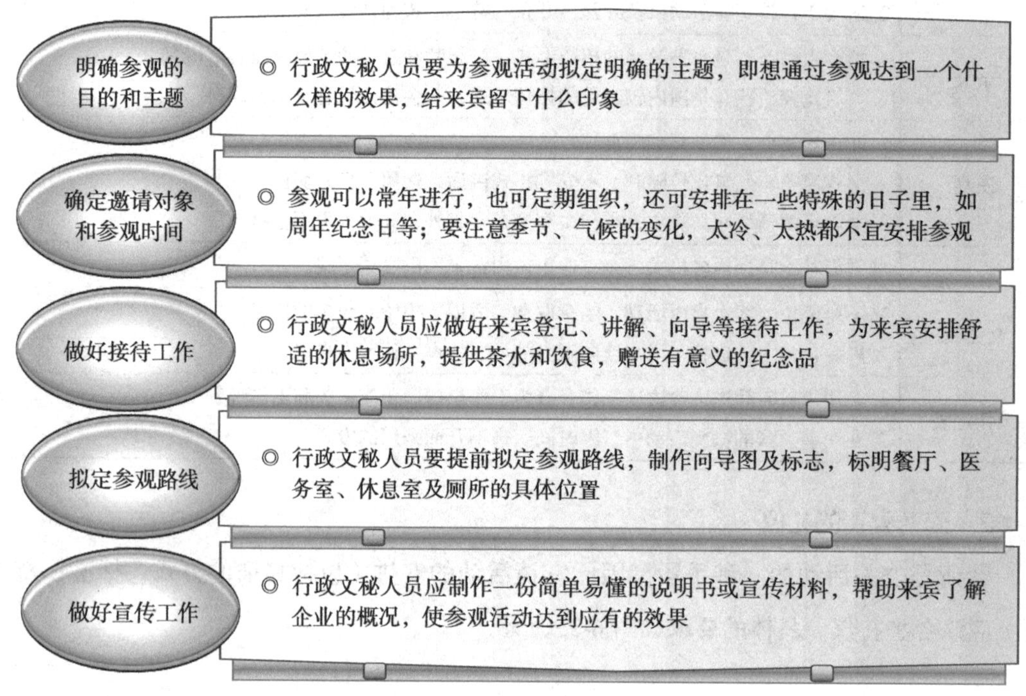

图 6-26 商务参观的前期准备

2. 常用的商务参观表格

（1）参观登记表

表 6-16 参观登记表

编制日期： 年 月 日

参观单位		参观日期		参观人数	
参观区域				参观负责人	
公司接待部门		接待负责人		公司陪同人员	
参观目的					
参观路线					

（续表）

参观内容	
备注	

（2）参观许可证

表 6-17　参观许可证

许可编号		发证日期		印章	
参观单位		参观日期			
参观人员		职务		单位	
参观区域					
参观内容					
参观路线					
相关部门签章					
主管副总	生产部	行政部	营销部	公关主管	

6.6.4　签字仪式相关事宜

1. 安排签字仪式的步骤

行政文秘人员在安排签字仪式时要做好相关工作，具体如图 6-27 所示。

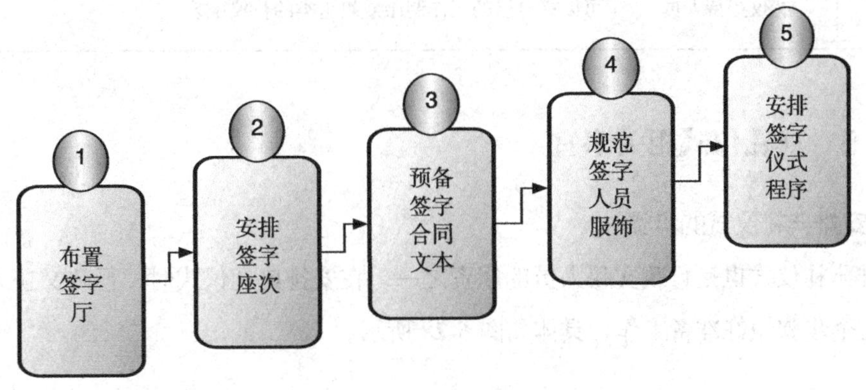

图 6-27　安排签字仪式的步骤

2. 签字仪式的具体要求

在举行签字仪式时，对仪式的各个步骤都有详细的要求，行政文秘人员要精心安排，具体内容如表 6-18 所示。

表 6-18　签字仪式的要求

<table>
<tr><td rowspan="2">签字厅的布置</td><td>布置原则</td><td>1. 签字厅的布置应庄重、干净、整洁
2. 签字厅内应铺地毯，不得摆放除签字桌椅外的其他陈设</td></tr>
<tr><td>签字桌设置</td><td>1. 长桌应选择深绿色，并横放在室内，其后摆放其他桌椅
2. 签署双边合同时，可放置两组桌椅；签署多边合同时，可仅放置一组桌椅，供各方轮流就座，也可为每人提供一组桌椅
3. 签字桌上应事先放好待签字的合同、签字笔
4. 签署涉外商务合同时，在签字桌上插放各方国旗</td></tr>
<tr><td rowspan="2">签字时的座次</td><td>签署双边性合同</td><td>1. 客方签字人在签字桌右侧就座，主方签字人在左侧就座
2. 双方的助签人站于各自一方签字人的外侧，以便随时给予帮助</td></tr>
<tr><td>签署多边性合同</td><td>1. 一般仅设一张签字桌，按照事先商议好的顺序依次上前签字
2. 助签人在助签时，按“右高左低”的规矩立于签字人的左侧
3. 各方的随员，按一定顺序，面对签字桌就座或站立</td></tr>
<tr><td colspan="2">预备待签字的合同文本</td><td>1. 为签字双方各提供一份待签字的合同文本，必要时提供副本
2. 合同文本应用白纸制成，按大 8 开的规格装订，以高档质料做封面</td></tr>
<tr><td rowspan="2">服饰</td><td>签字人员</td><td>穿着深色西服套装，男士也可穿中山服套装，女士也可穿西装套裙，并配以白色衬衫和黑色皮鞋，男士须系单色领带</td></tr>
<tr><td>礼仪接待人员</td><td>可以穿自己的工作制服或旗袍类的礼仪服装</td></tr>
</table>

6.6.5 典礼仪式相关事宜

1. 安排典礼仪式的步骤

安排典礼仪式也是行政文秘人员的职责之一，在安排典礼仪式时，行政文秘人员应按照以下几个步骤做好准备工作，具体如图 6-28 所示。

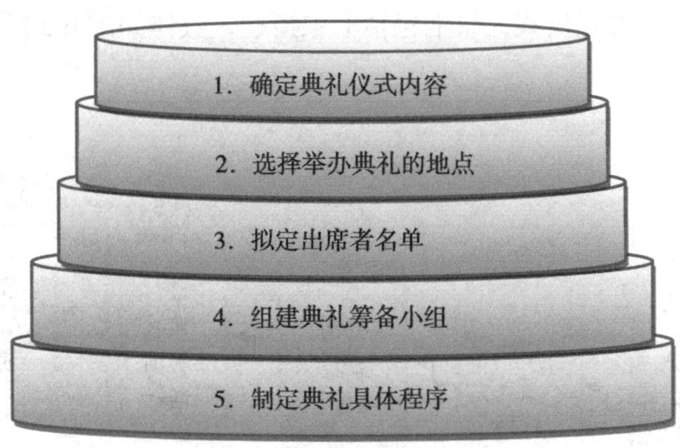

图 6-28　安排典礼仪式的步骤

2. 典礼仪式各步骤的具体内容

为了使典礼圆满完成，行政文秘人员在筹备典礼仪式的过程中应发挥主要作用，详细规划典礼仪式的各个步骤。典礼仪式的各个步骤如图 6-29 所示。

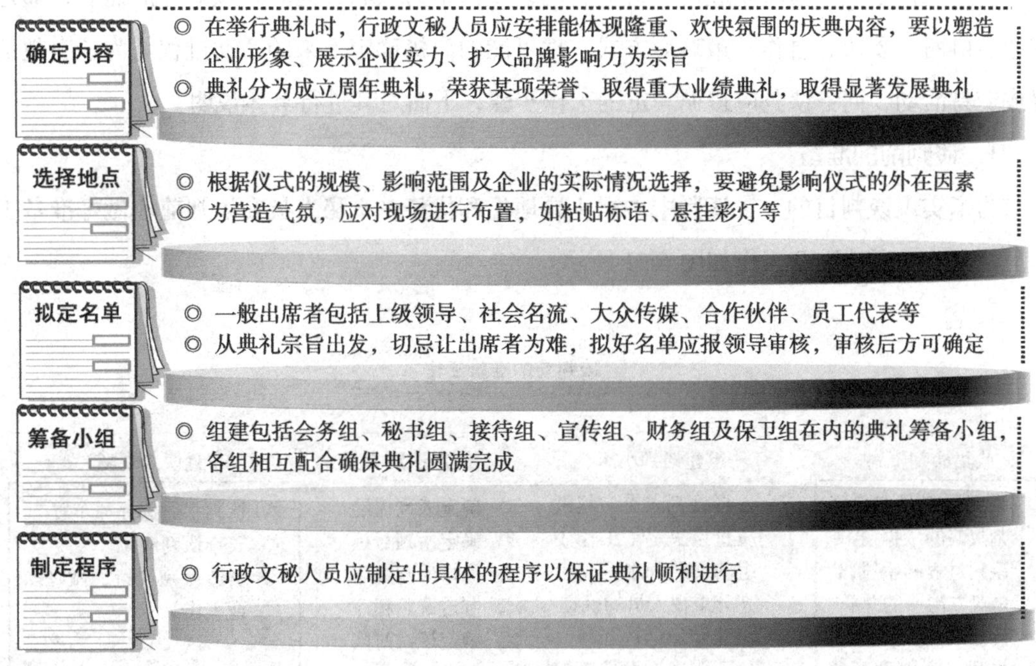

图 6-29　典礼仪式各步骤的内容

3. 典礼仪式的具体流程

成功的典礼仪式与具体的程序存在着很大的关系，行政文秘人员应当精心拟定典礼仪

式的具体流程。通常，典礼仪式大致上包括七项流程，具体如图 6-30 所示。

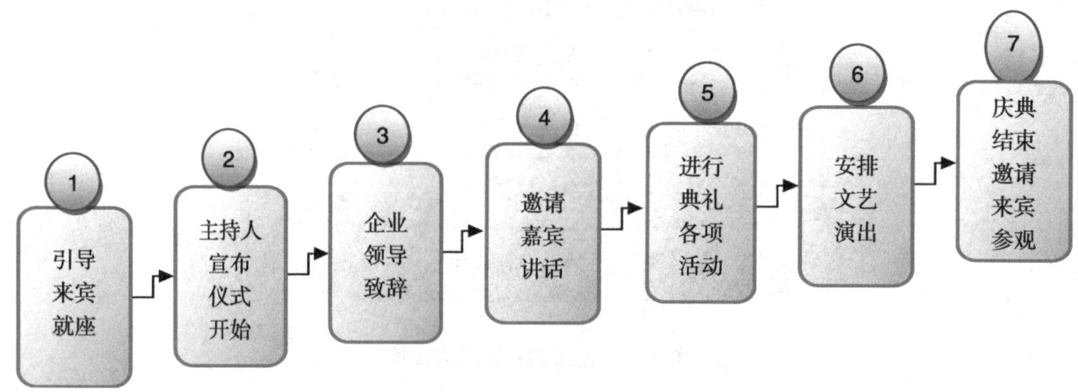

图 6-30　制定典礼的流程

6．6．6　商务谈判相关事宜

商务谈判指谈判双方以经济利益为目的，以价格为核心，同时兼顾对方的需要，通过沟通、协商、妥协、合作、策略等方式，把可能的商机确定下来的活动过程。为了有效地促成交易活动，商务谈判应遵循一定的工作步骤，下面对其进行具体说明。

1．谈判前的准备

为了实现谈判目的，在谈判中占据主导地位和优势，文秘人员在谈判前应做好准备工作。谈判前的具体准备工作如图 6-31 所示。

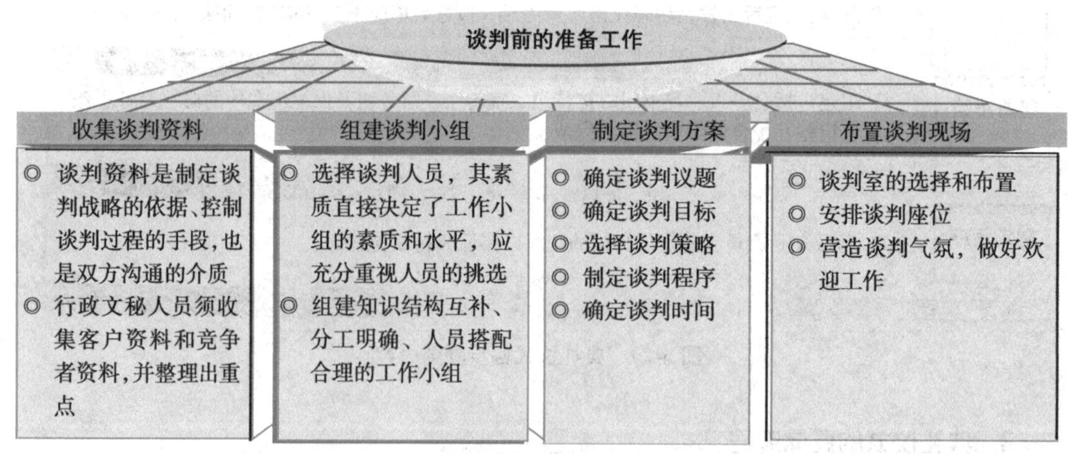

图 6-31　谈判前的准备工作

2. 制定商务谈判程序

商务谈判程序即商务谈判议程，一般是指所谈事项的先后次序和主要方法。行政文秘人员参与制定商务谈判程序的具体做法如图 6-32 所示。

确定所谈事项顺序

- ◎ 先易后难，先将易谈妥的事项定下来，为困难问题的谈判打下基础，为整个谈判营造一个良好气氛
- ◎ 先难后易，为了突出谈判的重点和难点，先集中精力和时间将重点和难点谈清，余下的问题易达成共识
- ◎ 混合型，不分主次，把所有问题都排列出来进行讨论，把各种意见归纳起来，将明确统一的意见放下，讨论未解决的问题

编写谈判程序方法

- ◎ 尊重对方安排法，让对方先上谈判桌
- ◎ 前提设限法，遇到棘手问题先设定一些前提，前提谈完再谈其他议题
- ◎ 不设限安排法，谈判双方强弱势明显，强势方可采取此方法
- ◎ 优先次序法，双方均怀有善意时，可按由简至繁的次序谈判；对峙时，应先谈较难议题
- ◎ 临时增加议题法，为争取主动权，一方可能临时增加议题

图 6-32　制定商务谈判程序

3. 安排谈判现场

行政文秘人员对商务谈判现场的安排应做好两方面的工作，具体如表 6-19 所示。

表 6-19　谈判现场的安排

<table>
<tr><td colspan="2">谈判室的选择和布置</td><td>1. 选择宾馆、会议室和办公室作为谈判场所
2. 通常安排两间谈判室，一间为主谈判室，一间为准备谈判室，也可以准备一间休息室
3. 谈判室应宽敞明亮、整洁大方，周围环境要安静
4. 谈判桌的选择要视谈判的重要性而定，重大的谈判要选择长方形桌，小型谈判则选择圆桌
5. 未经双方同意，不得在谈判室内放置录音设备</td></tr>
<tr><td rowspan="2">谈判座位的安排</td><td>小团队座位安排</td><td>1. 双方都是小团队，通常面对面坐在方桌两侧以强调不同立场
2. 尽量让主谈判人坐在上首，形成控制局面的效果，主谈判人可以与其他成员进行眼神交流
3. 遇到强硬型对手，尽可能以非正式方式安排座位，最好用圆桌
4. 椅子间的距离要对等
5. 让己方强硬派坐在远离对方强硬派的位置</td></tr>
<tr><td>大团队座位安排</td><td>1. 若是少数几方的谈判，每方都有大批成员，可把座位分成小组，尽可能使各位成员面对面
2. 多方谈判，若每队有几个代表，可让代表围成一个大圈就座，并安排每个人发言</td></tr>
</table>

4. 谈判的辅助工作

在商务谈判中，行政文秘人员应做好以下几个方面的辅助性工作，具体如图 6-33 所示。

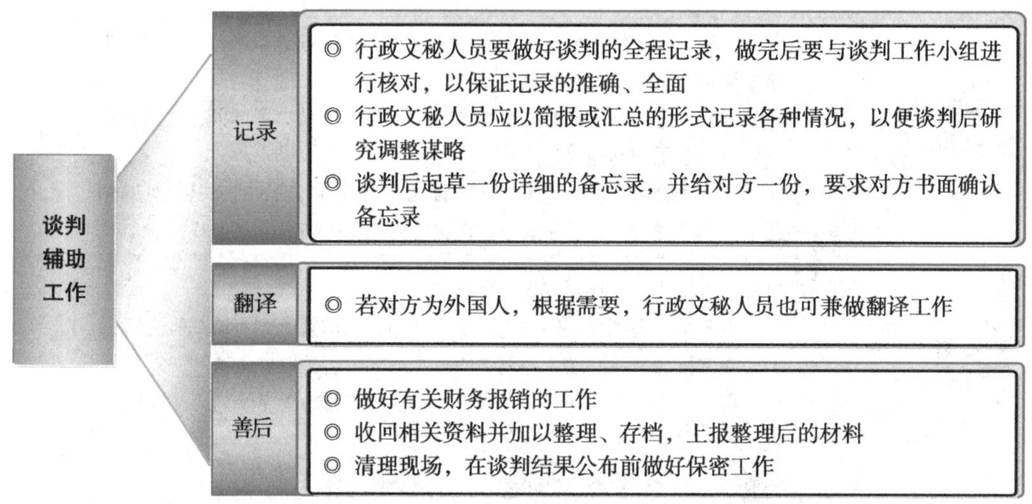

图 6-33 谈判的辅助工作

6.6.7 商务活动策划方案

为了使商务活动顺利进行并取得成功，行政文秘人员要首先制定商务活动的策划方案，经领导同意后方可开展商务活动，策划方案是将策划活动付诸实践的指南，策划方案的内容框架如图 6-34 所示。

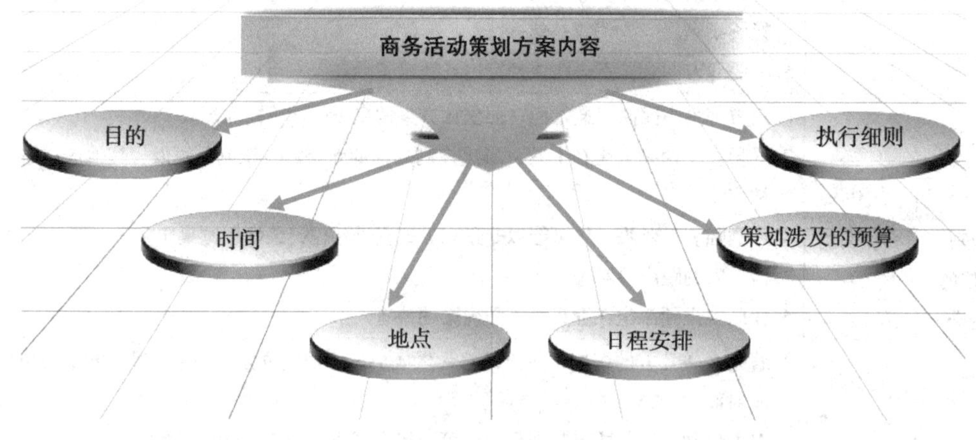

图 6-34 商务活动策划方案的内容

6.7　差旅安排

6.7.1　安排差旅事项

由于工作需要，领导经常会出差、旅行。每次出行之前，行政文秘人员应为其做好相关准备工作。首先，行政文秘人员应了解差旅包含的事项；其次，在安排差旅事项时，行政文秘人员应当对相关事项做到心中有数、有条不紊。差旅事项及其说明如表 6-20 所示。

表 6-20　差旅事项说明表

差旅事项	说明
差旅计划	制订年度、季度、月度差旅计划以及每次差旅的计划
差旅申请	填写差旅申请，申请预支差旅费
差旅审批	主管人、主管部门、分管副总等人对差旅事项及其方案进行审批，对差旅人的申请进行审批
出境差旅管理	出境差旅的注意事项、签证、护照办理以及差旅费支出标准等
差旅准备	机票、酒店预订、目的地联络等
差旅登记	对差旅人员的外勤工作进行登记，对差旅工作进行记录并存档
差旅费管理	差旅费报销标准管理、差旅费预支管理、差旅费报销管理等

6.7.2　差旅安排注意事项

安排好领导及企业员工的差旅事宜，是行政文秘人员的一项重要工作。在安排过程中，一定要细心谨慎，制订周密的出行计划，做好票务、酒店的预订工作，准备好须携带的物品，协调领导的工作与休息时间，在领导出差前安排好领导走后的相关工作，不要让领导和相关员工带着疲惫和牵挂出差。

差旅安排的具体注意事项如图 6-35 所示。

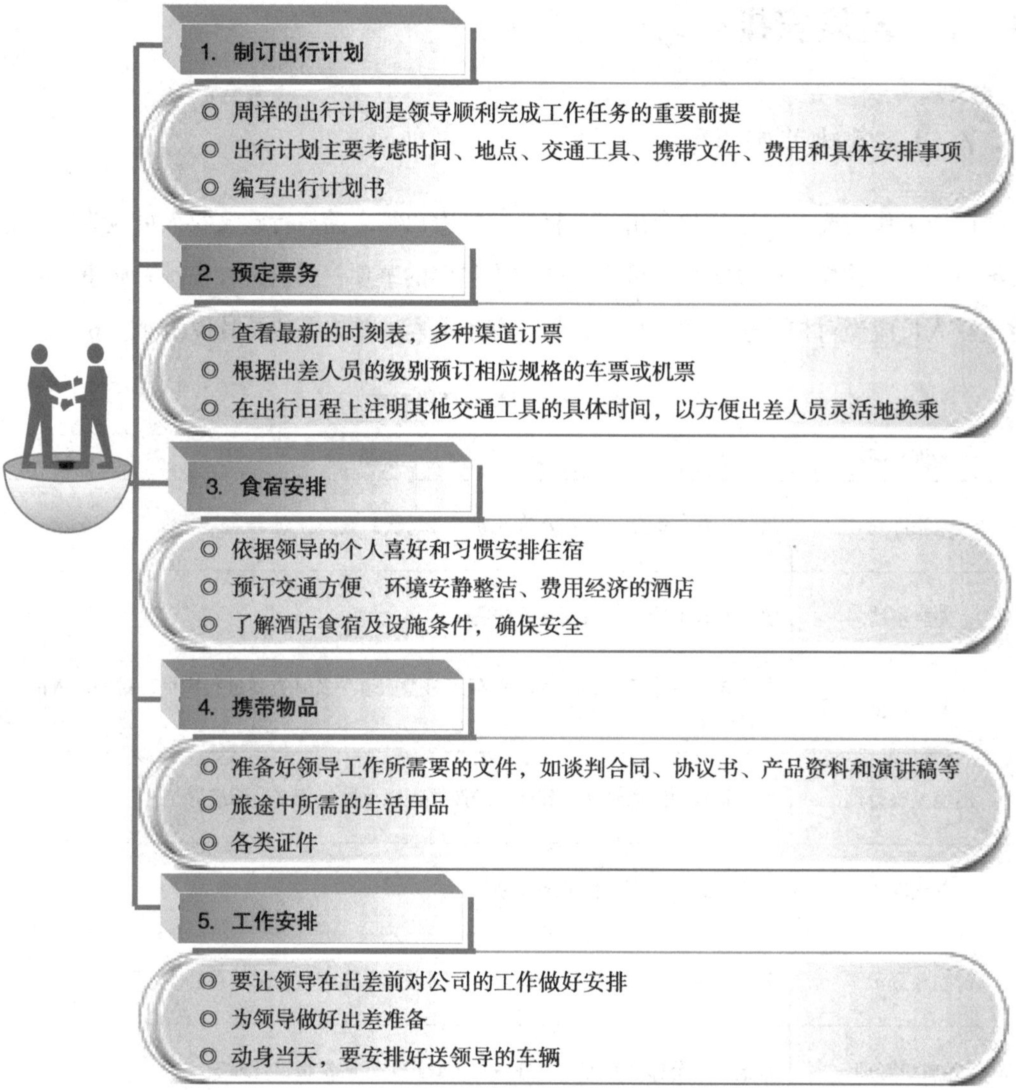

1. 制订出行计划

◎ 周详的出行计划是领导顺利完成工作任务的重要前提
◎ 出行计划主要考虑时间、地点、交通工具、携带文件、费用和具体安排事项
◎ 编写出行计划书

2. 预定票务

◎ 查看最新的时刻表，多种渠道订票
◎ 根据出差人员的级别预订相应规格的车票或机票
◎ 在出行日程上注明其他交通工具的具体时间，以方便出差人员灵活地换乘

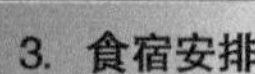
3. 食宿安排

◎ 依据领导的个人喜好和习惯安排住宿
◎ 预订交通方便、环境安静整洁、费用经济的酒店
◎ 了解酒店食宿及设施条件，确保安全

4. 携带物品

◎ 准备好领导工作所需要的文件，如谈判合同、协议书、产品资料和演讲稿等
◎ 旅途中所需的生活用品
◎ 各类证件

5. 工作安排

◎ 要让领导在出差前对公司的工作做好安排
◎ 为领导做好出差准备
◎ 动身当天，要安排好送领导的车辆

图 6-35　差旅安排的注意事项

6.7.3　酒店预订工作

1. 酒店预订工作的内容

为了保证出差领导的工作与生活能够顺利有序地进行，应做好酒店预订工作，这关系到出差领导的食宿质量，因为只有休息好才能更有效率地工作。预订酒店的具体工作内容如图 6-36 所示。

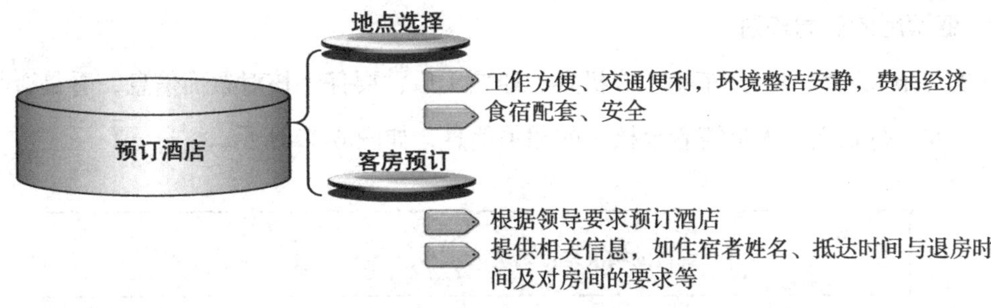

图 6-36　预订酒店工作的具体内容

2. 酒店预订的方法

预订酒店的方法有很多，常用的方法有三种，具体如图 6-37 所示。

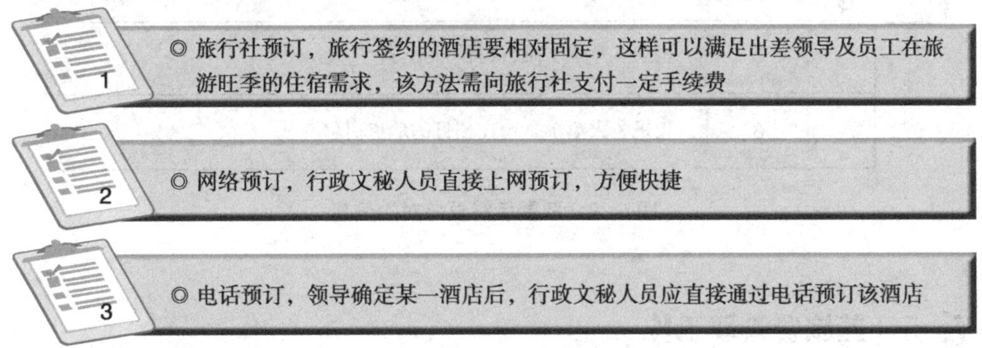

图 6-37　酒店预订的方法

6.7.4　票务预订、取消工作

1. 票务的预订与取消

行政文秘人员在准备订票之前，先要明确领导的目的地，之后要与领导商定出行的方式，预订车票（或机票、船票）。如果因突发情况需要更改或取消订票，行政文秘人员应及时退改及取消。票务预订与取消的具体要求如图 6-38 所示。

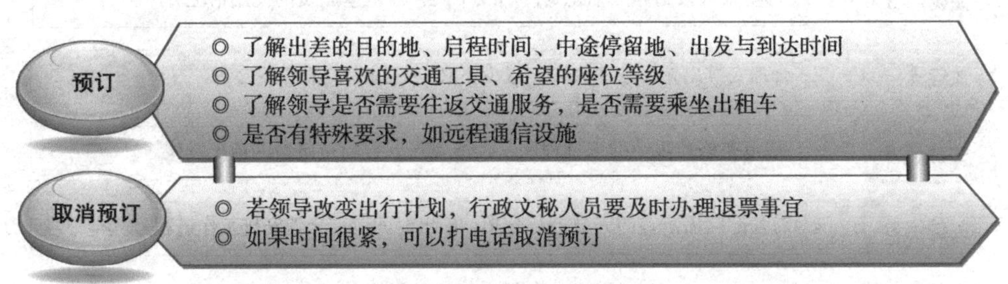

图 6-38　行政文秘人员需掌握的票务预订及取消要求

2. 取票后的信息核对

行政文秘人员拿到所订车票（或机票、船票）后，要仔细核对票面信息，看是否与订票要求一致。行政文秘人员需着重核对的相关信息，如图 6-39 所示。

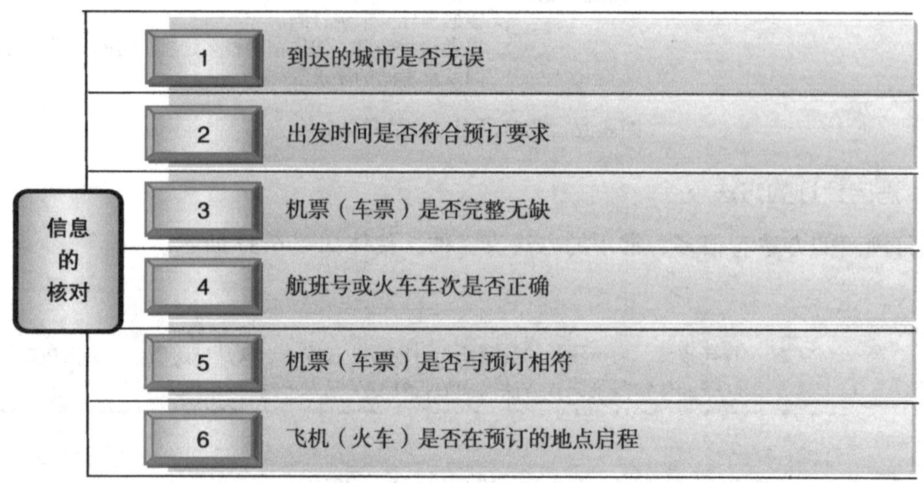

图 6-39　取票后需要核对的信息

6.7.5　差旅费管理工作

1. 差旅费控制的关键点

差旅费是公司员工在因公出差期间所产生的交通费、住宿费、杂费等各项费用。差旅费控制的关键点如图 6-40 所示。

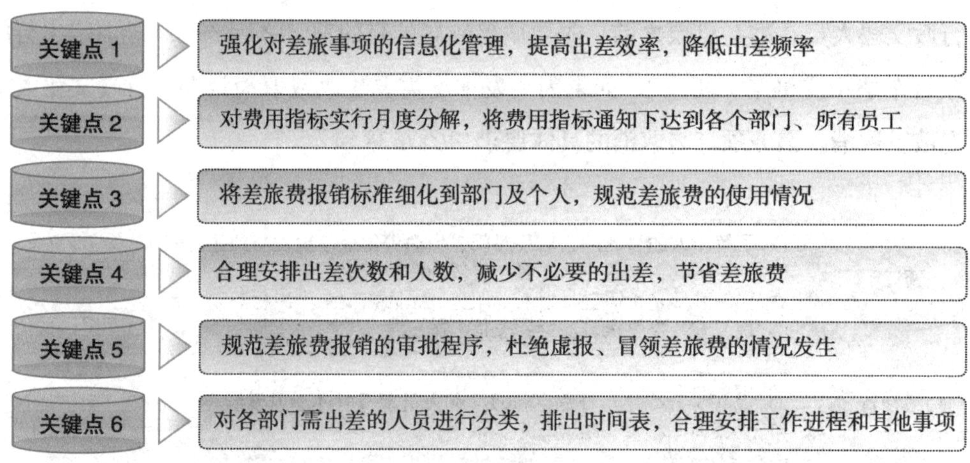

图 6-40　差旅费控制的关键点

2. 差旅费申请流程图

为了确保差旅费有效、合理地使用，差旅费的申请有严格的要求，每次申请都要遵循申请流程，其申请流程如图 6-41 所示。

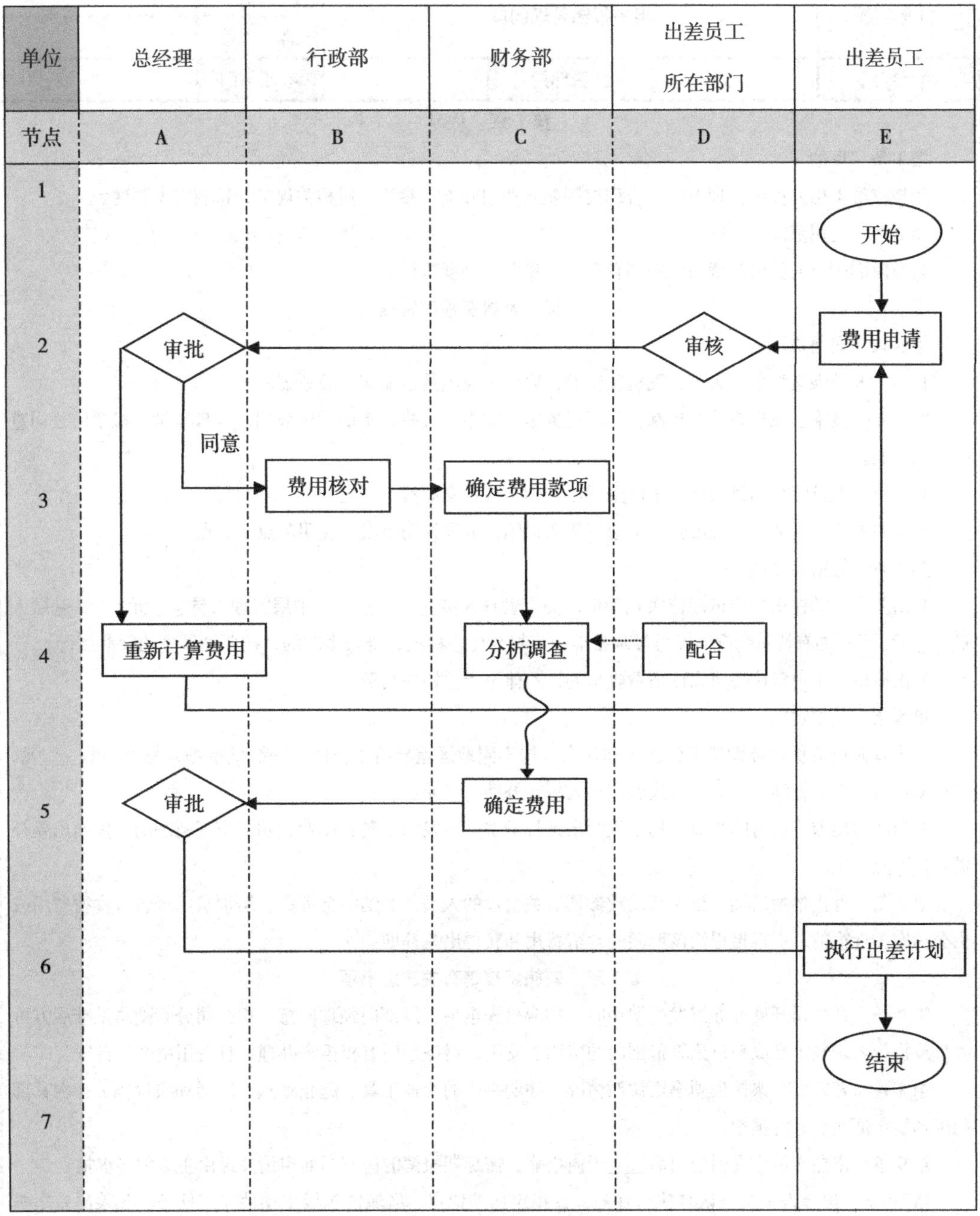

单位	总经理	行政部	财务部	出差员工所在部门	出差员工
节点	A	B	C	D	E
1					开始
2	审批			审核	费用申请
3	同意	费用核对	确定费用款项		
4	重新计算费用		分析调查	配合	
5	审批		确定费用		
6					执行出差计划
7					结束

图 6-41　差旅费申请流程

3. 差旅费的报销

不同单位或部门对差旅费开支范围的具体规定会有所不同，根据单位的规章制度，规定限额内的差旅费可以凭据报销。以下为出差报销管理制度的范例，供读者参考。

制度名称	出差报销管理制度			受控状态	
				编　　号	
执行部门		监督部门		考证部门	

第 1 章　总则

第 1 条　目的

为规范员工出差报销管理工作，合理控制差旅费用开支，参照公司相关规定，特制定本制度。

第 2 条　适用范围

公司内部所有人员出差费用的报销管理均应参照本制度执行。

第 2 章　差旅费报销管理

第 3 条　交通费报销

1. 出差人员乘坐汽车、火车、飞机及轮船，原则上应出具运输部门的票证。

2. 出差人员乘坐飞机要从严控制，若因任务紧急需乘坐飞机，事前须经公司总经理审批，机票由公司直接联系订购。

3. 如出差人员随车到目的地，未产生费用，则不报销交通费。

4. 出差人员出差期间，城市公共交通费凭票报销，但须说明事由，注明起点至终点。

第 4 条　住宿费报销

1. 出差人员的住宿标准依岗位级别确定，高层管理人员____元 / 天，中层管理人员____元 / 天，基层人员____元 / 天；如有特殊情况需经总经理批准，可提高住宿标准；身兼多职的，按职别最高的标准执行。

2. 由接待单位免费接待或无住宿费收据的，一律不予报销住宿费。

第 5 条　其他费用

1. 出差人员的伙食补助费不分途中和住宿，按不同地区差异给予补助；一线城市每人每天补助____元，二线城市每人每天补助____元，三线城市每人每天补助____元。

2. 市区内出差不论时间长短，均不发给出差补助费。可发给午餐补助费，超出市区范围的，发给出差补助费____元 / 天。

第 6 条　外出参加培训、重大活动或参加有关会议的人员，交纳的会务费、培训费已经包含食宿费用或由公司安排食宿的，不得再报销该期间的食宿费用和获得出差补助。

第 3 章　差旅费报销有关注意事项

第 7 条　凡公司开展业务需发生费用时，均应事先申请，经部门经理同意，报公司分管副总批准后方可办理或执行。未经批准或超过预算范围内的费用、支出，财务部门有权拒绝办理，且费用由个人自理。

第 8 条　若发生车票遗失须书面说明情况（注明乘坐的交通工具、起止地点、时间和票价等）并由其部门经理签字证实后方可报销。

第 9 条　出差人员应在回公司后____天内报账，需延期报销的应有书面申请并经由主管领导审批。

第 10 条　出差人员必须认真执行任务，在指定出差地点、区域内积极主动地完成任务，凡乘出差之机因私事绕道或往返中增加停留地点所发生的车票、住宿费一律不予报销，同时，也不享受办私事期间的伙食补助费。

（续）

<table>
<tr><td colspan="6" align="center">第 4 章　附则
第 11 条　本制度的最终解释权归行政部。
第 12 条　本制度自颁布之日起施行。</td></tr>
<tr><td rowspan="3">修订记录</td><td>修订标记</td><td>修订处数</td><td>修订日期</td><td>修订执行人</td><td>审批签字</td></tr>
<tr><td></td><td></td><td></td><td></td><td></td></tr>
<tr><td></td><td></td><td></td><td></td><td></td></tr>
</table>

6.7.6　国外出差安排

1. 撰写国外出差申请

出国申请文书后面附出国人员名单和外国机构所发的邀请函（副单），出国人员名单应写清姓名、年龄、性别、职务、职称等内容，具体如下：

（1）出国事由；

（2）出国路线（外国机构所在国名称）；

（3）出国组团的人数；

（4）出国日程安排，包括出国时间，在国外活动时间、地点，回国时间等。

2. 办理护照

护照是各主权国家发给本国公民出入本国国境和到国外旅行或居留时最有效的身份证件。中华人民共和国护照分为外交护照、公务护照、普通护照和特区护照。公务护照又分为公务护照和公务普通护照。特区护照分为香港特别行政区护照和澳门特别行政区护照。外交护照、公务护照和公务普通护照统称为“因公护照”，普通护照俗称“因私护照”。

3. 办理签证

协助国外出差人员办理签证也是行政文秘人员的工作内容之一。签证是一国官方机构对本国和外国公民出入国境或在本国停留、居住的许可证明。签证也分为外交、公务和普通签证三种。

（1）是否需要办理签证

入境签证对出入某些国家来说是必要的，而有些国家可以免签。

（2）签证办理与核查

因公出国人员的签证，须向目的地国家驻华使馆（或驻华总领馆）申办，或委托签证办理中介机构到前往国家的使领馆办理。办理签证要上交护照并填写一份签证表。取得签证后，应检查签证的有效期及是否有签字和盖章。

4. 为出差人员订好往返机票

行政文秘人员需在出差日期基本确定的情况下预订好机票，防止临时购票遭遇无票的情况。

5. 信息收集

在出差人员出发之前，行政文秘人员需对出差地的有关资料和信息进行收集，让出差人员在出差前对出差地的相关法规、风土人情、民俗习惯等有个大致的了解。

6. 跟进工作汇报提交的情况

员工出差回国后应及时提交出差工作汇报。对此，行政文秘人员需做好出差汇报提交情况的跟进工作。

6.8 处理突发事件

6.8.1 突发事件的处理原则

突发事件包括盗窃、打架斗殴、工伤或急病、群体性事件、火灾、爆炸等。

突发事件发生后，处理方法稍有不当就会加深矛盾，不利于事件的解决。因此，行政文秘人员在处理突发事件时应严守四项原则，具体要求如图 6-42 所示。

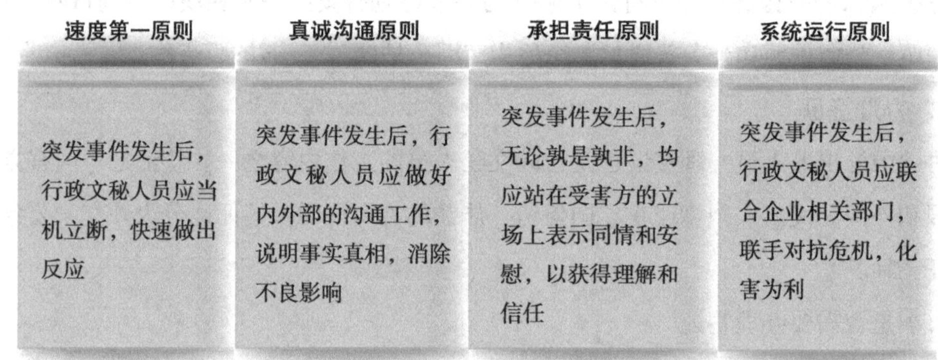

图 6-42 企业处理突发事件的四项原则

6.8.2　突发事件情况说明

应对突发事件要按照预防为主、预防与应急相结合的原则。当企业遭遇突发事件时，行政部门人员应当向公司领导说明事件情况，并提出有效的解决对策，以减少突发事件对企事业单位的负面影响。

向公司领导说明突发事件时，至少应清晰汇报如下四个方面的内容。

1. 突发事件发生的时间、地点、相关人物

组织在遭遇突发事件时，需要在第一时间弄清楚的是事件发生的时间地点，以及涉及的相关人物，这样能够帮助企事业单位更迅速地了解事情的基本情况，及时向上级汇报。

2. 突发事件的危害等级

突发事件的危害程度不同，有的属于一般程度，有的属于严重程度，组织需要了解事件的危害等级才能有效预防和及时处理危害。

3. 突发事件造成的影响

突发事件一般会对组织或者个人造成不良影响，组织需要了解它的危害，以避免日后造成更大的损失。

4. 突发事件的应急处理预案

事件发生之后，组织最关注的便是如何解决这类问题，那么应急处理预案必不可少。良好的应急处理预案机制有助于组织安全渡过难关。

6.8.3　突发事件的记录及处理报告

行政文秘人员应配合相关部门人员对突发事件进行准确记录，跟进事件处理，编制突发事件汇报书。突发事件汇报书的范例如下。

<table>
<tr><td rowspan="2">文书名称</td><td rowspan="2">突发事件汇报书</td><td>执行部门</td><td></td></tr>
<tr><td>监督部门</td><td></td></tr>
<tr><td colspan="4">一、报告时间:____年____月____日。
二、报告人姓名:________________________________。
三、报告人电话:________________________________。
四、事件发生时间:____年____月____日。
五、事件发生地点:______________________________。
六、事件类型
事件类型：□事故灾难 □公共卫生 □自然灾害 □社会安全</td></tr>
</table>

（续）

油气井井喷失控事件		防恐（破坏）事件	
油气站及化工装置爆炸着火事件		涉外突发（涉外防恐）事件	
危险化学品严重泄露失控和中毒事件		公共文化场所和文化活动突发事件	
突发自然灾害事件		破坏性地震事件	
突发环境事件		突发公共卫生、公共医疗卫生事件	
火灾爆炸事件		群体性事件	
防汛事件		网络信息安全事件	
火工品被盗或丢失事件			

七、事件发生经过

××企业营销部李某因对营销场地选择不满，与公关部王某发生打架斗殴事件，造成王某身体多处受伤，李某轻微擦伤；一名保安因上前劝阻导致右手肘关节骨折。

八、事件发生原因分析

主要原因：营销部李某先前本已同意公关部对于营销场地的选定结果，但因后来与营销场地设施配备负责人就宣传设施配备问题产生歧义而未决，抱有怨气。李某完成营销任务回到公司后找公关部王某理论，王某不服，李某首先对王某实施殴打。

间接原因：营销场地负责人未能及时将其与李某发生争执的事件告知公关部。

九、事件产生的结果及可能的影响

事件产生的直接结果为打架斗殴事件影响当事人双方情绪，致使工作效率下降；间接结果为造成营销部和公关部关系紧张。

十、事件已采取的处理措施

安全部人员立即上前规劝双方，制止殴打行为；安全部人员疏散围观员工，确保了企业正常的经营秩序。安全部人员将事件通知企业行政部，并告知了当地派出所。

十一、事件职责分析

1. 企业安全部进行劝阻，并负有保护相关人员和设备设施的责任。如事态严重，有伤害事故发生，安全部应及时与当地派出所或公安机关联系。

2. 企业行政部对当事人双方发生的打架斗殴事件进行调查、取证，并根据事件发生的实际情况对当事双方做出相应的处罚。

十二、公司应急人员

	应急职务	姓名	联系电话	移动电话
公司应急人员	总指挥			
	信息联络			
	现场指挥			

十三、信息报送情况

□本公司（单位）领导　□本公司（单位）有关部门　□上级部门　□政府部门

第 7 章　人际沟通与协调工作

7．1　沟通方法与技巧

7．1．1　与领导沟通

人际沟通在文秘的日常工作中具有重要的作用和意义，在实际工作中，大量的活动都要通过人与人的交往来完成，所以不管是面对上司、下属、还是面对需要接洽商谈的单位，都应掌握良好的沟通技巧与方法。

1．与领导沟通的技巧

与领导沟通是一门学问，行政文秘人员不能过于卑微，也不能显得高傲，更不能无事生非，在与领导沟通前要做好准备，熟练掌握沟通技巧，具体内容如图 7-1 所示。

事先准备，说话要条理清晰

◎ 谈话时，行政文秘人员要做到条理清晰、简明扼要
◎ 请示问题时，应当周密准备，先替领导考虑问题的可行性

声音不宜过大，彼此能听清即可

◎ 语速快慢适中，过快或过慢都不可取
◎ 说话时要有停顿和间隔，以提高语言的表达效果

态度谦恭有礼，积极主动

◎ 对领导应当尊重，要使用恭敬的语言、保持不卑不亢的态度
◎ 积极主动地与领导交谈，消除隔阂，使相处氛围和谐、融洽

选择适宜的时机，恰当的场合

◎ 领导情绪不好时，要避免与其沟通
◎ 与领导谈工作的最佳地点是他的办公室

忠诚对待，注意等级差别

◎ 服从领导命令，维护领导的形象
◎ 不能随便开玩笑

善于打破谈话僵局

◎ 与领导交谈时，如果陷入僵局，出现冷场的情况，行政文秘人员要及时打破僵局
◎ 寻找共同语言，巧妙地避开令人尴尬或需保密的话题，使谈话顺利进行下去

图 7-1　与领导沟通的技巧

2. 与领导沟通的方法

行政文秘人员在与领导的日常沟通中，不仅要掌握必要的沟通技巧，还要运用有效的沟通方法，使沟通顺畅无阻，具体内容如图 7-2 所示。

1. 采用多种沟通方式

◎ 为了提高与领导沟通的质量，行政文秘人员应努力加工、提炼和压缩沟通信息，采用多种方式与领导沟通
◎ 在与领导沟通时应采用简洁和多介质的沟通方式

2. 尊重领导的意见

◎ 领导的意见和决策一般是经过全盘考虑和深思熟虑的，在多数情况下都是正确的，行政文秘人员应坚决按照这些正确的意见和决策去工作
◎ 对领导的吩咐要严格执行，对领导的动机要准确把握

3. 及时完成工作

◎ 行政文秘人员的职责是为领导服务，所以要及时完成领导交办的工作，若没有完成工作，要及时分析原因、总结经验，不要找借口为自己开脱
◎ 要为领导出谋划策，当好领导的参谋

4. 尊重领导职权

◎ 行政文秘人员不是决策者，要按职责规定办事，不能越权、借领导的名义发号施令，处理重要事情要及时向领导请示，不能自作主张
◎ 行政文秘人员须明确自己服务的界限，克服意见未被采纳时委屈失望的心理

5. 真诚劝说领导

◎ 行政文秘人员要热情坦诚，与领导建立诤友关系
◎ 要提供极具说服力的事实依据，保持客观公正，冷静分析问题
◎ 突出劝说重点，切忌主次不分，东拉西扯

图 7-2　与领导沟通的方法

7．1．2　与下属沟通

行政文秘人员的主要职责是上传下达，因此，其不仅要做好与上级领导的沟通，还要正确处理与下级同事的沟通，良好的沟通便于自己收集各方面的信息情报，有利于工作效率的提高。

1. 与下属沟通的技巧

同与领导沟通一样，与下属的沟通也需要技巧，掌握良好的沟通技巧可以使行政文秘人员与下级同事融洽地相处，与其成为知心朋友。具体沟通技巧如图 7-3 所示。

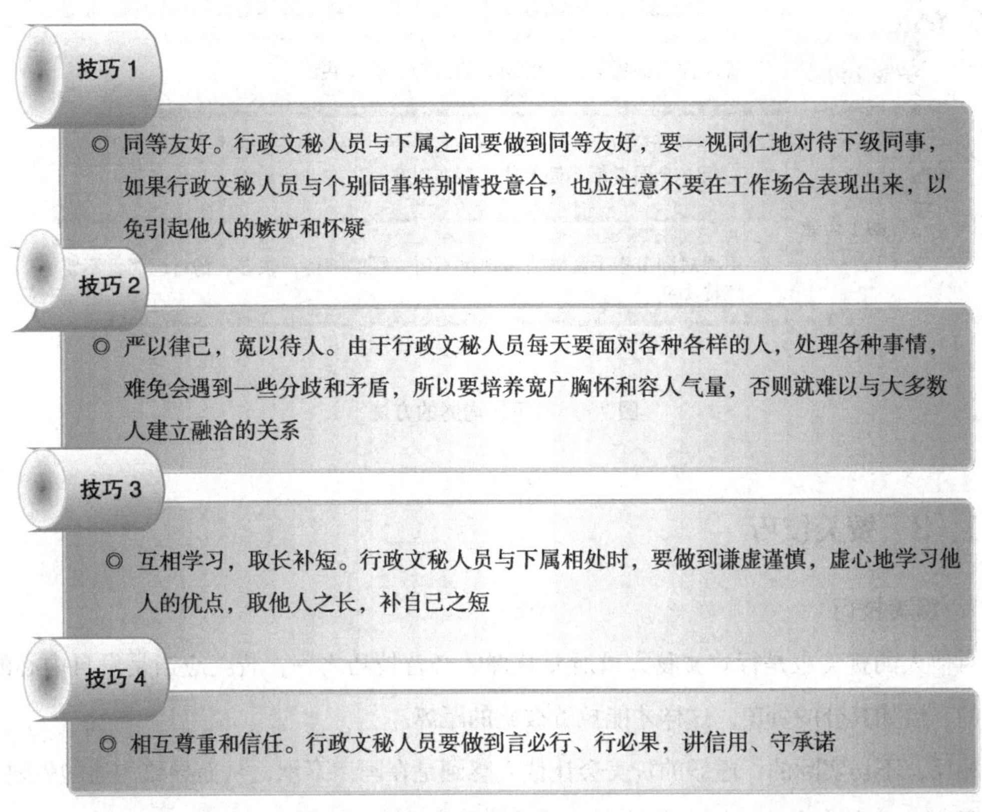

图 7-3　与下属沟通的技巧

2. 与下属沟通的方法

行政文秘人员要想融洽地与下级同事沟通，就必须从各个方面维护好与下级同事的关系，掌握恰当的方法，具体内容如图 7-4 所示。

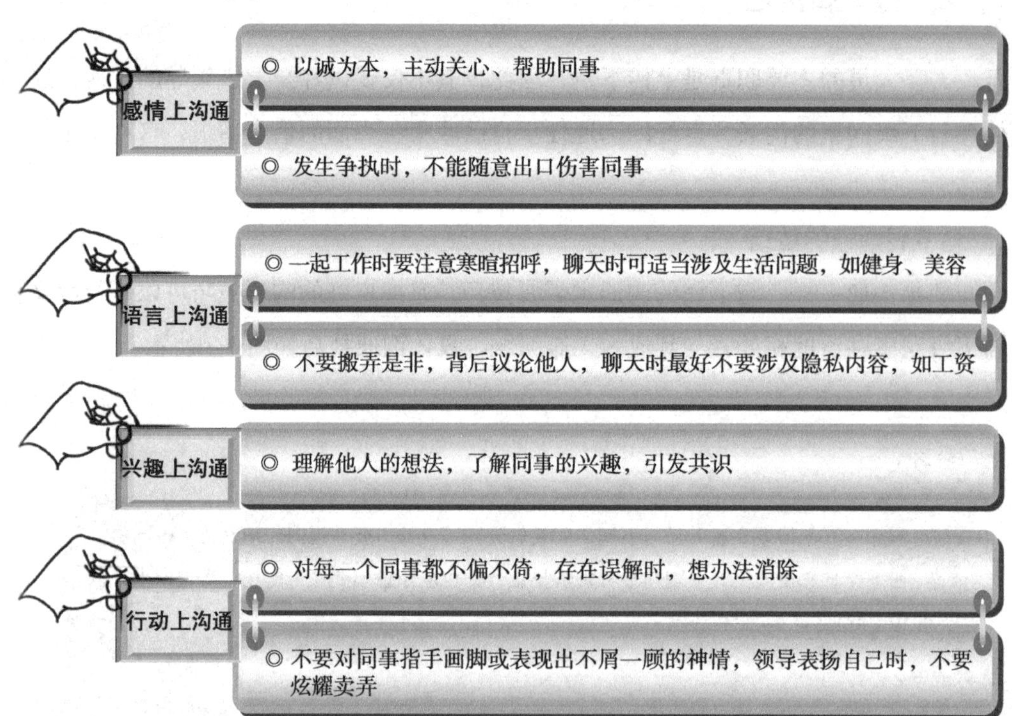

图 7-4 与下属沟通的方法

7．1．3 赞美技巧

1. 赞美技巧

对他人的赞美也是行政文秘人员所要掌握的必备技巧之一，赞美应当是发自内心的、真诚的、恰如其分的赞美，这样才能拉近彼此的距离。

相反，不切实际的、虚假的赞美会让他人感到是在阿谀奉承，从而导致沟通的失败。

因此，只有恰当地运用赞美技巧，才能发挥出意想不到的效果。具体的赞美技巧如图 7-5 所示。

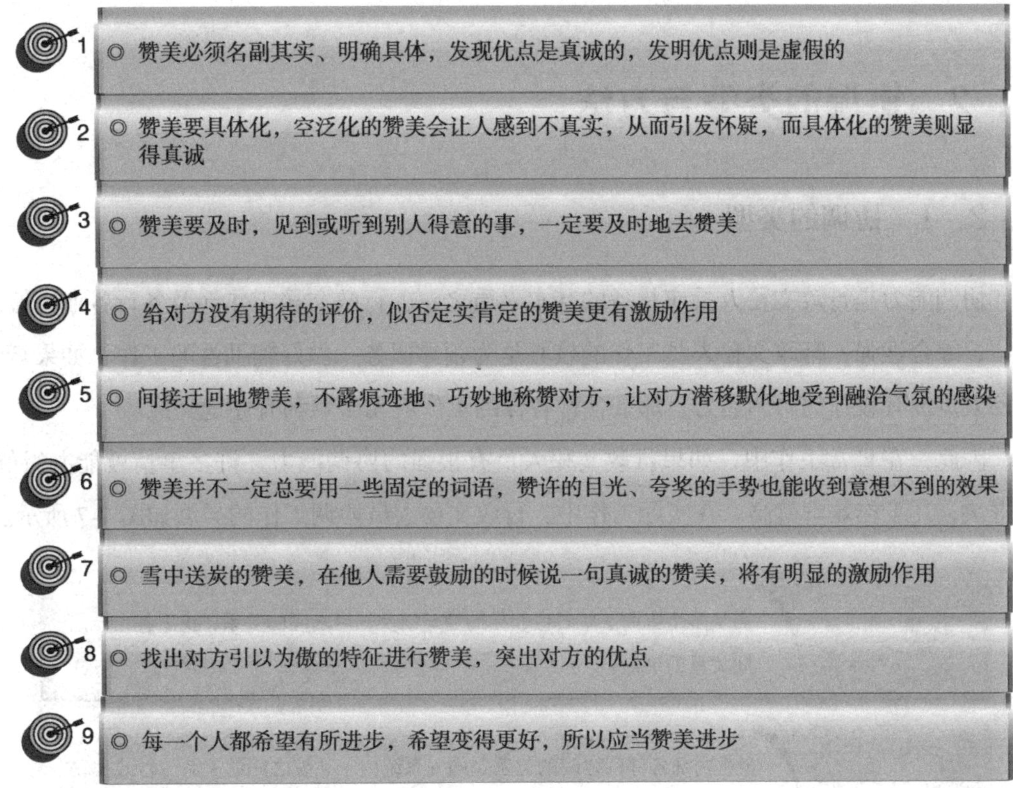

图 7-5　文秘的赞美技巧

2. 赞美的例子

在赞美过程中，应当使用合理的话语，下面是一些具体的例子，如图 7-6 所示。

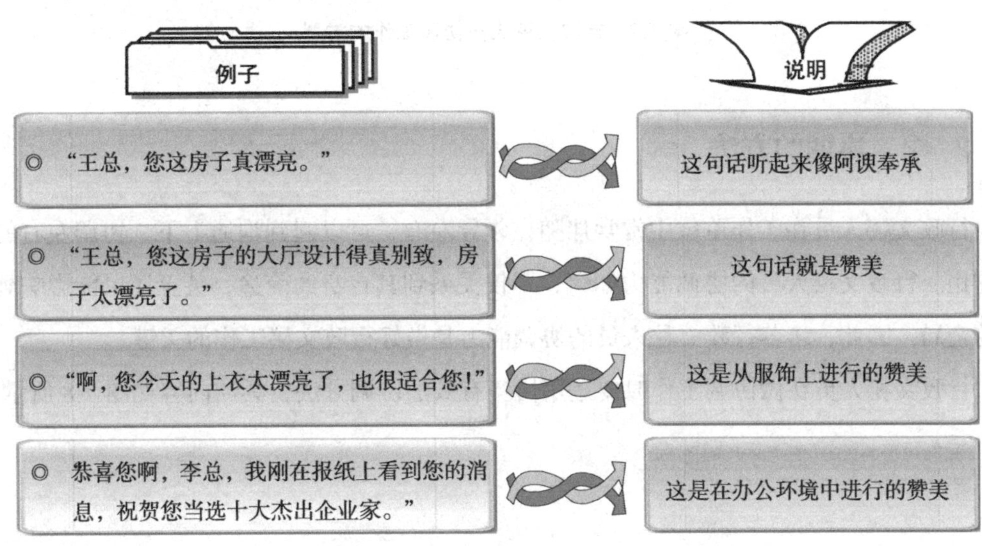

图 7-6　真诚赞美的四个例子

7．2　协调的类型与方法

7．2．1　协调的类型

协调能力是行政文秘人员应具备的基本素质之一，行政文秘工作涉及各行各业，接触面广，综合性强，行政文秘人员工作的核心是为领导服务，做好辅助性的工作。如果行政文秘人员没有较强的协调能力，那么各种各样的工作就无法顺利有序地完成。

因此，在日常工作中，如果行政文秘人员有很强的协调能力，许多事情就能办得好、办得快，其工作效率就高。在实际工作中，行政文秘人员协调工作的类型如图 7-7 所示。

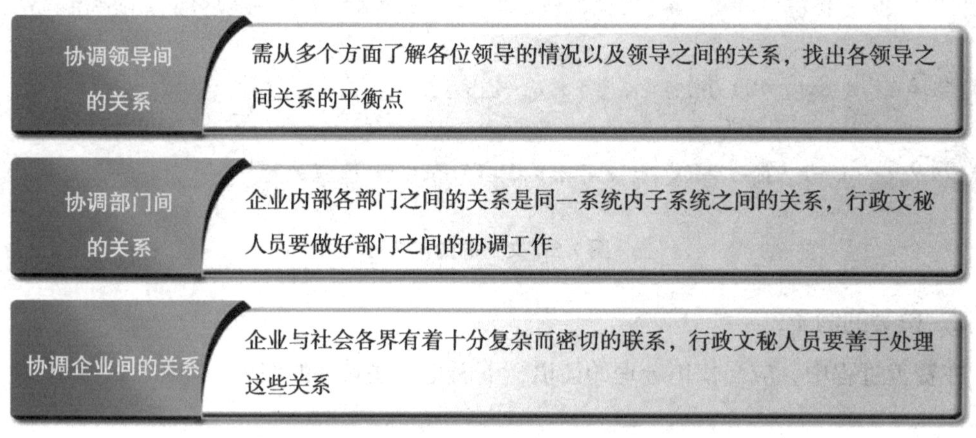

图 7-7　行政文秘人员协调工作的类型

7．2．2　协调的方法

行政文秘人员在工作单位中常常伴随在领导左右，可以起到沟通上下、协调左右的桥梁作用。行政文秘人员的协调能力如何，不仅关系到其自身的前途，甚至还可能影响到公司的全局，因此，培养行政文秘人员的协调能力是做好行政文秘工作的关键。

行政文秘人员在做协调工作时要运用恰当有效的协调方法，具体内容如图 7-8 所示。

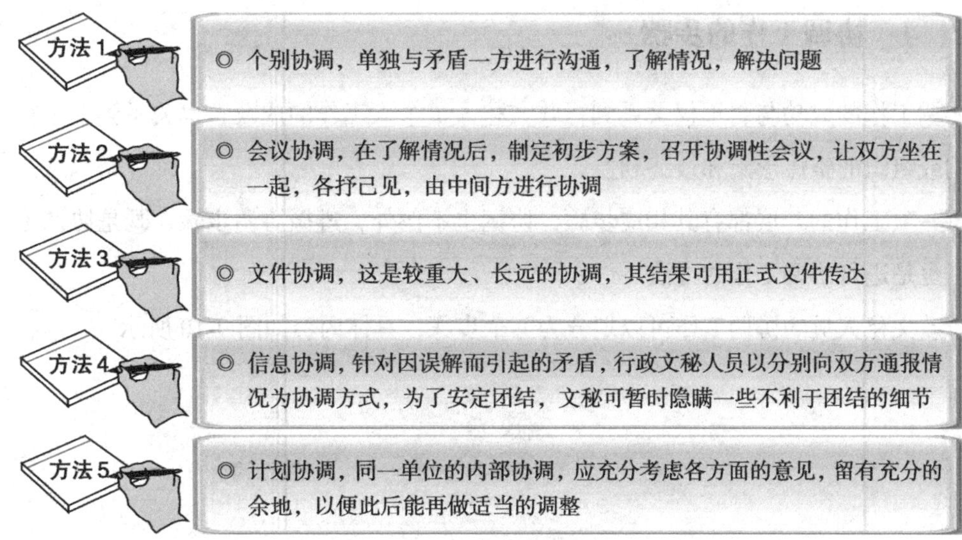

图 7-8 行政文秘工作中的协调方法

7.2.3 协调的注意事项

文秘人员要调整好自己与领导之间的上下级关系，也要处理好自身与群众的关系，调解好群众内部产生的矛盾。为了使协调工作顺利进行，行政文秘人员在工作中要注意一些问题，具体的注意事项如图 7-9 所示。

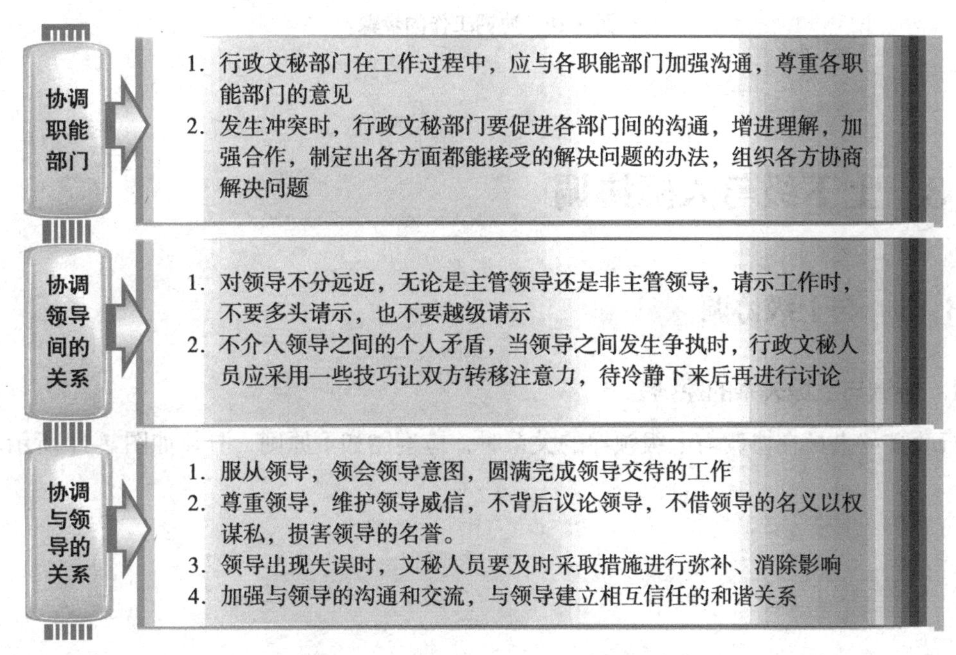

图 7-9 文秘人员协调工作的注意事项

7.2.4 协调工作的步骤

协调工作的成功与否不仅关系到行政文秘人员个人工作的成败，也关系到整个行政文秘部门或组织的整体形象和最终利益。

每一项工作的开展都有其相应步骤，协调也不例外，遵循协调步骤，既是协调工作的原则，也是进行协调工作的方法。

行政文秘人员的协调工作可以划分为五个步骤，具体内容如图 7-10 所示。

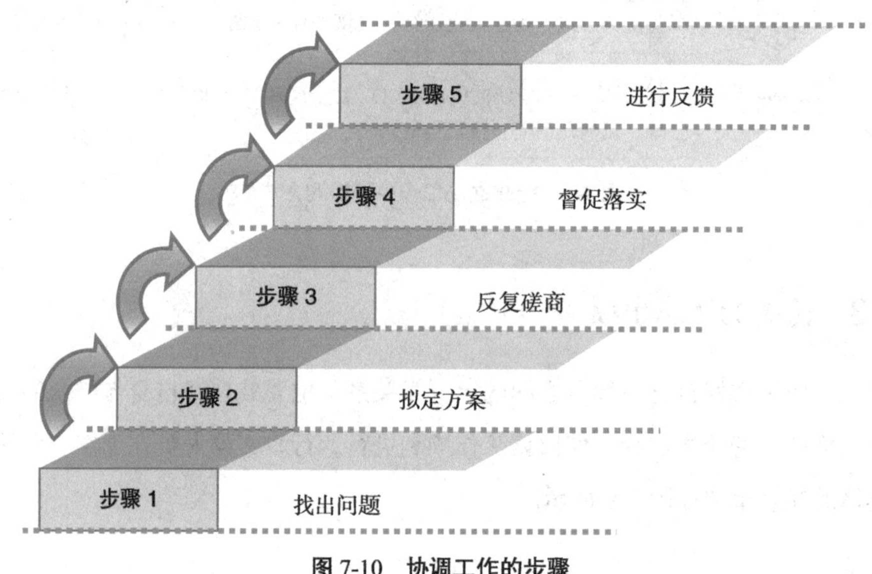

图 7-10 协调工作的步骤

7.3 上下级与人际协调

7.3.1 与上级协调

1. 协调与上级关系的原则

行政文秘人员在协调与上级领导的关系时，应遵循如下原则，具体如图 7-11 所示。

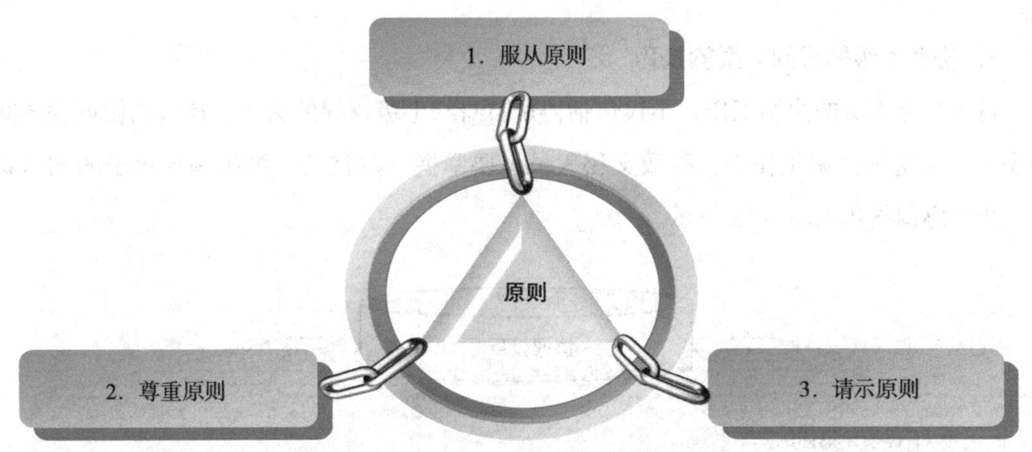

图 7-11　协调与上级关系的原则

2. 协调与上级关系的技巧

协调的目的在于化解矛盾，把各方面的力量组成和谐统一的合力，以求收获最佳工作效果，为了实现协调的目标，行政文秘人员要掌握必要的协调技巧。行政文秘人员在日常工作中经常要与上级领导协调工作，因此，行政文秘人员应熟练地掌握与上级协调工作的方法与技巧，具体内容如图 7-12 所示。

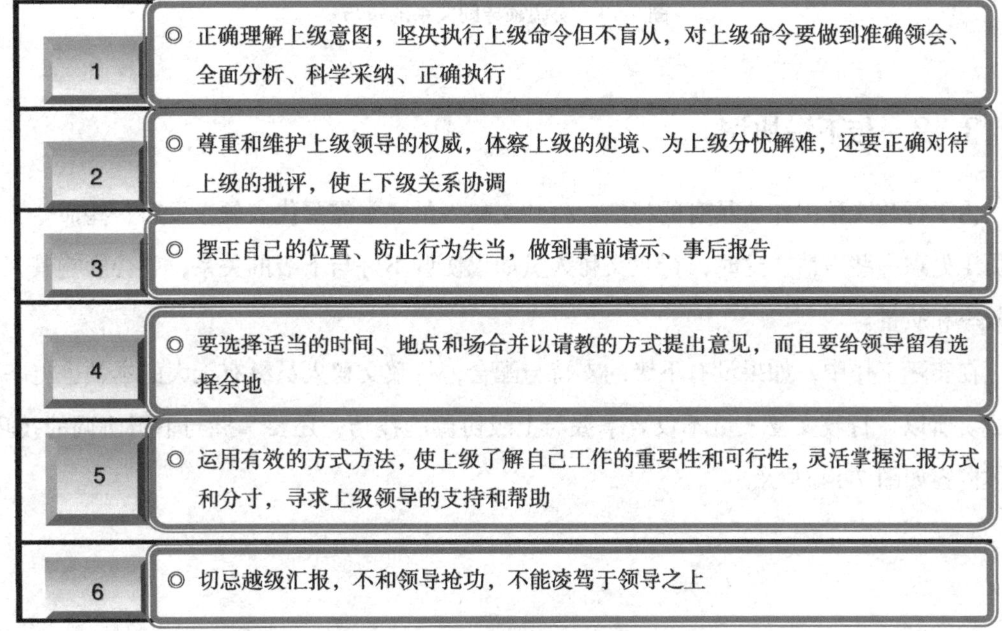

图 7-12　协调与上级关系的技巧

3. 协调上级领导间关系的技巧

行政文秘人员的协调工作，不仅包括协调自身与上级领导的关系，还包括协调领导间的关系。在这种协调工作中，行政文秘人员也要掌握一些技巧，维护领导班子的和谐状态。具体协调技巧如图 7-13 所示。

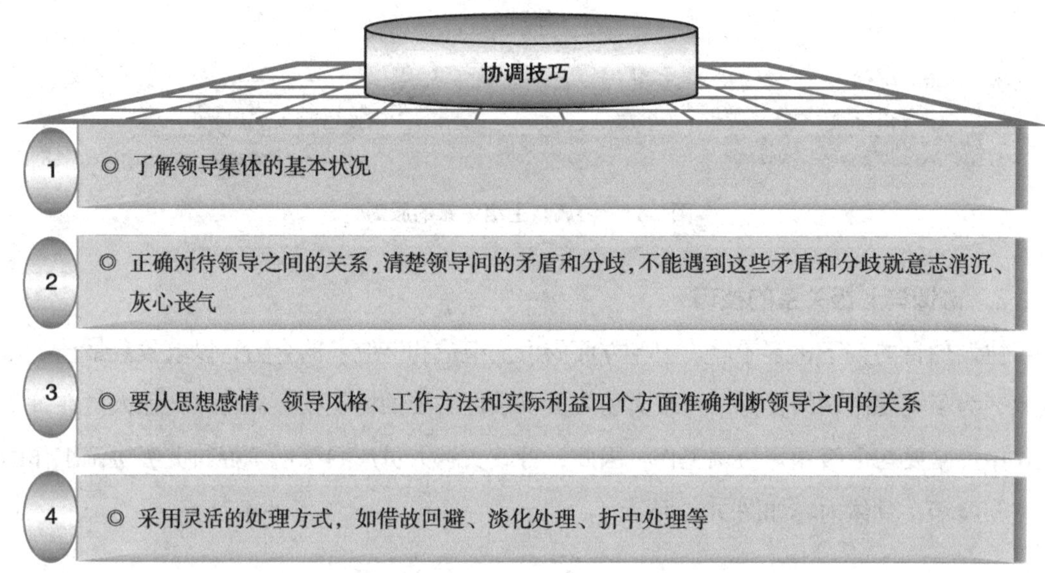

图 7-13　协调领导间关系的技巧

7.3.2 与下级协调

由于行政文秘工作所具有的特性，行政文秘人员经常需要代表领导发布一些命令，指导员工处理一些事情。这时，行政文秘人员如果协调不好与下级的关系，就会影响其工作的效率和质量。

在实际工作中，如果没有下级的支持与配合，行政文秘人员纵有天大的本领也将一事无成。所以，行政文秘人员不仅要掌握与上级协调的技巧，还要掌握与下级协调的技巧，具体内容如图 7-14 所示。

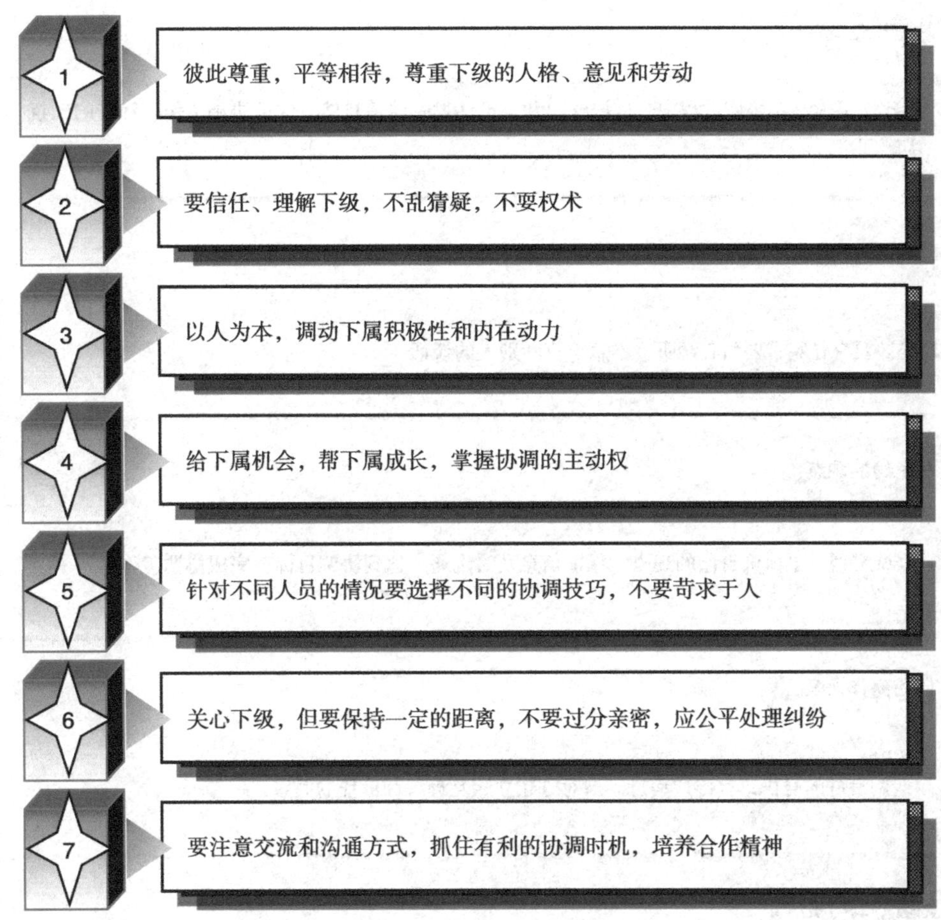

图 7-14　与下级协调的技巧

7．3．3　人际协调的技巧

良好的人际关系有助于行政文秘人员更好地协调自身与上级、下级及同级同事的关系，行政文秘人员应认识到建立良好的人际关系的重要性和必要性，培养自己的人际交往能力，提高自身的交际能力，组织建立起良好的人际关系网络。

常用的人际关系协调技巧如图 7-15 所示。

注意说话语气

◎ 行政文秘人员在协调过程中，应语气温和，说话发音清楚自然，保证协调工作在和谐的气氛中顺利进行

谈话要有礼貌

◎ 交谈要有礼貌，要耐心倾听，不急于打断别人的谈话。

有明确的观点

◎ 真诚交谈，不掩饰自己的观点，保证信息及时沟通，达到协调目标，完成协调工作

善用身体语言

◎ 运用良好的身体语言传递信息，与对方建立相互理解和信任的关系

把握协调时机

◎ 在协调工作中，注意把握时机，好的时机可事半功倍

学会控制情绪

◎在协调过程中，要沉着冷静、胸襟宽阔，不发怒、不动火，遇到激怒自己的事情不能甩手就走

图 7-15 常用的人际关系协调技巧

7.3.4 说话技巧

说话是一门艺术，说话是有技巧的，正确使用说话技巧，可以使协调工作顺利进行，

所以掌握说话技巧对于行政文秘人员来说是非常重要的。工作过程中，行政文秘人员应掌握的说话技巧如图 7-16 所示。

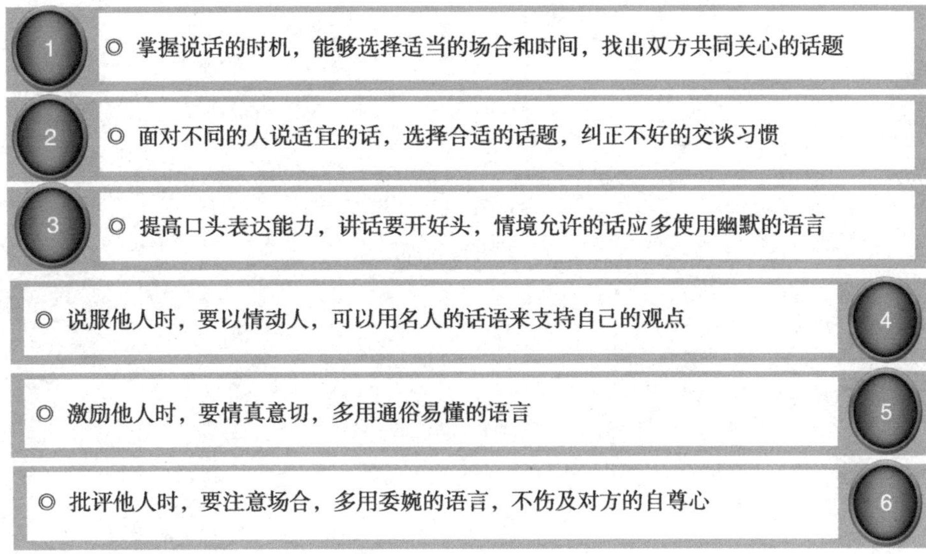

图 7-16　说话技巧

第8章　谋划工作

8.1　参谋与咨询

8.1.1　如何做好参谋

1. 参谋的范畴

行政文秘人员是领导身边的综合辅助者和公务服务者，是以辅助决策、沟通协调、办文办公等为主要职能活动的参谋助手。

参谋工作涉及各个方面，它要求行政文秘人员能够随时有效地为领导提供决策信息、预案，协助领导协调各方面的关系，检查督办各项工作。

行政文秘人员参谋工作的具体范畴如图8-1所示。

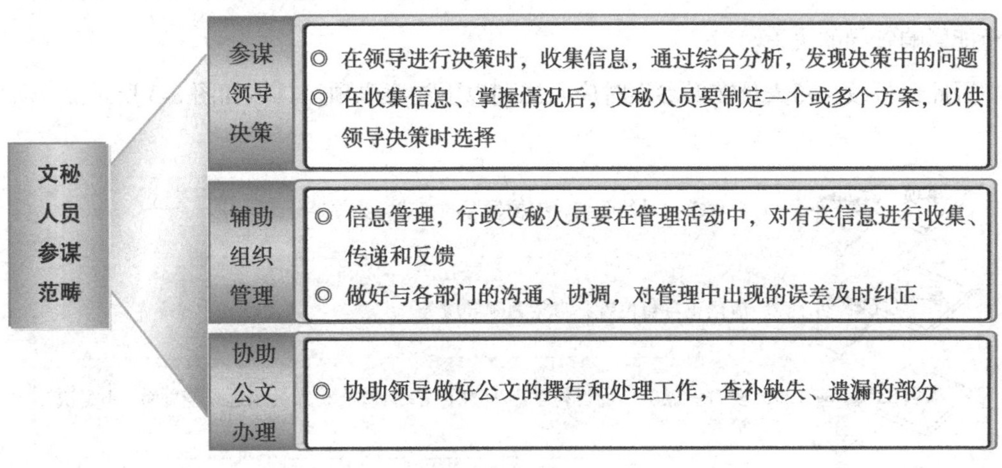

图8-1　文秘人员参谋工作的范畴

2. 做好参谋所具备的条件

参谋工作能完善领导的思想，辅助领导工作，同时对领导工作也有提醒作用，行政文秘人员应当做好参谋，为领导提供全面的辅助服务。

一个好的参谋应当具备的素质如图 8-2 所示。

条件 1

◎ 诚实守信，行政文秘人员担负着上情下达、下情上报的重任，必须做到诚实守信，切忌假借领导旨意，滥用职权

条件 2

◎ 坚守岗位职责，提高工作技能，如语言文字运用能力、组织能力、判断能力、应变能力及人际交往能力

条件 3

◎ 懂得参谋的时机，懂得领导分管的业务，敢于向领导提出不同的观点；领导的长处很多，关键在于补短

条件 4

◎ 完成各项工作要严谨、勤勉，做到戒骄戒躁，实现自我超越

图 8-2　文秘人员做好参谋应具备的素质

8.1.2　参谋的注意事项

在日常工作中，行政文秘人员的参谋工作极为重要，特别是在关键时期，其参谋意见甚至能影响领导的决策。

因此，行政文秘人员在做参谋时应考虑到以下注意事项，具体如图 8-3 所示。

事项 1　◎ 要尊重领导的职权，维护领导的权威，为领导分忧

事项 2　◎ 应摆正自身位置，自觉为领导服务

事项 3　◎ 要对参谋工作进行科学准确的定位，行政文秘人员永远是辅助者，不是决策者

事项 4　◎ 要具备较高的思想政治觉悟和一定的职业道德素养，具有一定的超前意识和洞察力

事项 5　◎ 要树立严谨的工作作风，勤思考，不断创新、开拓进取

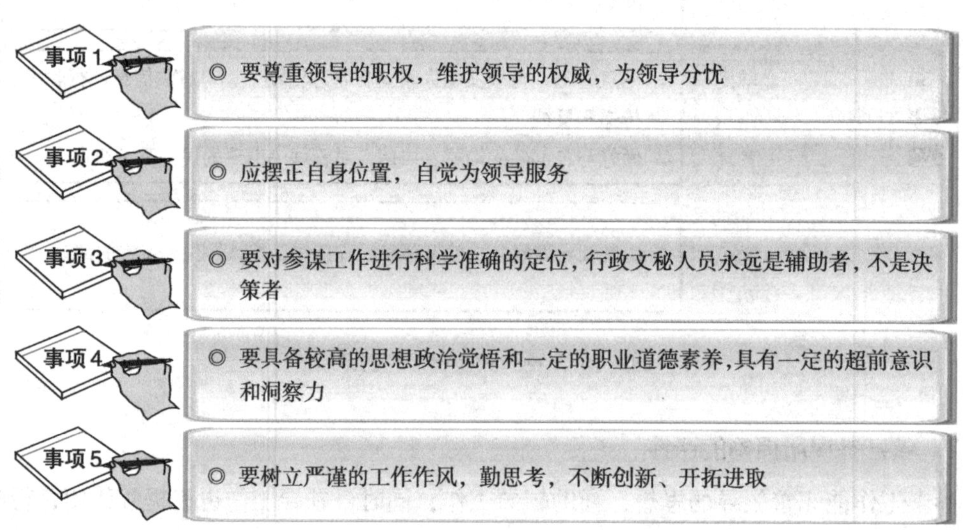

图 8-3　行政文秘人员做好参谋的注意事项

8．1．3　如何做好咨询

1. 咨询工作的特点

行政文秘人员在开展咨询工作前，要首先了解咨询工作的特点，具体内容如图 8-4 所示。

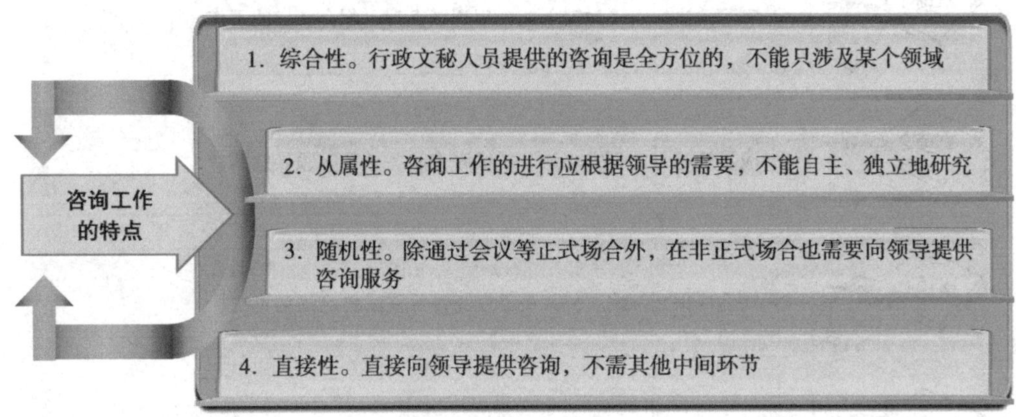

图 8-4　咨询工作的特点

2. 如何做好咨询工作

行政文秘人员的咨询工作就是向领导以及其他职能部门提供咨询服务，如何做好咨询工作是行政文秘人员亟须解决的问题。图 8-5 所示为行政文秘人员做好咨询工作所应具备的素质。

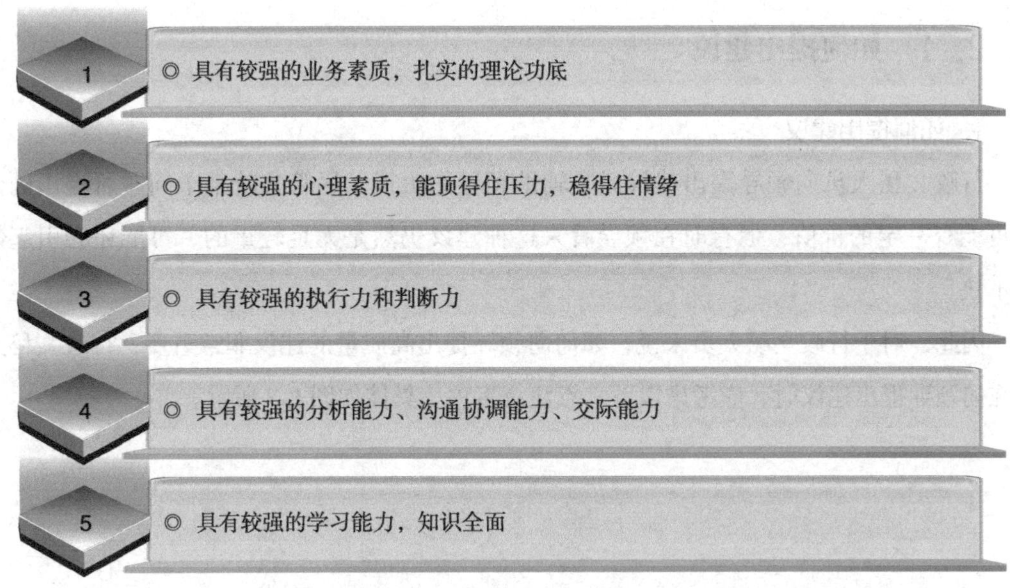

图 8-5　行政文秘人员做好咨询工作应具备的素质

8.1.4　提供咨询服务的注意事项

行政文秘人员为领导提供咨询服务时，应注意如下事项，具体如图 8-6 所示。

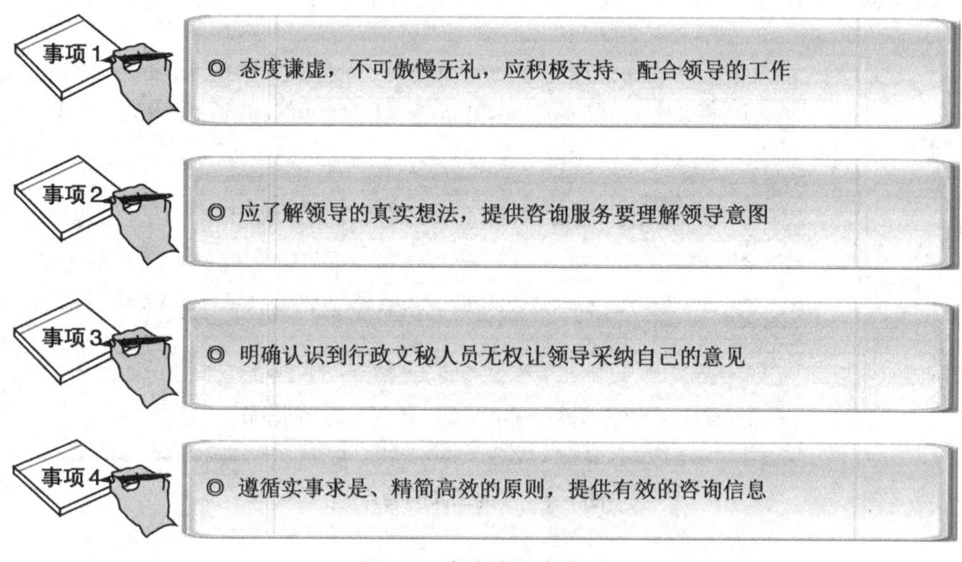

图 8-6　咨询的注意事项

8.2　建议与提案

8.2.1　如何提出建议

1. 如何提出建议

行政文秘人员向领导提出建议只是辅助领导的决策，尽管其就某个问题所提出的建议可能有一定的价值，但有时在领导看来这种建议仍然是无足轻重的，可能还会引起领导不快。

因此，对于行政文秘人员来说，如何向领导提出高质量的建议非常重要，行政文秘人员在向领导提出建议时，应考虑以下六点注意事项，具体如图 8-7 所示。

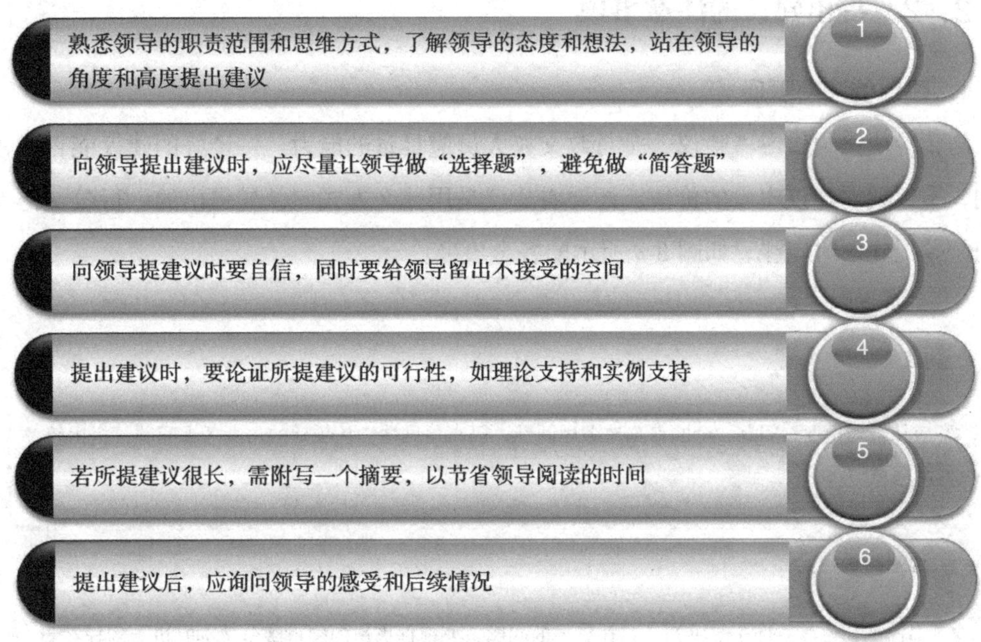

图 8-7　如何提出建议

2. 撰写建议书

行政文秘人员向领导提建议时，有时需要撰写建议书，一份完整的建议书应包括十项必不可少的内容，具体如图 8-8 所示。

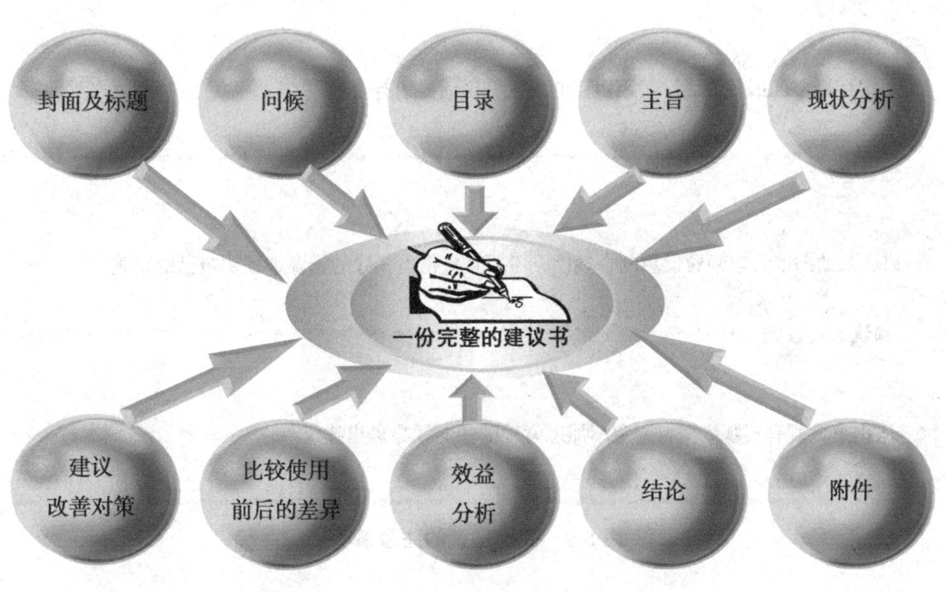

图 8-8　一份完整的建议书应包括的内容

8. 2. 2 提出建议的注意事项

1. 建议的注意事项

为领导决策提供参考建议，是行政文秘人员应具备的能力，一个好的建议能否被领导采纳，不仅要看建议本身的价值，还要看建议是用什么方式向领导提出的。行政文秘人员在向领导提建议时应注意如图 8-9 所示的各个事项。

注重全局

◎ 应从全局角度看问题，全面深刻地考虑问题，提高预见性，从领导的角度考虑问题，提出较高质量的建议

选择时机

◎ 提出的建议要有助于解决领导正在思考的问题，要根据事情的轻重缓急选准时机，领导在集中精力处理问题时，不宜打断其思路

说话婉转

◎ 提建议时，要做些铺垫，避免开门见山，注意措辞和分寸，采用间接询问的方式，即使领导不接受，也不应当场反驳其决定

切忌命令

◎ 不要用命令的语气说话，要用协商的语气，说话要留有余地

态度谦虚

◎ 以谦逊的态度肯定领导设想的合理性，不要直接指出领导的错误来证明自己的正确

确认事实

◎ 所提意见要有客观依据，避免不加思索地随便向领导提出建议

图 8-9 提出建议的注意事项

2. 撰写建议书的注意事项

行政文秘人员在撰写建议书时应注意如下五个事项，具体如图 8-10 所示。

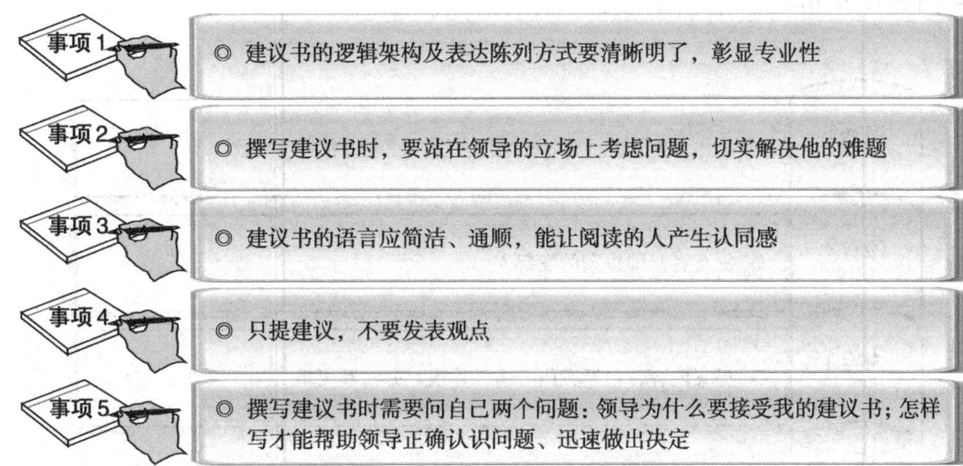

图 8-10　撰写建议书的五个注意事项

8．2．3　如何撰写提案

1. 撰写提案的要求

撰写提案是一项严肃的工作，行政文秘人员在书写过程中应有认真、严谨的态度，符合提案自身的规范性要求，具体要求如图 8-11 所示。

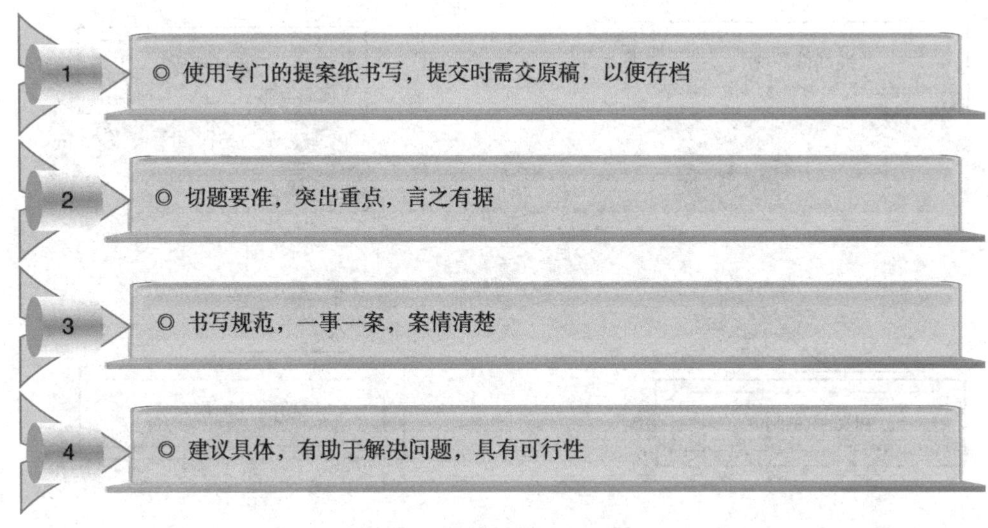

图 8-11　撰写提案的要求

2. 提案应包含的要点

提案是指供组织会议讨论、决定、处理的方案或建议，一份完整的提案应包含如下内容，如图 8-12 所示。

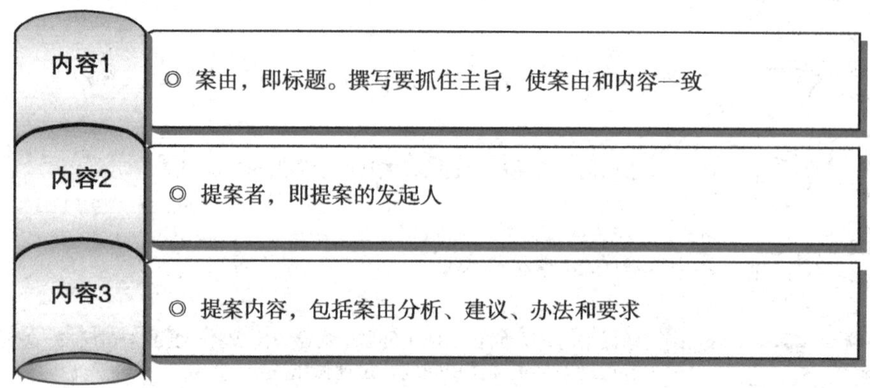

图 8-12　提案应包含的要点

8.2.4　撰写提案的原则和注意事项

1. 撰写提案的原则

行政文秘人员在撰写提案时，应坚持提案的严肃性、科学性，同时注意以下原则，具体如图 8-13 所示。

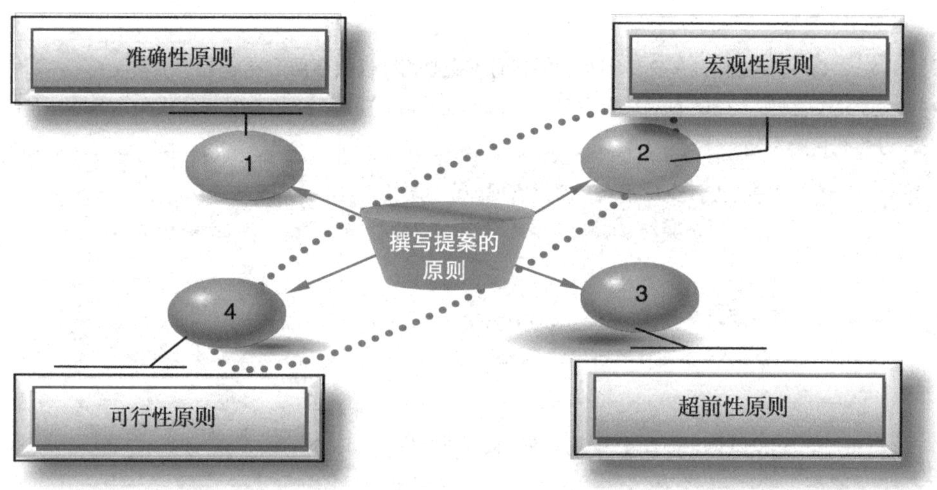

图 8-13　撰写提案的原则

2. 撰写提案的注意事项

行政文秘人员在撰写提案时，要严格按其格式规范撰写，熟知撰写提案的注意事项，提高提案的质量，图 8-14 所示为撰写提案的注意事项。

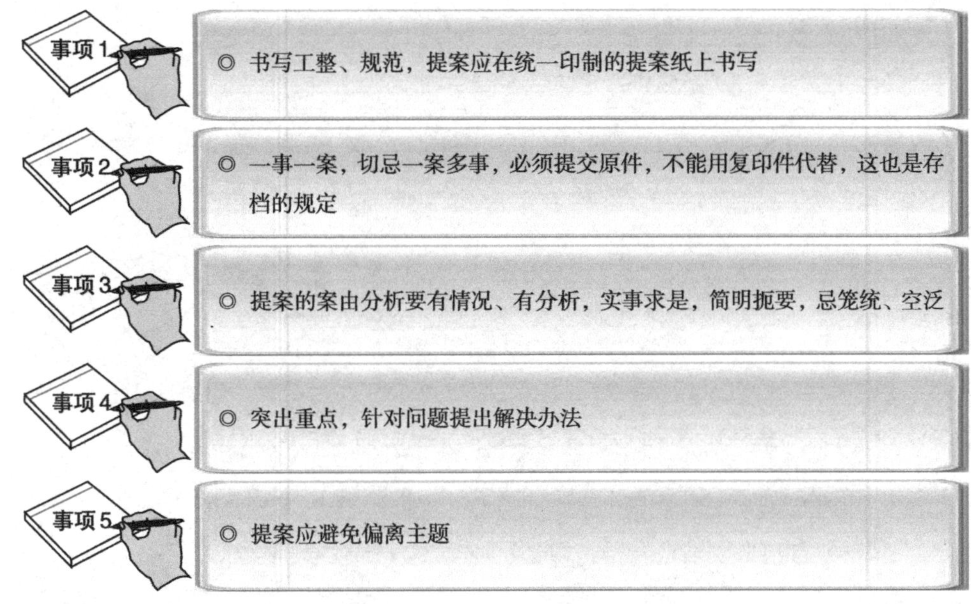

图 8-14　撰写提案的注意事项

第 9 章　行政文秘人员职业素质提升

9.1　自我商务礼仪

9.1.1　仪容管理

在商务活动中，为了体现相互尊重，需要通过一些行为准则去约束和规范人们在商务活动中的方方面面，这其中就包括个人礼仪，如仪容仪貌、服饰礼仪和语言礼仪等。

1. 行政文秘人员的仪容管理

仪容即人的容貌，是个人仪表的重要组成部分，行政文秘人员要注重仪容管理，具体要求如图 9-1 所示。

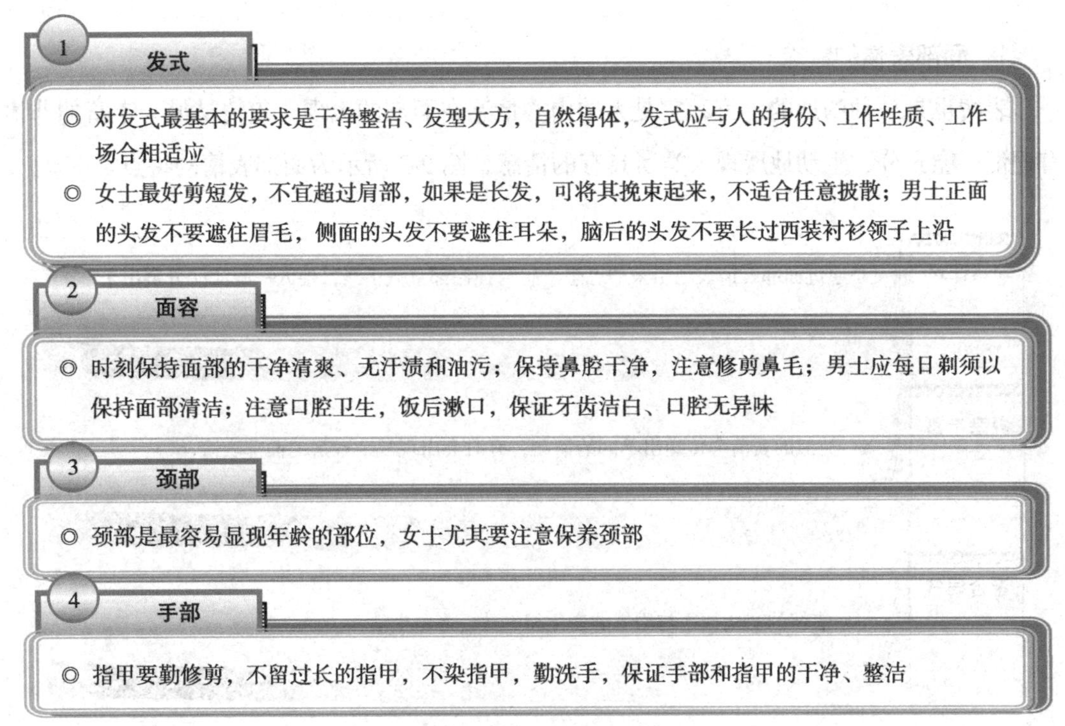

图 9-1　文秘仪容管理的要求

2. 仪容管理的注意事项

为了维护自我形象，行政文秘人员有必要修饰仪容。在仪容的修饰方面要注意以下四点，如图 9-2 所示。

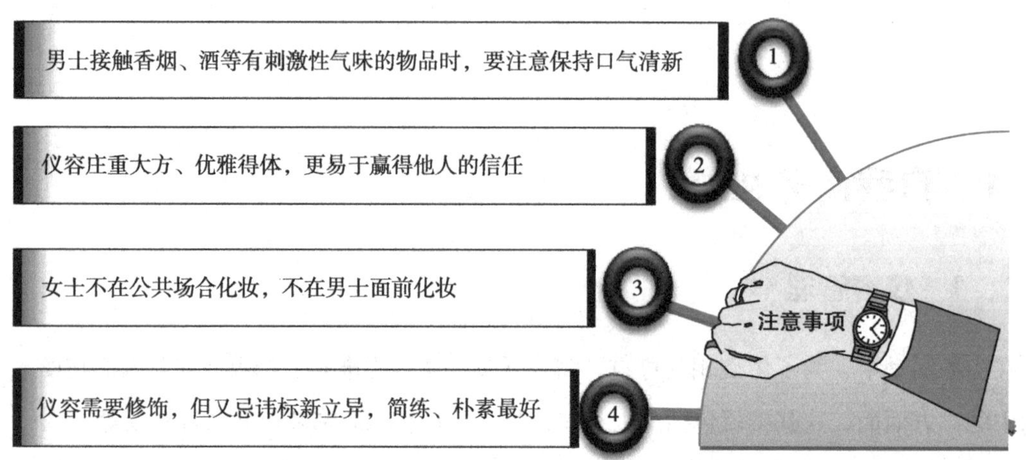

图 9-2　仪容管理的注意事项

9.1.2　表情管理

1. 面部表情的特点

表情也是一种沟通的语言，它是人的内心情感在面部的表现。表情是最为丰富的非语言词汇，能充分、生动地展现人类所具有的情感，图 9-3 所示为面部表情的特点。

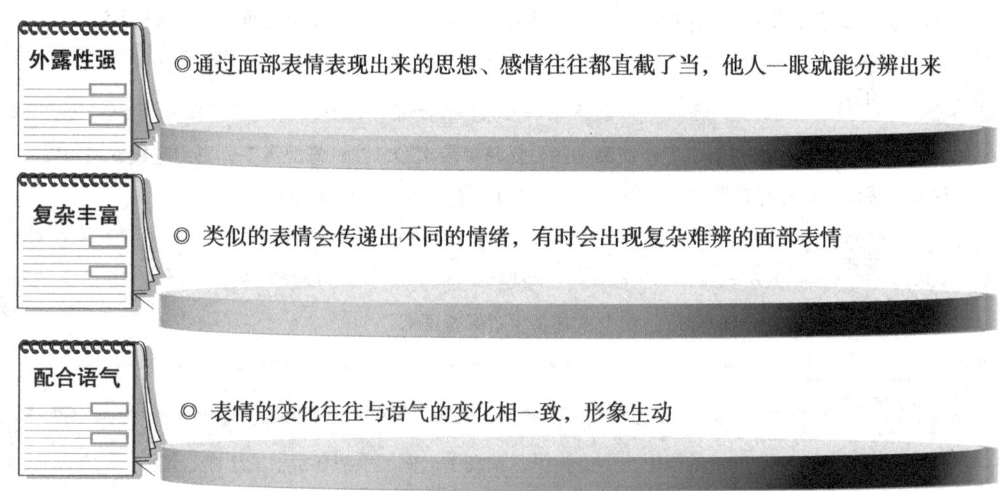

图 9-3　面部表情的特点

2. 行政文秘人员的表情管理

在工作活动中，行政文秘人员的待人态度和表情更为重要，具体要求如图 9-4 所示。

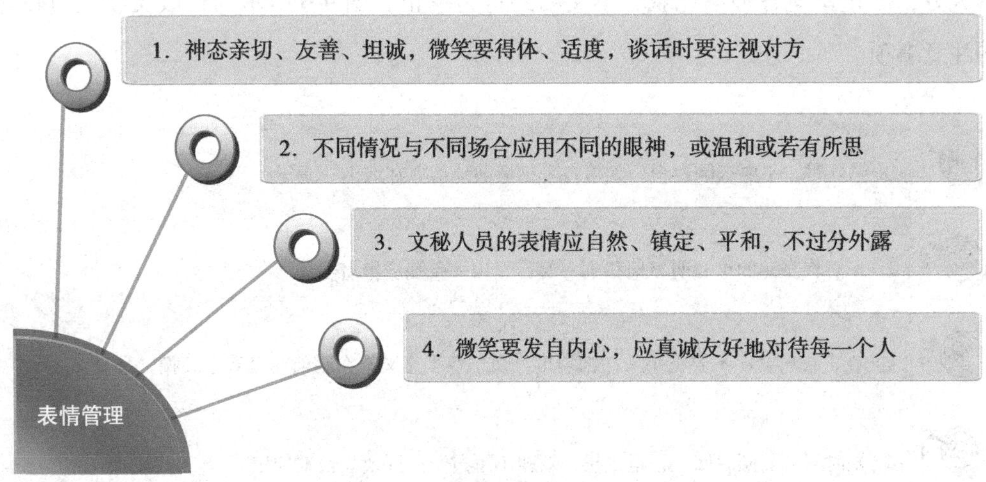

图 9-4　行政文秘人员的表情管理

9.1.3　仪态管理

1. 行政文秘人员的仪态礼仪

仪态是人举止行为的统称，是内在气质的外在表现，基本的举止仪态包括站姿、坐姿、走姿等，行政文秘人员应掌握的仪态礼仪如图 9-5 所示。

◎ 两眼平视前方，嘴微闭，收颌梗颈，两肩平正，稍微向后沉
◎ 两臂自然下垂，手指自然弯曲，两手也可在身前交叉，右手放在左手上
◎ 挺胸、抬头、腰部正直，切忌站得东倒西歪
◎ 男士站立时两腿可适当分开，但不能超过肩宽

◎ 坐姿要文雅，无论哪种坐姿，都不要弯腰驼背
◎ 女士坐下时不要叉开双腿，起立时可先将一只脚向后收半步后再站起
◎ 不要把双手置于膝上或椅腿上
◎ 不要猛起猛坐造成座椅乱响

◎ 目光平视，挺胸收腹，表情自然平和，面带微笑
◎ 两肩平稳，防止上下左右摇摆，两臂自然下垂，前后自然摆动
◎ 步伐稳健，步幅适当，步速平稳，走路避免“外八字”或“内八字”
◎ 如遇领导、贵宾或女士，应主动礼让，站立一旁，请其先走

图 9-5　行政文秘人员的仪态礼仪

2. 行政文秘人员仪态礼仪的注意事项

行政文秘人员要塑造良好的交际形象，必须注意自身的行为举止，要做到彬彬有礼、落落大方，尽量避免各种不礼貌、不文明的行为举止。图 9-6 所示为行政文秘人员仪态礼仪的注意事项。

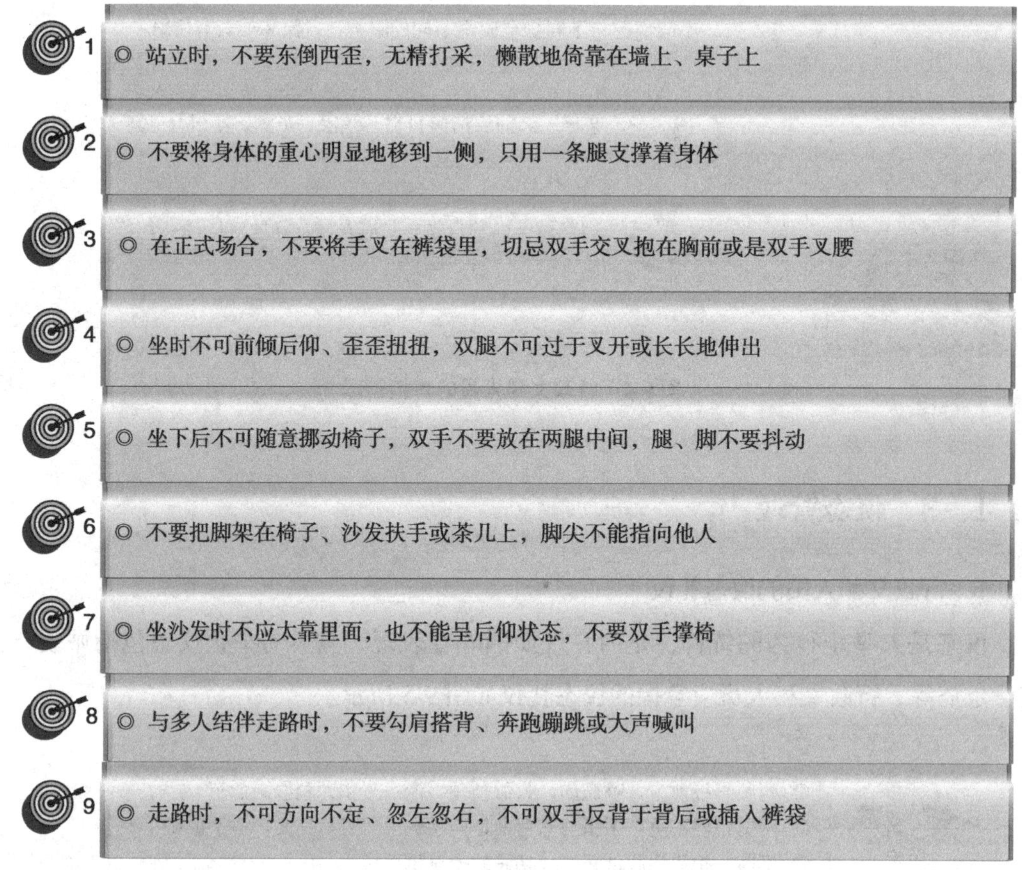

图 9-6 行政文秘人员仪态礼仪的注意事项

9.1.4 服饰管理

1. 行政文秘人员服饰礼仪的要求

得体的服饰不仅可以增强行政文秘人员的自信心，体现其良好的文化修养，而且也对外展示着企业良好的公关形象。行政文秘人员的服饰礼仪有以下要求，具体内容如图 9-7 所示。

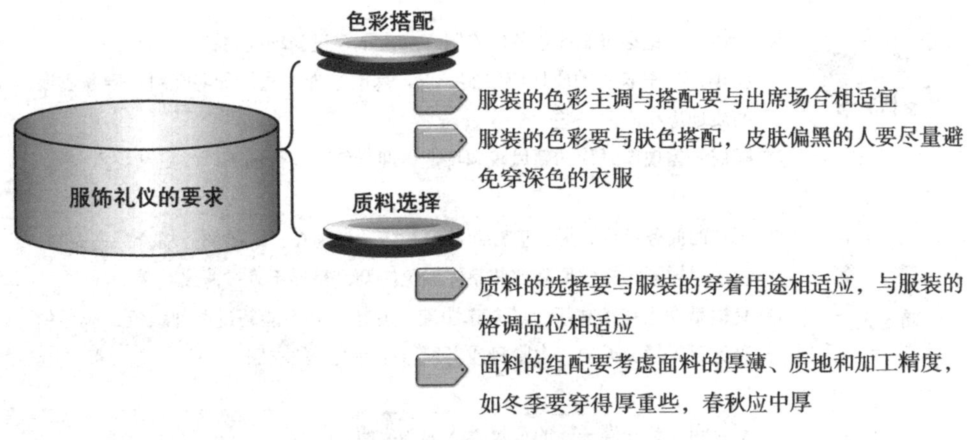

图 9-7　服饰礼仪的要求

2. 行政文秘人员服饰色彩搭配方法

不同的色彩搭配会使人产生不同的联想，色彩搭配得当就会和谐美观，服装色彩搭配有以下三种方式，具体如图 9-8 所示。

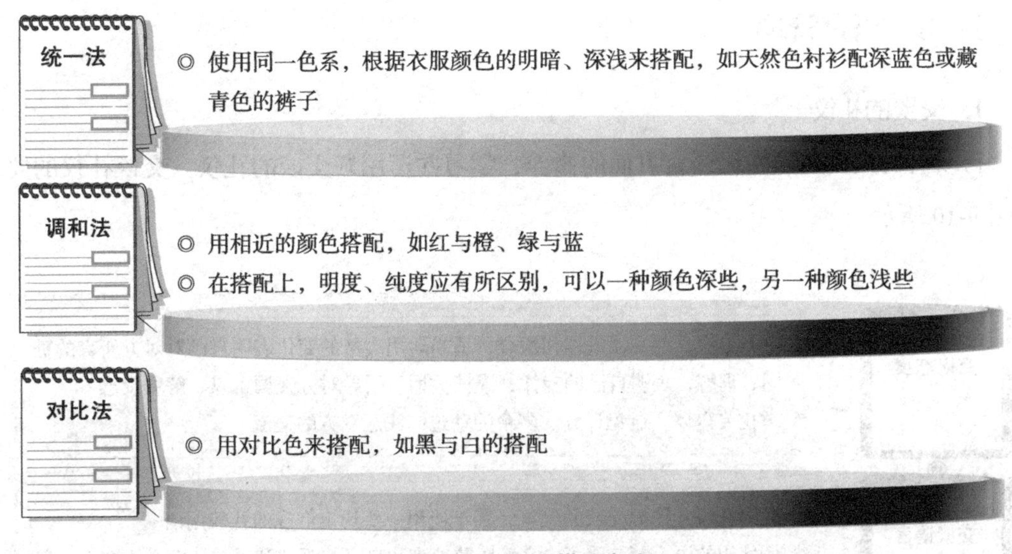

图 9-8　服饰色彩搭配方法

3. 行政文秘人员着装礼仪

由于工作的特殊性，行政文秘人员往往代表着组织的形象，个人的服装礼仪往往决定着行政文秘人员给人的第一印象，具体的着装礼仪如图 9-9 所示。

◎ 合体：避免穿过肥或过紧的衣服，女士不穿过高的高跟鞋

◎ 应季：冬季衣服的质地应厚实一点，保暖性强一点，如毛呢料；春秋衣服的质地应相应薄一些

◎ 随俗：体现新时代的新风貌和特性；迎合各种场合的不同气氛和特点

◎ 正式的商务场合，男士应穿西装打领带，杜绝在正式的商务场合穿夹克衫，领带、衬衫的颜色要和西装整体颜色协调，衬衫不宜过薄或过透

◎ 套裙是女士在正式场合的首选服装，套裙至多不能超过两种颜色，应尽量避免穿无领、无袖、太紧身或者领口开得太低的衣服

◎ 不与同伴穿一模一样的或反差太大的衣服

◎ 在服装款式、色调、质地上尽量与客户和在场的领导协调，切忌太突出自己，避免颠倒主从关系

◎ 避免穿戴与自己体型不协调的服饰

图 9-9　行政文秘人员的着装礼仪

9.1.5　语言管理

1. 交谈的礼仪

行政文秘人员必须强化语言方面的修养，学习并运用好交谈的礼仪。交谈礼仪的要求如图 9-10 所示。

交谈态度：

◎ 目光专注，与交谈进程相配合，适当运用表情的变化表明自己对对方所言的赞同、理解，表明自己的专注，谨慎插话，引导对方强调重点、解释疑惑

◎ 举止要得体，避免过分、多余的动过，注意双方的交流

交谈语言：

◎ 文明礼貌，把握交谈的气氛，善于使用一些约定俗成的礼貌用语

◎ 所使用的语言简洁明了，言简意赅地表达自己的观点和看法，发音标准，吐字清晰，说话含义明确，不可产生歧义

交谈内容：

◎ 根据时间、场合选择交谈内容，选择高雅的、自己擅长的内容

◎ 交谈的内容要符合交谈者的身份，应回避交谈者禁忌的话题

◎ 选择轻松的内容，讲对方感兴趣的话题，活跃现场气氛

图 9-10　交谈的礼仪

2. 交谈语气的注意事项

行政文秘人员在与他人交谈时，应注意说话的语气，具体要求如图9-11所示。

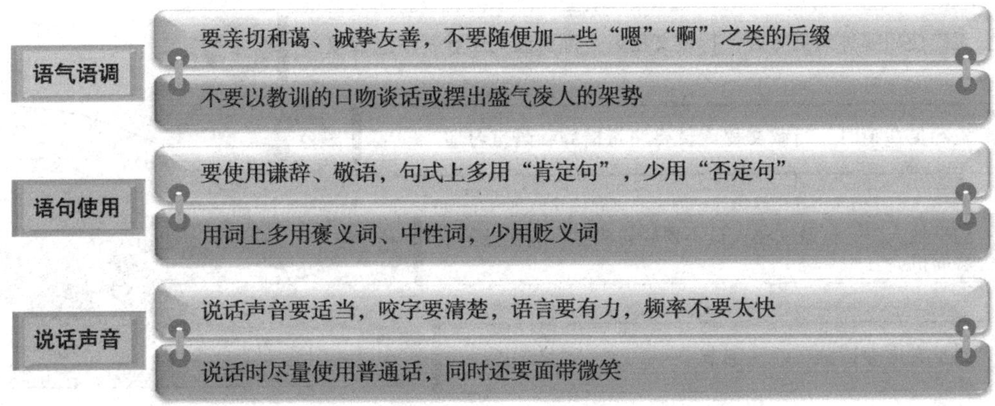

图9-11　交谈时在语气上应注意的三个事项

9.2　商务场合礼仪

9.2.1　约见礼仪

1. 约见方式

约见是指与客户协商确定访问对象、事由、时间和地点的过程。商务约见常用的方式如图9-12所示。

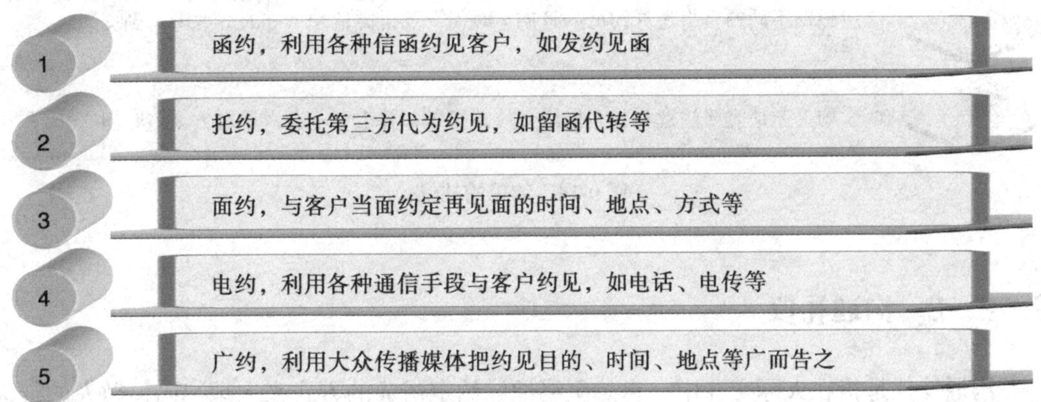

图9-12　约见方式说明

2. 约见的注意事项

在约见时，行政文秘人员应注意如下事项，具体如图 9-13 所示。

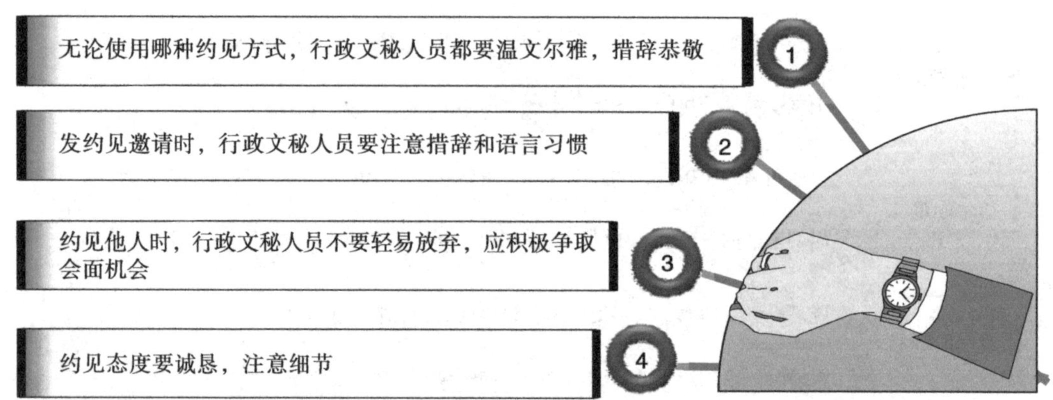

图 9-13 约见的注意事项

3. 约见礼仪

行政文秘人员在向客户发约见邀请时要注意约见礼仪，约见礼仪的具体要求如图 9-14 所示。

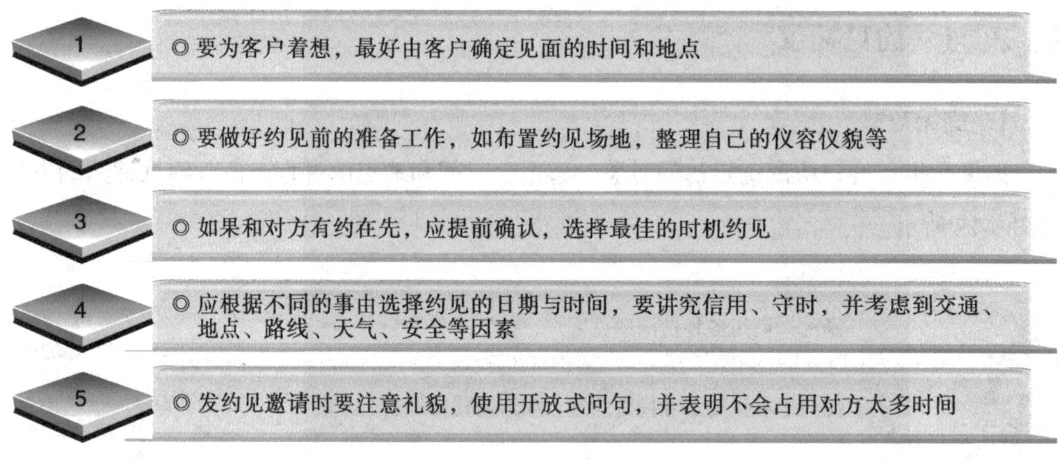

图 9-14 约见的礼仪

9.2.2 沟通礼仪

沟通礼仪是指在人际交往中，自始至终地以约定俗成的方式来表现律己、敬人的行为准则和规范，行政文秘人员须掌握沟通礼仪的四大原则，具体内容如图 9-15 所示。

敬人原则
自律原则
1
2
沟通礼仪
的原则
4
3
适度原则
真诚原则

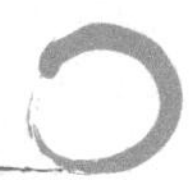

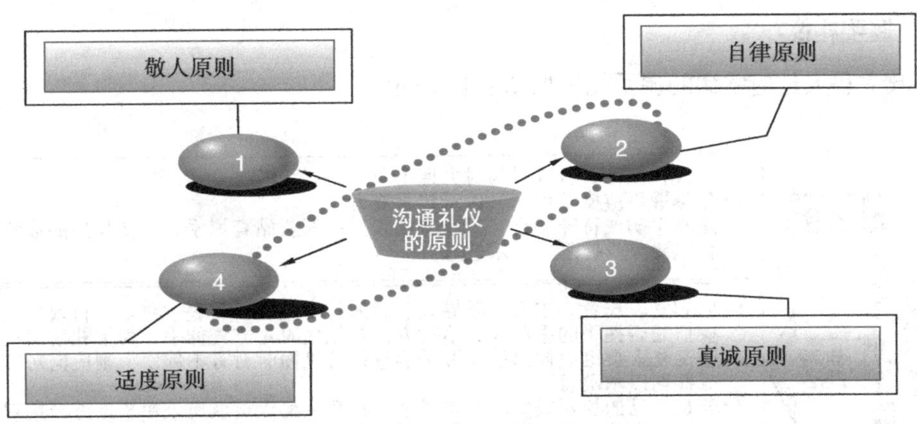

图 9-15　沟通礼仪的原则

1. 称谓礼仪

行政文秘人员在进行社交活动时要恰当地使用称谓，具体内容如图 9-16 所示。

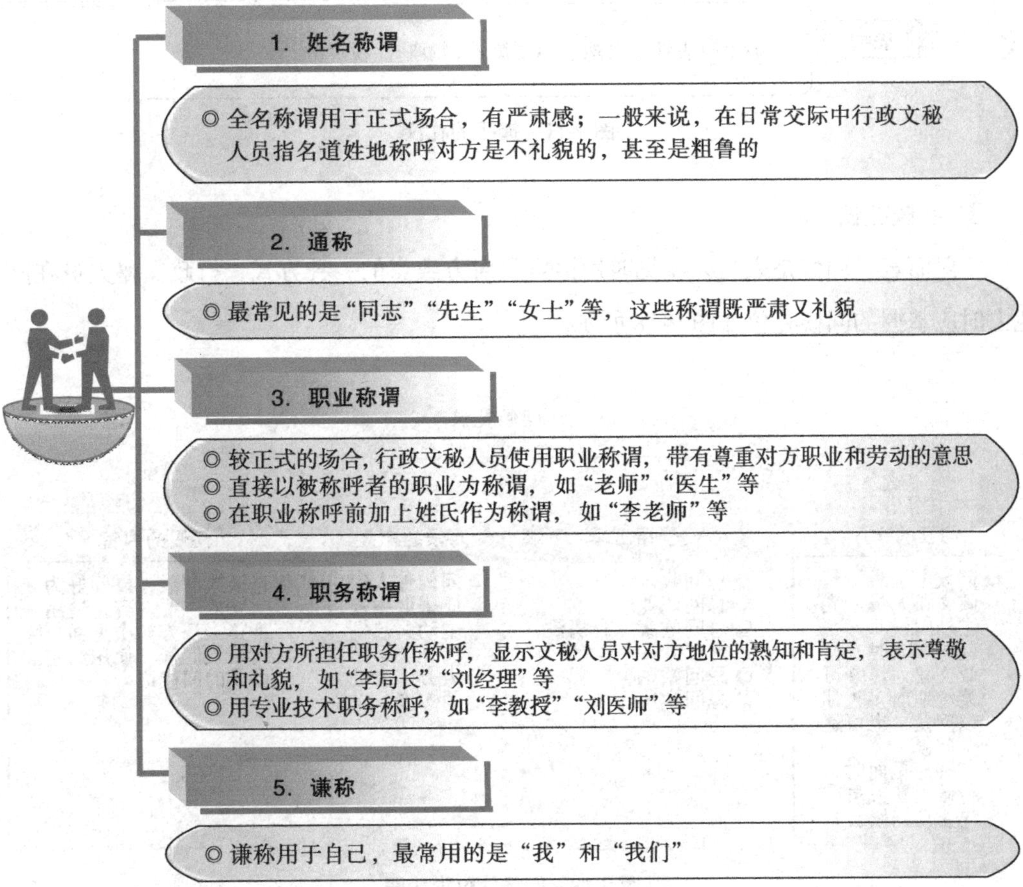

1. 姓名称谓
◎ 全名称谓用于正式场合，有严肃感；一般来说，在日常交际中行政文秘人员指名道姓地称呼对方是不礼貌的，甚至是粗鲁的
2. 通称
◎ 最常见的是"同志""先生""女士"等，这些称谓既严肃又礼貌
3. 职业称谓
◎ 较正式的场合，行政文秘人员使用职业称谓，带有尊重对方职业和劳动的意思
◎ 直接以被称呼者的职业为称谓，如"老师""医生"等
◎ 在职业称呼前加上姓氏作为称谓，如"李老师"等
4. 职务称谓
◎ 用对方所担任职务作称呼，显示文秘人员对对方地位的熟知和肯定，表示尊敬和礼貌，如"李局长""刘经理"等
◎ 用专业技术职务称呼，如"李教授""刘医师"等
5. 谦称
◎ 谦称用于自己，最常用的是"我"和"我们"

图 9-16　称谓礼仪说明图

2. 握手礼仪

行政文秘人员应掌握的握手礼仪如图 9-17 所示。

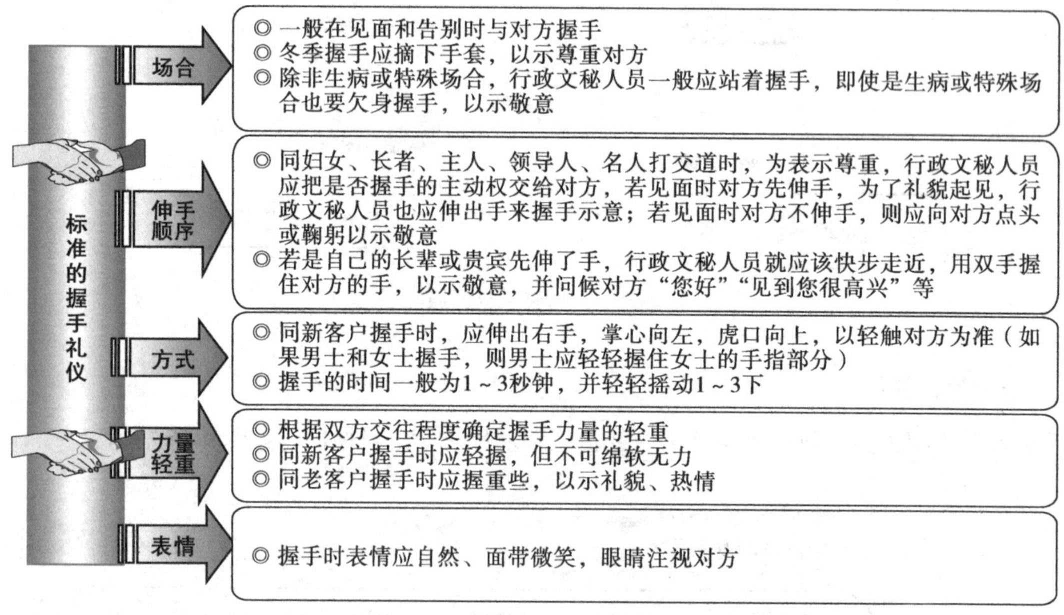

图 9-17 握手的礼仪

3. 问候礼仪

一般而言，问候是人与人相见时用语言向对方致意的一种方式，行政文秘人员在问候他人时应掌握的问候礼仪如图 9-18 所示。

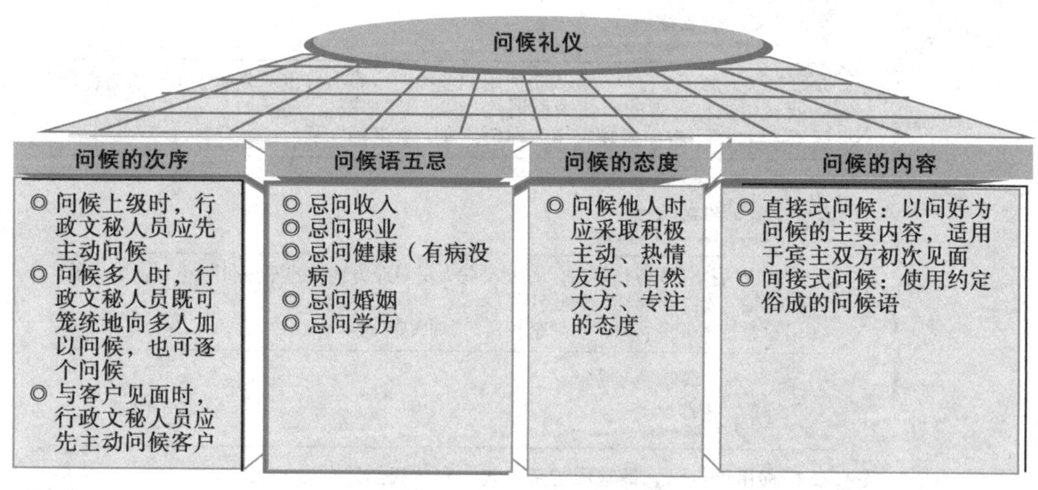

图 9-18 问候礼仪说明图

4. 名片礼仪

文秘人员在商务活动中使用名片时，要注意名片使用礼仪，具体要求如图 9-19 所示。

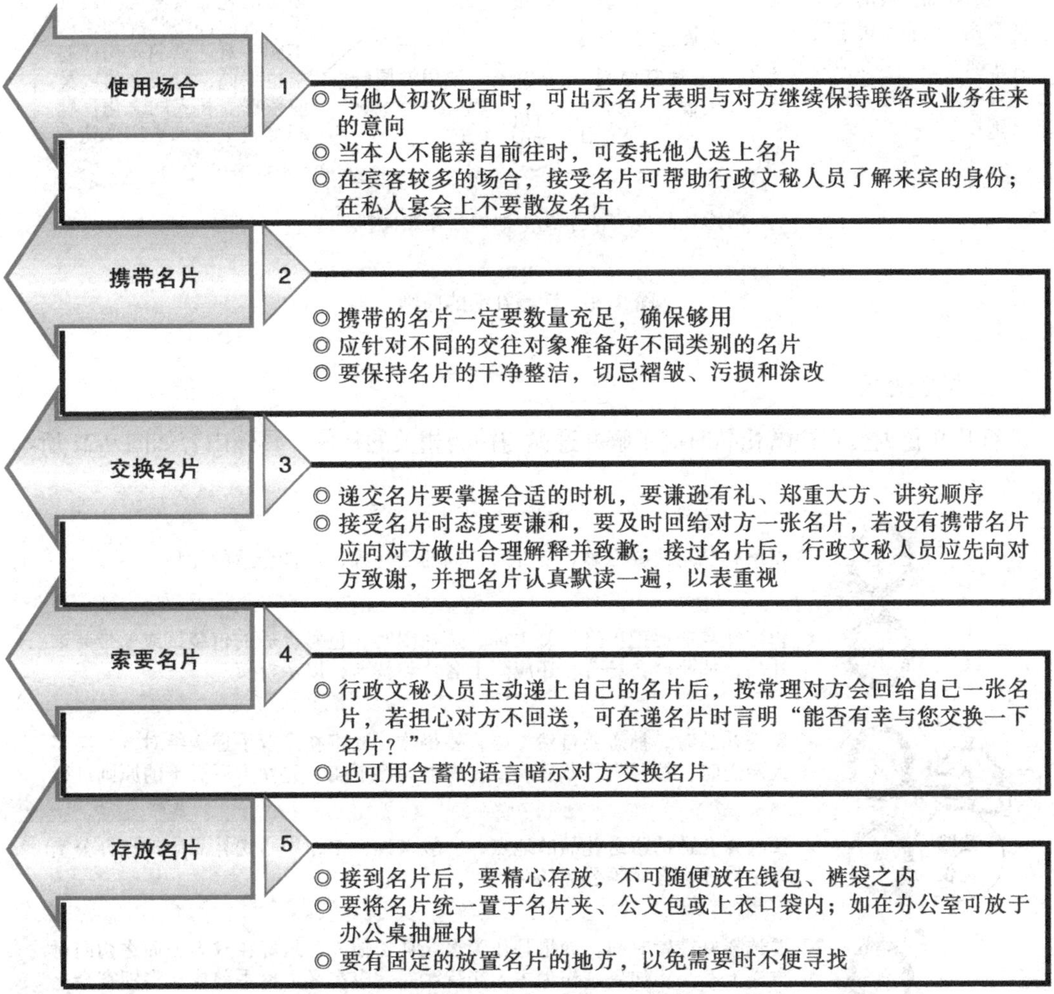

使用场合 1
◎ 与他人初次见面时，可出示名片表明与对方继续保持联络或业务往来的意向
◎ 当本人不能亲自前往时，可委托他人送上名片
◎ 在宾客较多的场合，接受名片可帮助行政文秘人员了解来宾的身份；在私人宴会上不要散发名片

携带名片 2
◎ 携带的名片一定要数量充足，确保够用
◎ 应针对不同的交往对象准备好不同类别的名片
◎ 要保持名片的干净整洁，切忌褶皱、污损和涂改

交换名片 3
◎ 递交名片要掌握合适的时机，要谦逊有礼、郑重大方、讲究顺序
◎ 接受名片时态度要谦和，要及时回给对方一张名片，若没有携带名片应向对方做出合理解释并致歉；接过名片后，行政文秘人员应先向对方致谢，并把名片认真默读一遍，以表重视

索要名片 4
◎ 行政文秘人员主动递上自己的名片后，按常理对方会回给自己一张名片，若担心对方不回送，可在递名片时言明“能否有幸与您交换一下名片？”
◎ 也可用含蓄的语言暗示对方交换名片

存放名片 5
◎ 接到名片后，要精心存放，不可随便放在钱包、裤袋之内
◎ 要将名片统一置于名片夹、公文包或上衣口袋内；如在办公室可放于办公桌抽屉内
◎ 要有固定的放置名片的地方，以免需要时不便寻找

图 9-19　名片使用的礼仪

9．2．3　馈赠礼仪

1. 馈赠礼品的原则

行政文秘人员可通过馈赠礼品向来宾表达友好，增进双方感情交流，馈赠礼品的原则如图 9-20 所示。

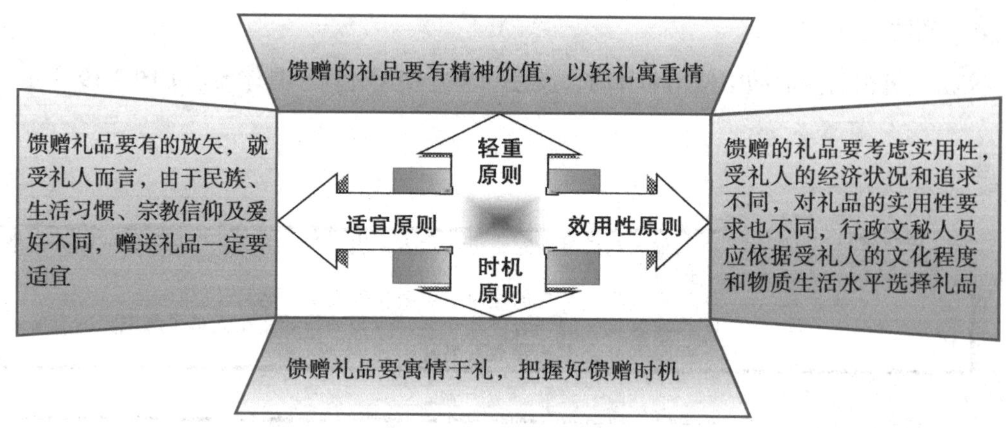

图 9-20 馈赠礼品的原则

2. 馈赠礼仪

行政文秘人员在馈赠礼品时应了解并遵循与馈赠相关的礼仪，具体内容如图 9-21 所示。

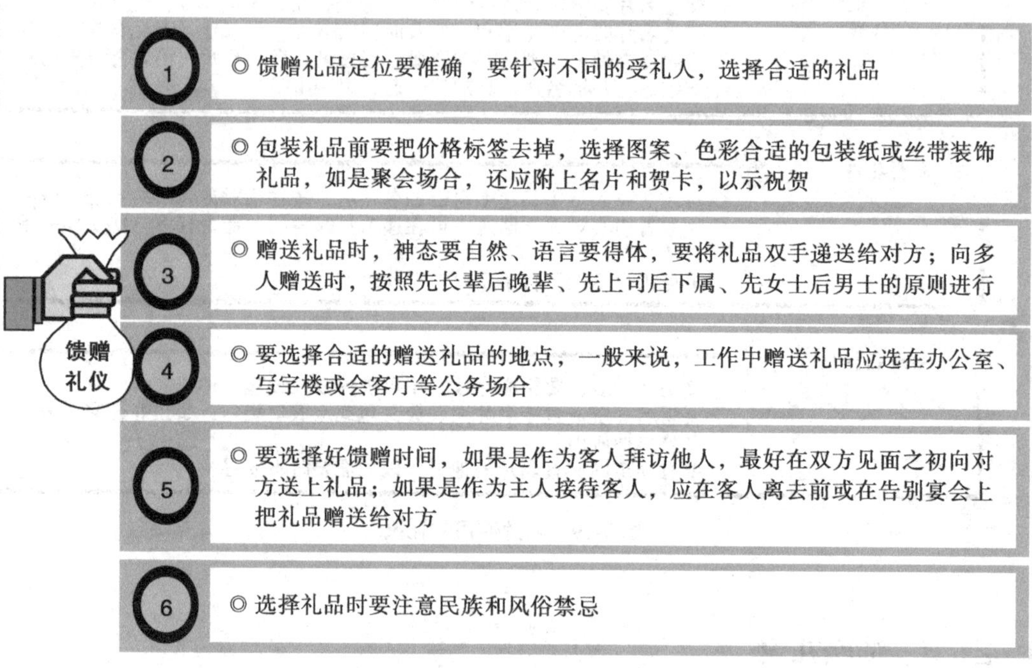

图 9-21 馈赠的礼仪

3. 受礼、拒礼和还礼的礼仪

行政文秘人员在受礼、拒礼和还礼时应注意如下礼仪，具体内容如图 9-22 所示。

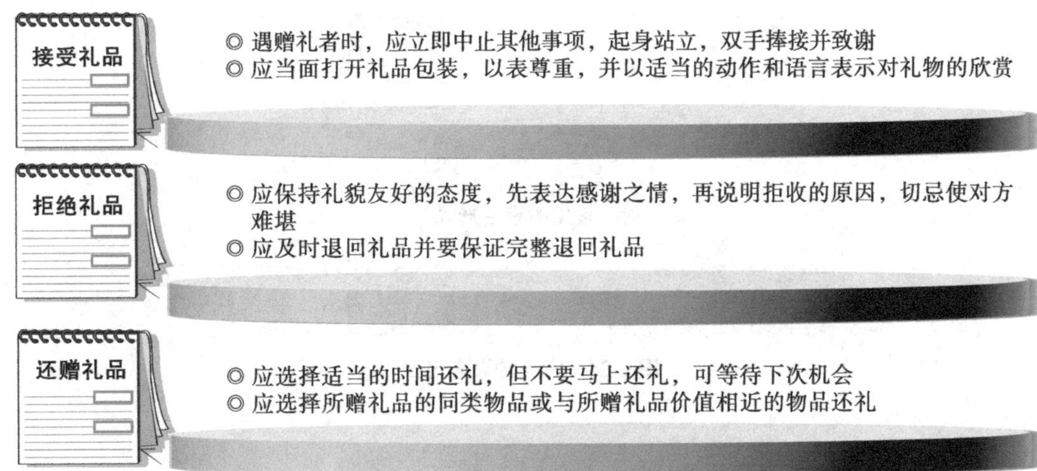

图 9-22　受礼、拒礼和还礼的礼仪

4. 馈赠礼品的禁忌

行政文秘人员在选择馈赠的礼品时要了解有关禁忌，具体内容如图 9-23 所示。

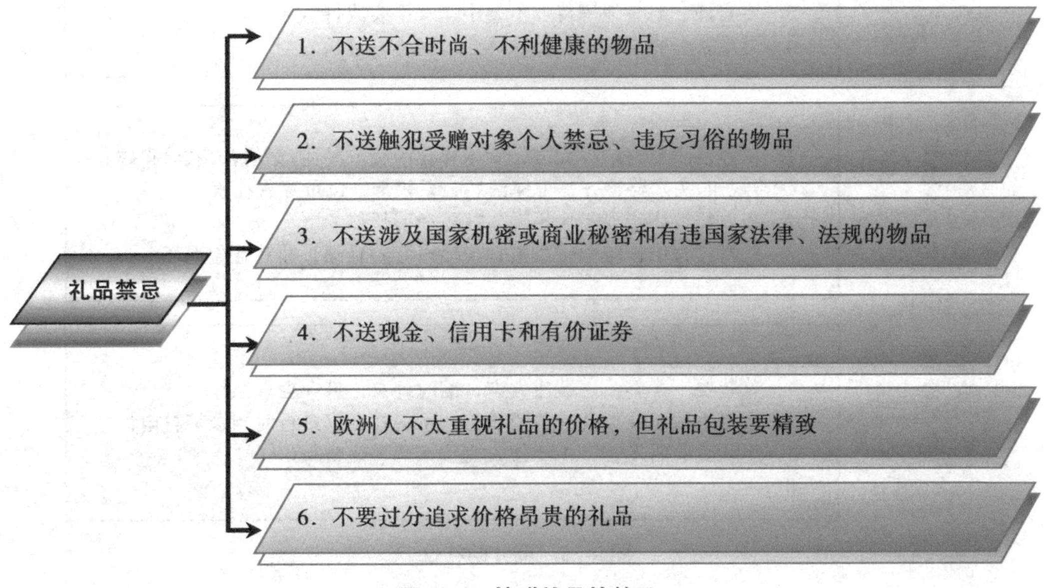

图 9-23　馈赠礼品的禁忌

9.2.4　聚会礼仪

1. 常见的聚会形式

行政文秘人员在日常工作中会常常组织聚会，常见的聚会形式如图 9-24 所示。

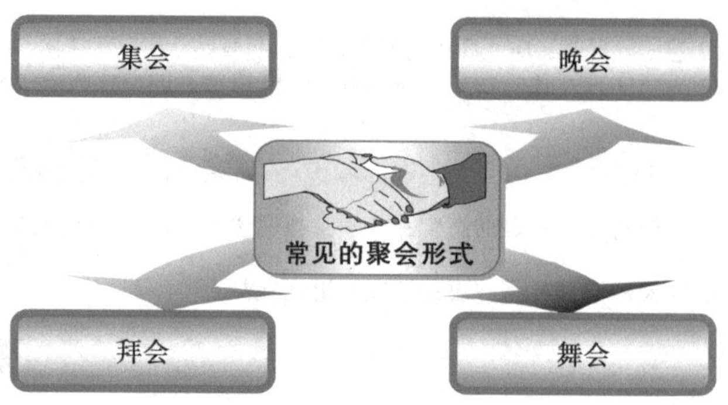

图 9-24　常见的聚会形式

2. 聚会礼仪

行政文秘人员应掌握的聚会礼仪如图 9-25 所示。

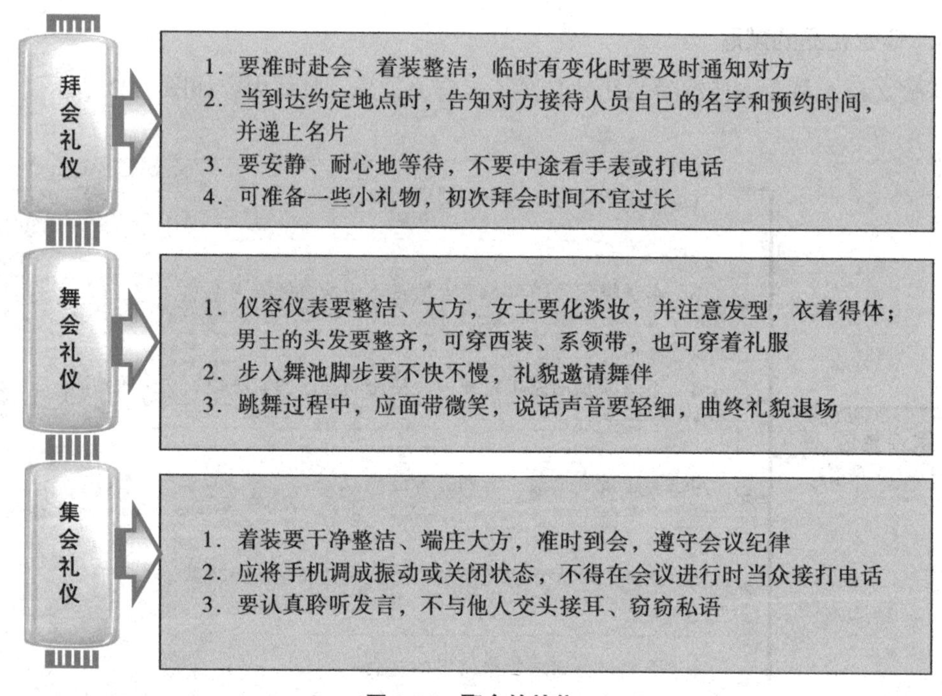

图 9-25　聚会的礼仪

9.2.5　会务礼仪

行政文秘人员往往需要协助或承办会务的大部分工作，应熟练掌握相关会务礼仪。

1. 会务前期准备

行政文秘人员应做好会务前期准备工作，具体内容如图 9-26 所示。

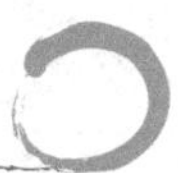

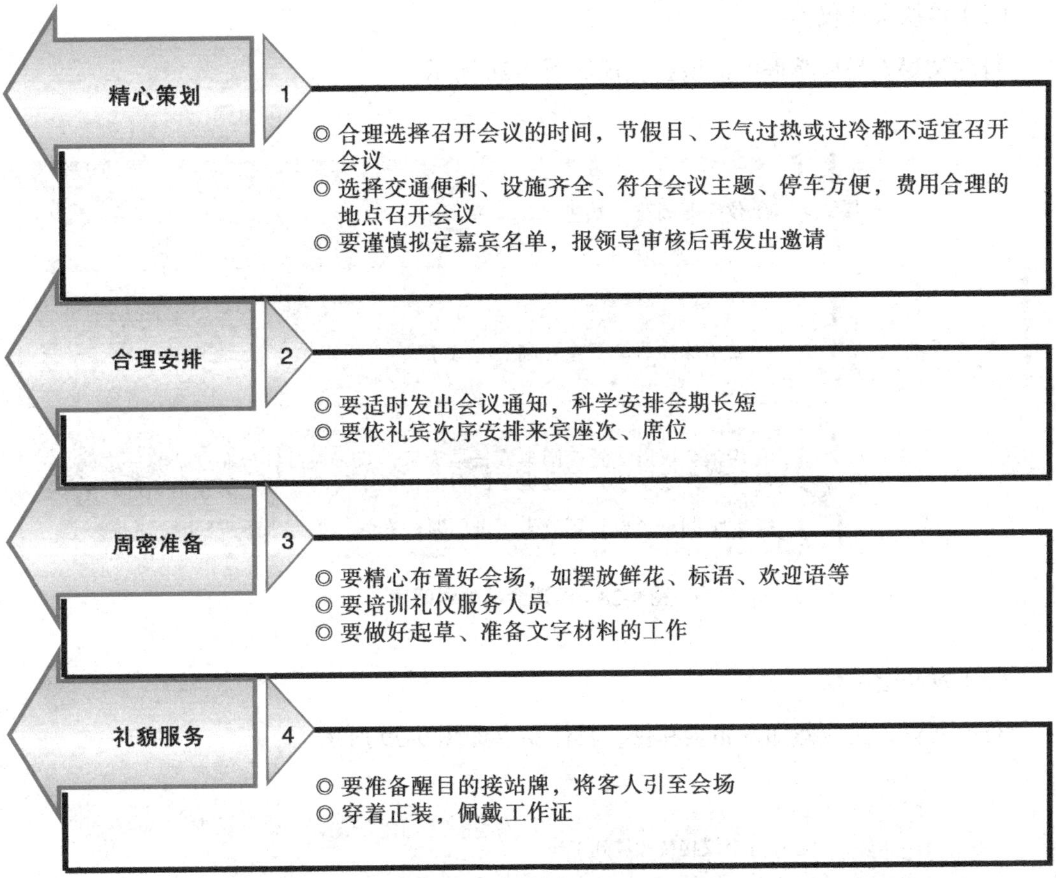

精心策划
1
◎ 合理选择召开会议的时间，节假日、天气过热或过冷都不适宜召开会议
◎ 选择交通便利、设施齐全、符合会议主题、停车方便，费用合理的地点召开会议
◎ 要谨慎拟定嘉宾名单，报领导审核后再发出邀请
合理安排
2
◎ 要适时发出会议通知，科学安排会期长短
◎ 要依礼宾次序安排来宾座次、席位
周密准备
3
◎ 要精心布置好会场，如摆放鲜花、标语、欢迎语等
◎ 要培训礼仪服务人员
◎ 要做好起草、准备文字材料的工作
礼貌服务
4
◎ 要准备醒目的接站牌，将客人引至会场
◎ 穿着正装，佩戴工作证

图 9-26　会务前期准备工作

2. 各类商务会务礼仪

（1）工作会议礼仪

行政文秘人员应了解的工作会议礼仪如图 9-27 所示。

1
注重仪容仪表，参加会议要身着正装
2
严格遵守会议时间，不得迟到缺席，不急于离席
3
仔细聆听会议发言，手机应调成振动或关机状态，不在会议期间接打电话

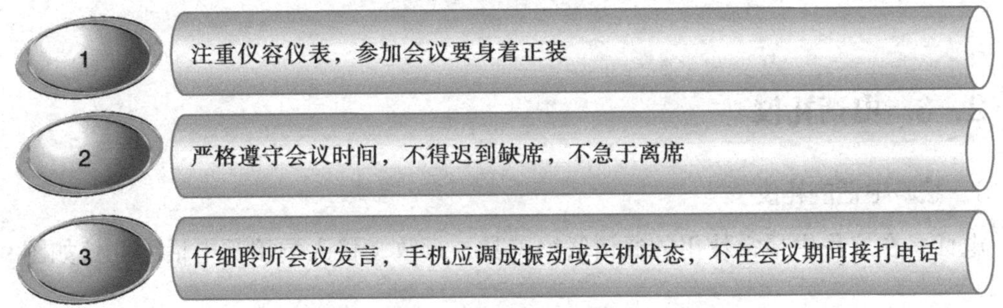

图 9-27　工作会议的礼仪

（2）洽谈会礼仪

行政文秘人员应掌握的洽谈会礼仪如图 9-28 所示。

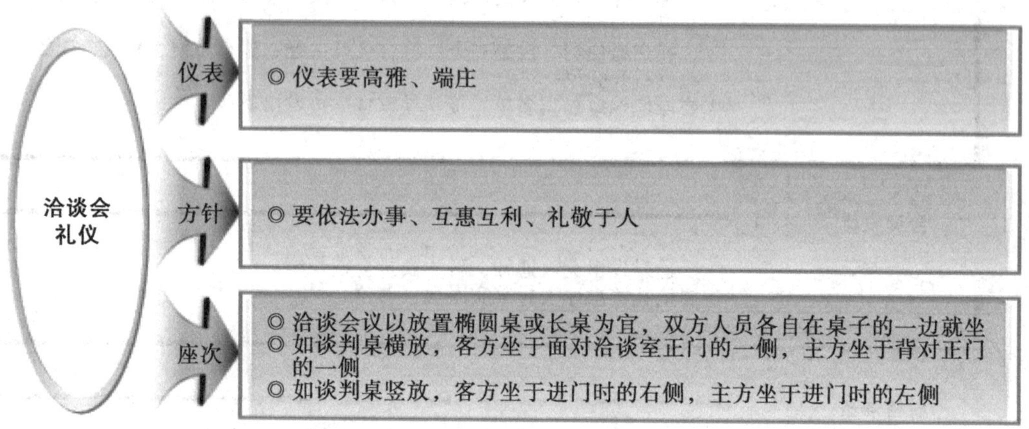

图 9-28　洽谈会礼仪说明图

（3）发布会礼仪

行政文秘人员应熟知发布会礼仪，具体要求如图 9-29 所示。

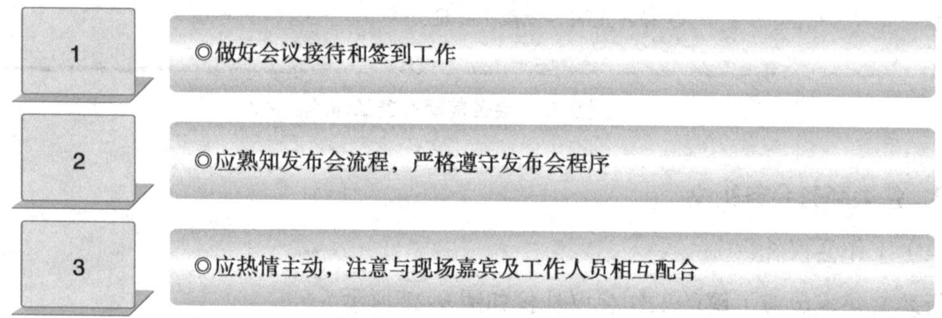

图 9-29　发布会的礼仪

9．2．6　电话礼仪

1．接听电话的礼仪

电话是在工作中最常使用的通信联络工具，行政文秘人员接听电话的礼仪如图 9-30 所示。

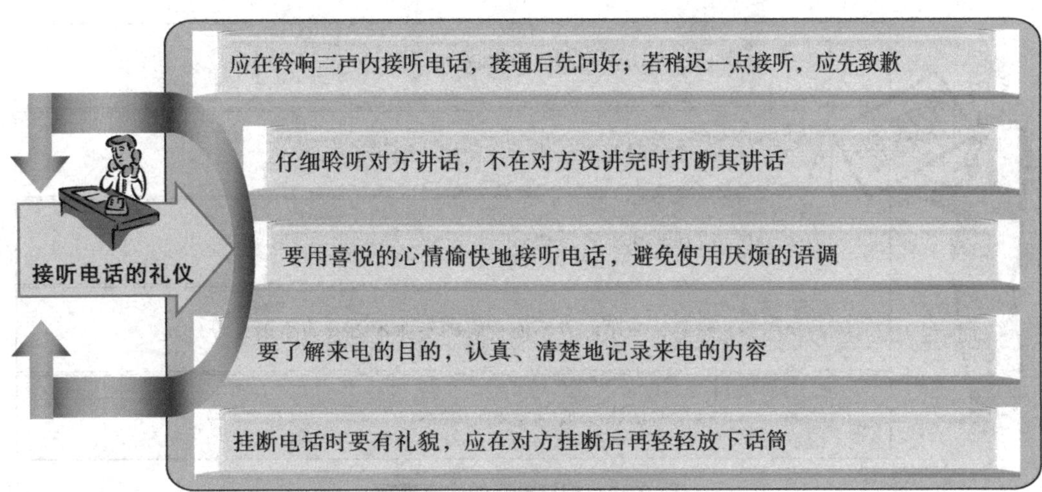

图 9-30　接听电话的礼仪

2. 拨打电话的礼仪

行政文秘人员需掌握拨打电话的礼仪，具体内容如图 9-31 所示。

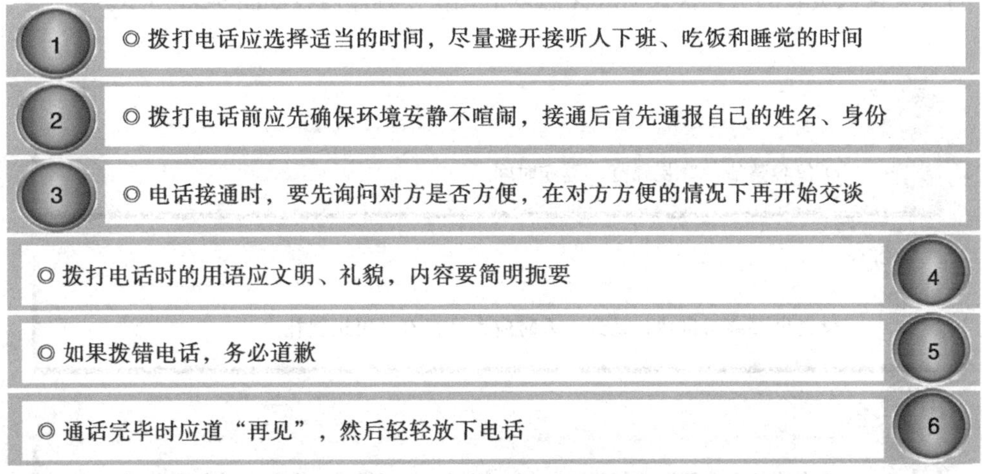

图 9-31　拨打电话的礼仪

3. 接打电话的注意事项

行政文秘人员在接打电话时应注意五点事项，具体内容如图 9-32 所示。

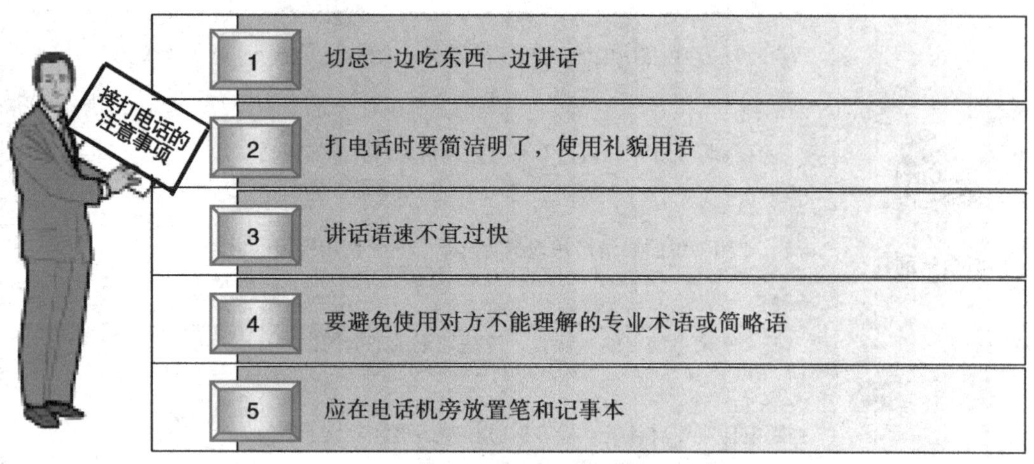

图 9-32　接打电话的注意事项

9.2.7　仪式礼仪

1. 庆典仪式礼仪

行政文秘人员参加庆典仪式时应注意以下礼仪，具体内容如图 9-33 所示。

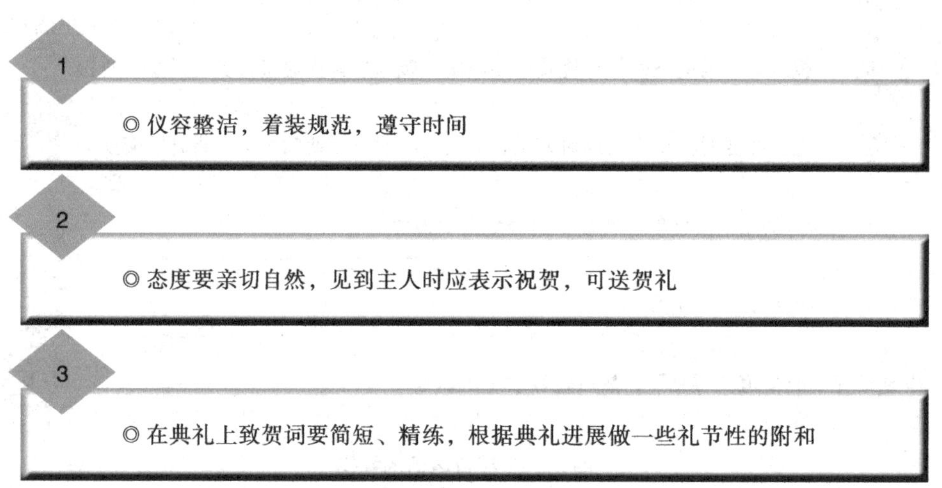

图 9-33　庆典仪式礼仪

2. 剪彩仪式礼仪

行政文秘人员应熟知剪彩礼仪，具体内容如图 9-34 所示。

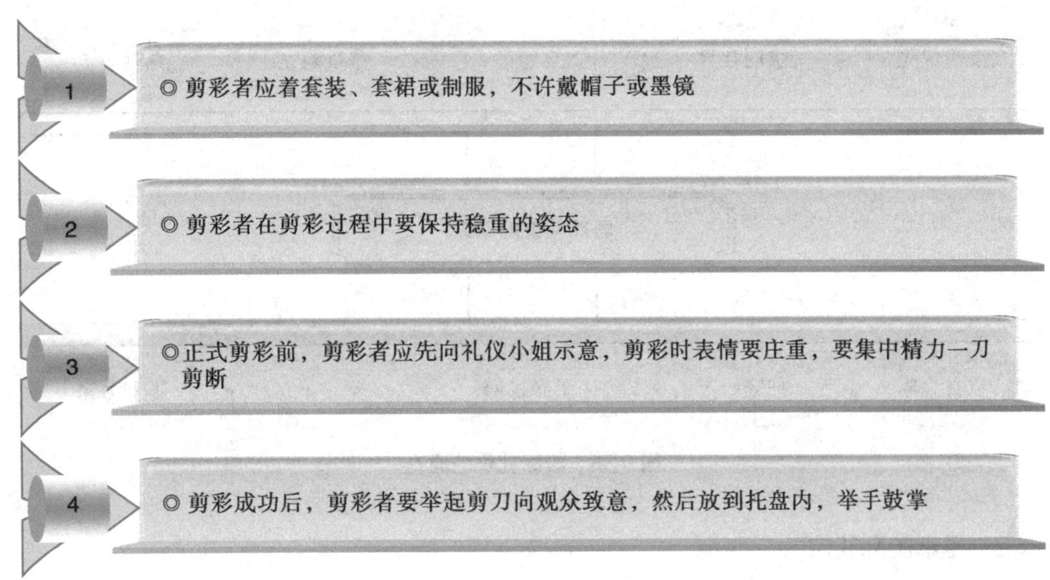

图 9-34　剪彩仪式礼仪

3. 签约仪式礼仪

行政文秘人员在出席签约仪式时，应掌握的礼仪如图 9-35 所示。

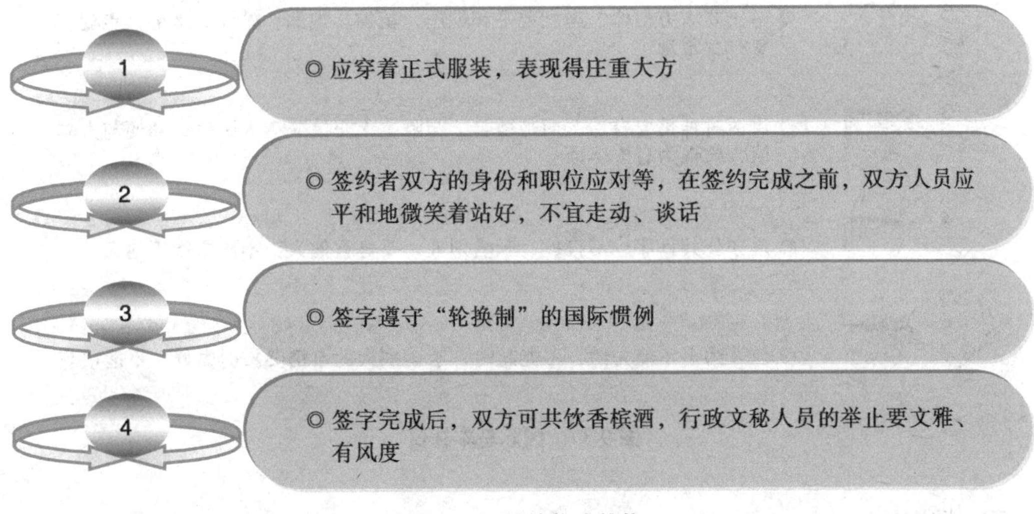

图 9-35　签约仪式礼仪

9．2．8　国际礼仪

1. 国际礼仪的原则

行政文秘人员在商务活动中要遵守国际礼仪，国际礼仪的一段原则如图 9-36 所示。

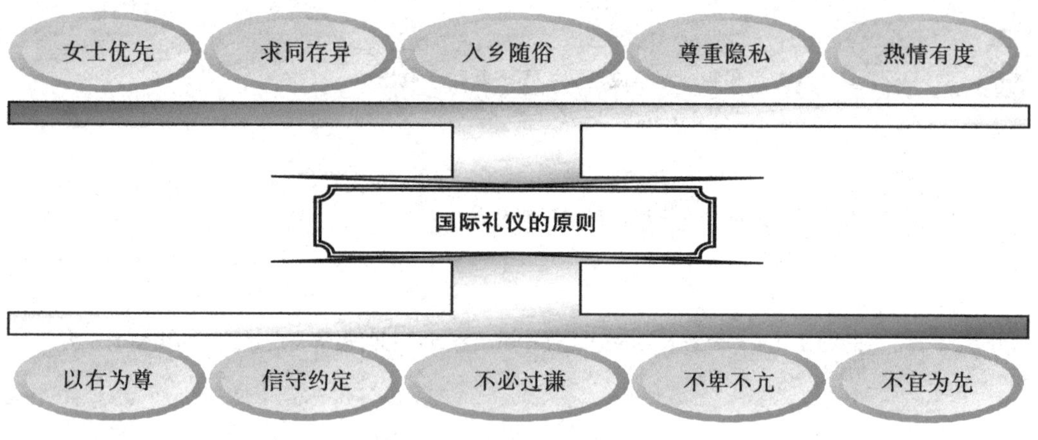

图 9-36 国际礼仪的原则

2. 基本国际礼仪

行政文秘人员应熟知基本的国际礼仪，具体内容如图 9-37 所示。

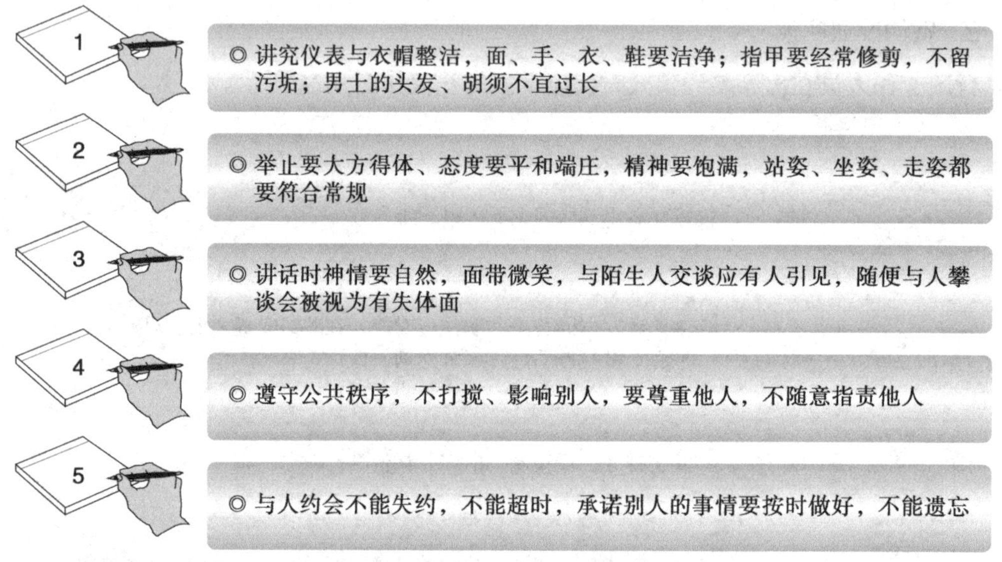

图 9-37 国际基本礼仪

3. 拥抱礼

拥抱礼是西方国家常用的一种礼节，具体内容如图 9-38 所示。

1 ◎行拥抱礼时，两人应面对面站立，双方各自张开双臂，做出要行拥抱礼的姿势

2 ◎右臂稍高，左臂稍低，上身接触后，双方用右臂拥住对方的左肩背部，左手稍微抱住对方腰部

3 ◎一般拥抱三次，先向对方左侧拥抱，然后向对方右侧拥抱，最后一次再向对方左侧拥抱

图 9-38　拥抱礼说明

4. 接吻礼

接吻礼是国际上常用的会面礼，行接吻礼时，行政文秘人员应注意身份和接吻的形式，具体内容如图 9-39 所示。

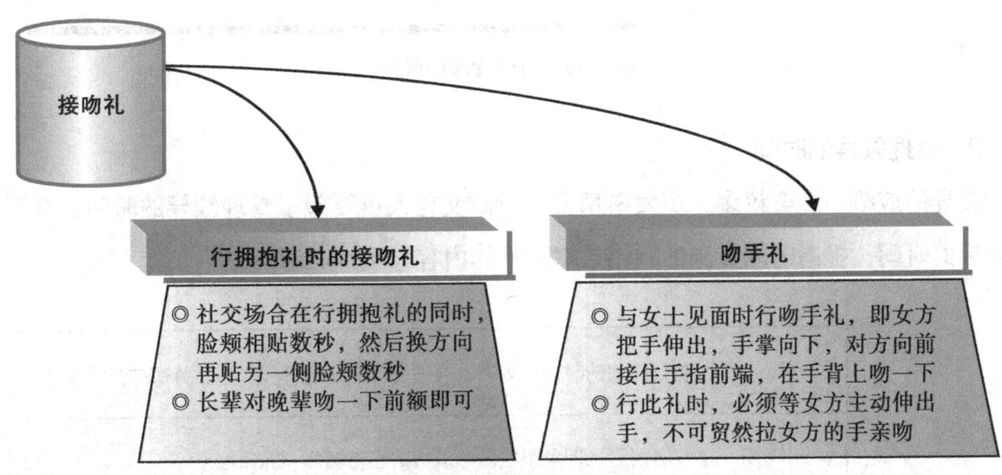

图 9-39　接吻礼说明图

9.3　时间管理

9.3.1　管理领导的时间

1. 时间管理的原则

时间管理是指有效利用时间，减少时间浪费，提高时间效率。行政文秘人员在管理时

间时，要把握时间管理的原则，具体内容如图 9-40 所示。

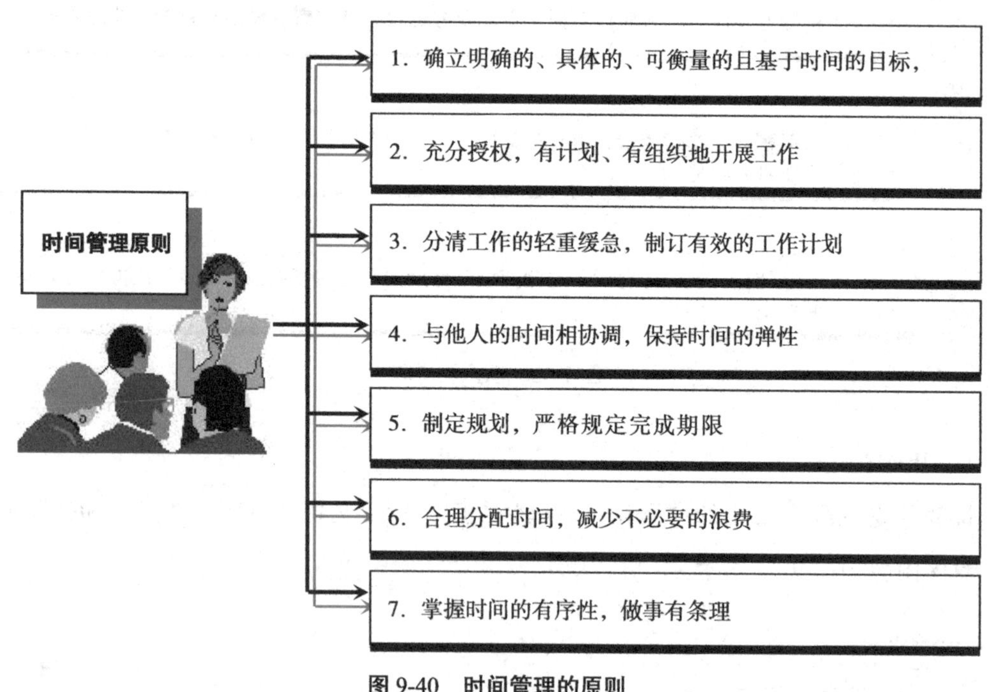

图 9-40　时间管理的原则

2. 管理领导的时间

领导的应酬多、会议多、突发事情多，行政文秘人员要善于管理领导的时间，合理安排领导的时间，提高时间资源的利用效率。具体内容如图 9-41 所示。

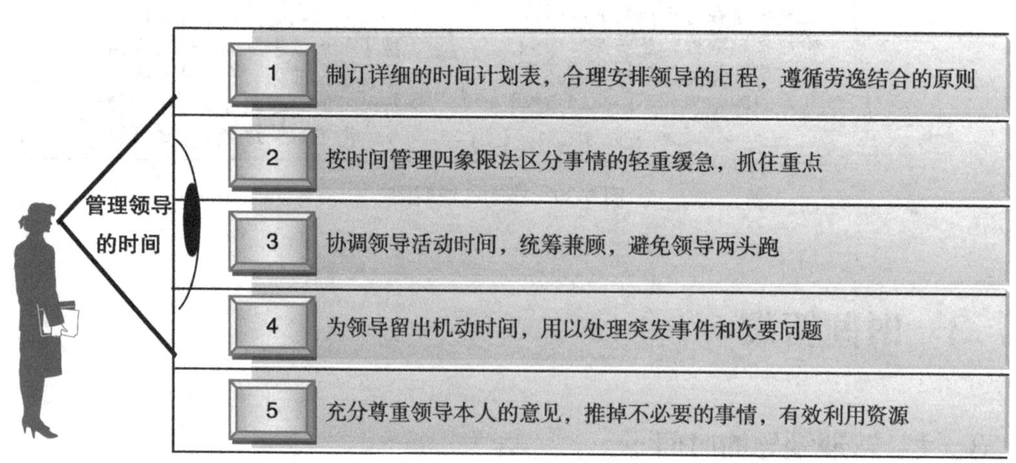

图 9-41　管理领导的时间

9．3．2　管理自己的时间

1. 时间管理的方法

在日常工作中，行政文秘人员不仅要管理领导的时间，还要管理好自己的时间，正确运用时间管理方法，合理安排时间，提高时间使用效率，具体方法如图 9-42 所示。

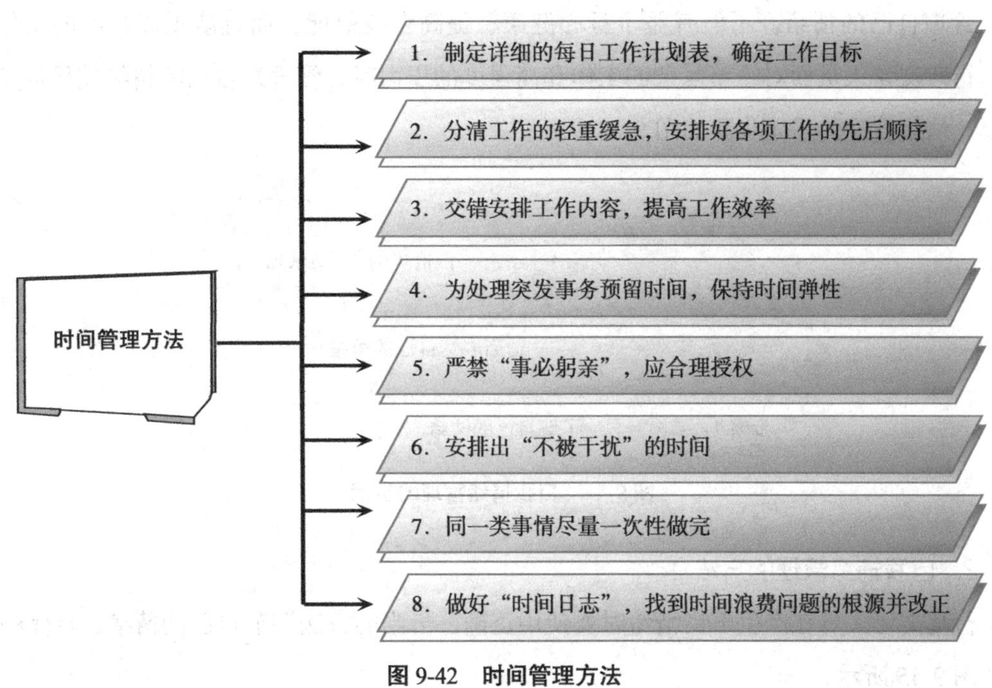

图 9-42　时间管理方法

2. 时间管理的工具

为了能更有效地管理时间，行政文秘人员应在实际工作中使用一些辅助工具提醒自己各项工作的日程安排，减少不必要的时间浪费，提高时间利用效率。具体如图 9-43 所示。

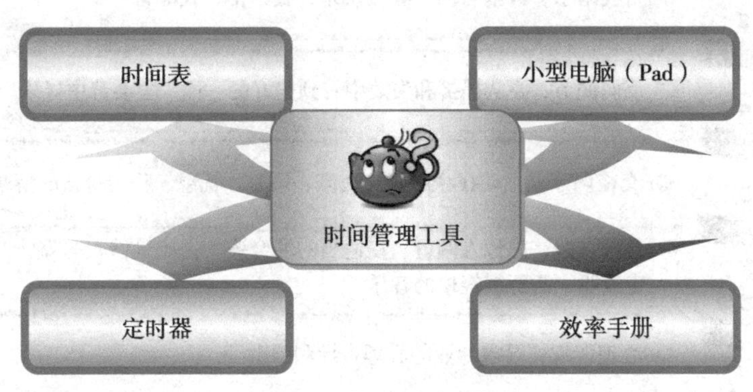

图 9-43　时间管理工具

9.4 情绪管理

9.4.1 管理自己的情绪

1. 自我情绪管理的步骤

管理自己的情绪，不但有益于身心健康、提高自我效能，而且能提高自己的工作效率。行政文秘人员面对纷繁复杂的工作和高强度的压力时，管理好自己的情绪就显得尤为重要。情绪管理的具体步骤如图 9-44 所示。

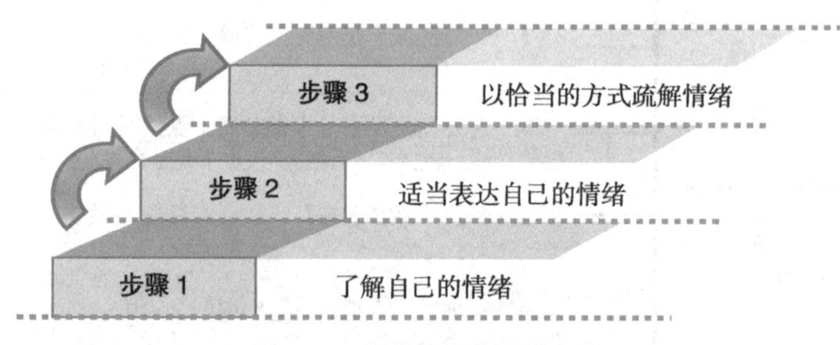

图 9-44 自我情绪管理的步骤

2. 自我情绪管理的方法

行政文秘人员在产生不良情绪时要使用正确、恰当的方法调节自己的情绪，具体的方法如图 9-45 所示。

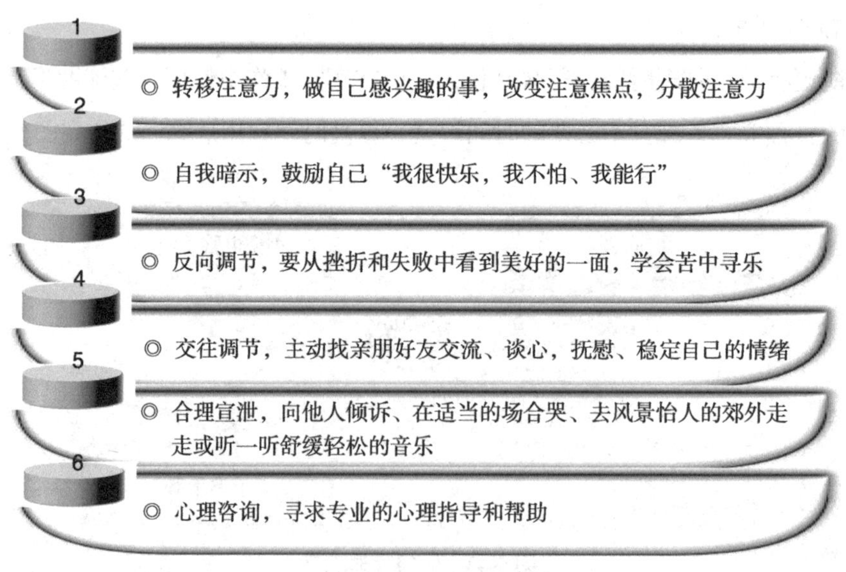

图 9-45 调节情绪的方法

9．4．2　帮助他人管理情绪

1. 帮助他人管理情绪的原则

帮助他人管理情绪指的是在日常工作中帮助对方排除不良情绪，从而改善沟通效果，行政文秘人员在处理他人的情绪时，应注意以下原则，具体如图 9-46 所示。

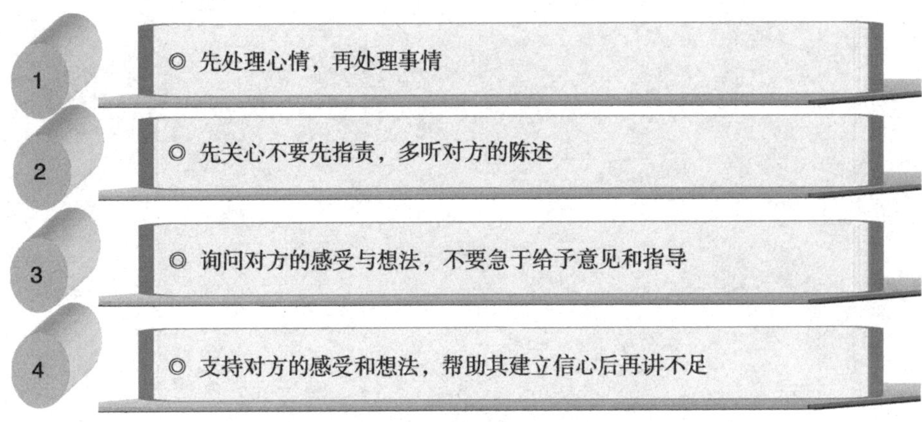

图 9-46　帮助他人管理情绪的原则

2. 帮助他人管理情绪的方法

在实际工作中，行政文秘人员要积极帮助他人管理情绪，激发其工作热情，提高工作效率。帮助他人管理情绪的具体方法如图 9-47 所示。

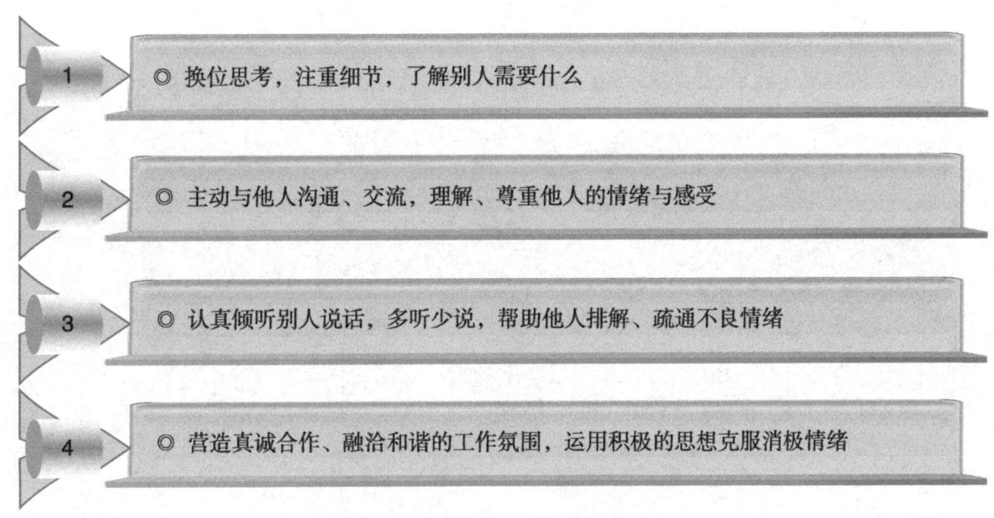

图 9-47　帮助他人管理情绪的方法